現代論理学

〔新装版〕

安井邦夫

世界思想社

序

　論理学は今日，内容的にも方法的にも大きな変貌をとげ，哲学や数学基礎論といった原理的な学問領域においてのみではなく，情報理論，計算機科学，電子工学，数理言語学といった具体的，実際的な諸科学においても重要で不可欠な役割を演じている．ともすれば迂遠で非実際的な学問の典型のようにも見られる論理学であるが，それが一方で，こうした現代を象徴する諸科学に結びつき，その基礎を支えるものとなっているということは，何か示唆的で興味深いものを感じさせる．アリストテレス以来の古い伝統をもつ論理学は，一方ですぐれて今日的な学問と言うことができよう．

　本書は現代論理学における基本的なトピックをえらび，それを概説したもので，内容的には Gödel の不完全性定理までを含んでいる．全体の構成については目次に見られるとおりであるが，概ね一般的と思われる形式にしたがっている．第 I 章は全体への導入の章という意味をもち，トートロジーの体系，自然推論，公理系という，論理の体系を構成する際の三つの代表的な方法をとりあげ，それを命題論理という比較的単純な体系に即して例示するといった狙いをもつ．第 II 章は同じ三つの方法により述語論理の体系を展開したものであり，Gentzen 型述語算，Hilbert 型述語算，恒真式の体系という，それぞれ特色ある体系がとりあげられる．とくに結びの節では述語算の完全性定理（Gödel の完全性定理）が証明され，こうした述語論理が，様々な理論体系のうちに現われる論理的推論を表現するのに十分なシステムであることが示される．そこで論理学の重要な応用の一つとして，述語論理を用いて種々の理論（とくに数学の諸理論）を形式化するということが考えられるが，第 III 章ではその一例が示される．つまり，ここでは最も基礎的な理論として自然数論がえらばれ，それを形式的体系 Z として展開することが試みられる．一方，こうした形式的数

論と通常の直観的な数論との関連が問題となり，数論的関数（ないしは関係）のうち，どのようなものが Z で表現可能となるかといった問題が生じるが，それに関連して第IV章では帰納的関数の理論が考察される．そして，この帰納的関数はまた，いわゆる計算の理論や決定問題においても基礎的な役割を果たす概念にほかならない．最後の第V章では，以上をまとめるかたちで Gödel の不完全性定理がとりあげられ，さらに決定問題や Church のテーゼが考察される．Gödel の定理は直接には第III章の自然数論（ないしはそれに準じる体系）の不完全性にかかわるものであるが，同時に論理学全般の原理的な問題に通じるような深い内容をもっており，結びの章でとりあげるのにふさわしい話題と言えよう．

　現代論理学におけるトピックとしては，このほかに，高階の述語論理，多値論理，様相論理，直観主義論理，公理的集合論といった項目があり，それぞれに重要で興味深い内容を含んでいるが，本書では紙数の関係もあり，これらは割愛した．機会があれば逐次補ってゆきたい．

　本書を刊行するに際して多くの方々の御支援を受けたが，とくに世界思想社編集部の久保民夫氏には終始お世話になった．記して厚く御礼を申し上げたい．

　　1990年10月

著　　者

目　　次

序

第 I 章　命題論理学

I - I　トートロジー

I - II　自然推論

I - III　公　理　系

第Ⅱ章　述 語 論 理 学

Ⅱ-Ⅰ　自 然 推 論

Ⅱ-Ⅱ　公 理 系

Ⅱ-Ⅲ　解釈，モデル，完全性

第Ⅲ章　形 式 的 数 論

第Ⅳ章　帰 納 的 関 数

第Ⅴ章　不完全性定理

現代論理学

〔新装版〕

第Ⅰ章 命 題 論 理 学

　この章の命題論理学（propositional logic）*では，論理的な連関を考察するに際し，命題を単位とみるという立場がとられる．つまり，次章の述語論理学では，命題がさらに個体と述語という構成要素に分けられるが，本章では，ひとまず命題を要素と見，命題間の論理的な結合に注目する．命題論理学を構成するには種々の方法があるが，ここではトートロジーの体系，自然推論，ならびに公理系という3つの代表的な方式をとりあげる．これらの方法はそれぞれ独自の特色をもつが，結果として互いに同等であることが示される（Ⅰ-Ⅲ，§13）．本章は全体として後の諸章への導入部という意味をもち，論理学上の諸概念や手法を命題算という比較的単純な体系に即して例示するといった狙いをもつ．

Ⅰ-Ⅰ　トートロジー

§1　命 題 結 合

　次のような推論の例を考えよう．

> 1+2 が 4 であるなら，雪は黒い．
>
> 1+2 は 4 である．
> ─────────────────────
> ゆえに，雪は黒い．

　この推論は明らかに「論理的に正しい」と言えるが，その「正しさ」は，推論を構成している個々の命題の内容的な意味に根ざしているのではない．（この場合，個々の命題は内容的に見れば偽であるか，あるいは第1の前提の場合は〔通常の見方では〕無意味である．）この推論の正しさはむしろ，それが全

───────────────

＊　命題算（propositional calculus）とも言う．

体として備えている，或る一定の「型 form」にもとづいている．実際，この推論を次のような一般的なかたちに書きかえても，その推論としての本質は変わらず，依然として正しい推論として成立する．

$$A ならば B$$

$$A$$

$$ゆえに B$$

　一般に論理学の課題は，どのような「型」をもつ推論（ないしは命題）が論理的に正しいかを定めることにあると言ってよい．そして，それを定めるのにいくつかの方法があるが，われわれは以下で，トートロジーの体系，自然推論，公理系という3つの典型的な方法をとりあげる．そこで，本節ではまず命題論理学全体の基礎となる「命題結合」の概念について考察しよう．

　通常の文章では単文が接続詞により結合され，そこに複合文が形成されるが，それと同様に命題論理学も，**命題**（proposition）を考察するに際し，まず単文に相当する**要素命題**（elementary proposition）から出発する．そして，それを接続詞に当たる**結合子**（connectives）により結びつけることを考える．そこでまず，命題を構成するこれらの契機について，それを記号化することから始めよう．

　第一に，要素命題を p_1, p_2, p_3, … 等の記号で表わす．

　次に結合子であるが，さしあたりは次の5つのものを採用する．

　1）　**否定**（negation）の結合子　これを記号 ～ で表わす．～A は内容的には「A でない」（not A）という言明に対応する．

　2）　**連言**（conjunction）の結合子　これを記号 ∧ で表わす．$A \land B$ は「A かつ B」（A and B）という言明に対応する．

　3）　**選言**（disjunction）の結合子　これを記号 ∨ で表わす．$A \lor B$ は「A あるいは B」（A or B）という言明に対応する．

　4）　**含意**（implication）の結合子　これを記号 ⊃ で表わす．$A \supset B$ は「A

＊　後にみるように，一般には，推論を構成する諸命題を一定の仕方で結合し，推論の全体を1つの命題（論理式）としてとり扱う．

ならば *B*」（if *A* , then *B*. *A* implies *B*）という言明に対応する.

5) **同値**（equivalence）**の結合子**　これを記号 ≡ で表わす．*A*≡*B* は「*A* と *B* とは同値である」ないしは「*A* のとき，かつ *A* のときにかぎり *B*」（*B* if and only if *A*）という言明に対応する.

例1　記号 p_1, p_2, p_3 がそれぞれ「彼は小説を好む」，「彼は詩を好む」，「彼は文学を解する」という言明を表わすものとする．このとき，記号の列

$$((p_1 \wedge (\sim p_2)) \supset (\sim p_3))$$

は，「もし彼が小説を好み，詩を好まないとすれば，彼は文学を解さない」という言明を表わす.

以上のように要素命題と結合子の記号が定まれば，次いで，**論理式**（formula）の概念——通常の文章の概念に対応するもの——が以下のように定義される.

1) 要素命題記号 p_1, p_2, p_3, … は論理式である.

2) *A* が論理式であるなら，(∼*A*) は論理式である.

3) *A*, *B* が論理式であるなら，(*A*∧*B*), (*A*∨*B*), (*A*⊃*B*), (*A*≡*B*) は，それぞれ論理式である.

4) 以上の 1), 2), 3) により論理式と判明するもののみが論理式である.

この定義は，要素命題記号を結合子で様々に結びつけたものという命題一般の直観的な概念を，形式的に厳密に定義したものと言える．こうしたタイプの定義は**帰納的定義**（inductive definition）と呼ばれ，今後もしばしば用いられる．上の定義によれば，たとえば

$$p_2, \quad (\sim p_1 \vee p_3), \quad ((\sim (p_4 \supset p_2)) \wedge p_5)$$

等は論理式である．しかし，条項 4) によれば記号の列

$$p_1 \sim, \quad \vee p_3, \quad \supset (p_2 \vee \sim p_3)$$

等はいずれも論理式ではない.

なお括弧「(」，「)」の用法であるが，括弧は本来は上の定義の 2), 3) に従って用いられるが，今後は適宜省略する．たとえば，論理式を囲む一番外側の括弧は多くの場合省略される．また，結合子の結合力を ∼, ∧, ∨, ⊃,

≡ の順に弱まるものと定めれば，それにより括弧を大幅に省くことができる．

　例 2　論理式 $((p_1 \supset p_3) \equiv ((p_2 \land p_4) \lor (\sim (p_3 \land (p_1 \supset p_2)))))$ の括弧を次のように順次省くことができる．しかし，最後に残った括弧は省くことができない．

$$(p_1 \supset p_3) \equiv ((p_2 \land p_4) \lor (\sim (p_3 \land (p_1 \supset p_2))))$$

$$p_1 \supset p_3 \equiv (p_2 \land p_4) \lor (\sim (p_3 \land (p_1 \supset p_2)))$$

$$p_1 \supset p_3 \equiv p_2 \land p_4 \lor \sim (p_3 \land (p_1 \supset p_2))$$

§2　真 理 関 数

　われわれの当面の目標はトートロジーという概念を定義することであるが，そのためには，前節で定義された論理式の概念を，あらためて，真と偽という**真理値**（truth value）の観点から解釈しなければならない．そこでまず，前節の 5 つの結合子を次のような**真理関数**（truth function）として定義しよう．〔この表を**真理表**（truth table）と呼ぶ．〕

A	$\sim A$	A	B	$A \land B$	A	B	$A \lor B$	A	B	$A \supset B$	A	B	$A \equiv B$
真	偽	真	真	真	真	真	真	真	真	真	真	真	真
偽	真	真	偽	偽	真	偽	真	真	偽	偽	真	偽	偽
		偽	真	偽	偽	真	真	偽	真	真	偽	真	偽
		偽	偽	偽	偽	偽	偽	偽	偽	真	偽	偽	真

　この表における真と偽という値の割り当て方は，〜 の 〈not〉，∧ の 〈and〉，∨ の 〈or〉，⊃ の 〈if 〜, then 〜〉，≡ の 〈equivalent〉 という各解釈とおおむね一致している．〔ただし ⊃ については，$A \supset B$ の A（「前件」と呼ぶ）が偽のときには，B（「後件」と呼ぶ）の真偽にかかわらず，$A \supset B$ が真となることに留意されなければならない．〕しかし，重要な点は，各結合子が，真と偽という 2 つの要素を含む集合の上に定義された一定の**関数**，一定の**演算子**（operator）としてとらえられているということにある．したがって，その点を強調するために，以下では真と偽という値のかわりに 1 と 0 という，よりニュートラルな記号を用いることにし，真理表をあらためて次のように定義する．

A	$\sim A$
1	0
0	1

A	B	$A \wedge B$	$A \vee B$	$A \supset B$	$A \equiv B$
1	1	1	1	1	1
1	0	0	1	0	0
0	1	0	1	1	0
0	0	0	0	1	1

　そこで，結合子をこのように定義すれば，それに応じて論理式そのものを1つの真理関数として解釈することができる．つまり，論理式に含まれる各要素命題記号に1か0の真理値を与えれば，それに応じて論理式全体の真理値が定まるわけである．そして，その真理値は次のような表にもとづいて実際に計算することができる．

例1 論理式 $\sim p_1 \vee p_3 \equiv \sim (p_3 \supset p_1)$ の真理値の計算

p_1	p_3	$\sim p_1$	$\sim p_1 \vee p_3$	$p_3 \supset p_1$	$\sim (p_3 \supset p_1)$	$\sim p_1 \vee p_3 \equiv \sim (p_3 \supset p_1)$
1	1	0	1	1	0	0
1	0	0	0	1	0	1
0	1	1	1	0	1	1
0	0	1	1	1	0	0

　つまり，与えられた論理式の帰納的な形成の過程にそって順次，**部分論理式**（subformula）の真理値を計算してゆき，最後に論理式全体の真理値に到達するわけである．しかし，この過程は，次のように真理値を各記号の下方に直接記入することによって，より簡明に示すことができる．〔その際，論理式の最終的な値は一番外側の結合子（この例では ≡）の下に記される．〕

$$\sim p_1 \vee p_3 \equiv \sim (p_3 \supset p_1)$$

0 1 1 1	0	0 1 1 1
0 1 0 0	1	0 0 1 1
1 0 1 1	1	1 1 0 0
1 0 1 0	0	0 0 1 0

例 2 $p_2 \supset (p_3 \land p_5)$ のように，論理式が 3 種類の要素命題
記号を含む場合には，要素命題記号がとりうる真理値の組合
せは合計 $2^3 = 8$ 通りとなり，真理値の表の行数も 8 行となる.
一般には 2^n 行となるわけである.

ところで，われわれは上にとりあえず 5 つの結合子を採用
したが，真理関数という観点から見れば，これらの結合子は互
いに還元可能である．つまり次のような等式が成立する．〔こ
の場合，等号 = は，左辺と右辺の論理式が（A, B に任意の真
理値を与えた場合に）常に同一の値をとることを表わしている.〕

p_2	⊃	(p_3	∧	p_5)
1	1	1	1	1
1	0	1	0	0
1	0	0	0	1
1	0	0	0	0
0	1	1	1	1
0	1	1	0	0
0	1	0	0	1
0	1	0	0	0

$$(A \equiv B) = \{(A \supset B) \land (B \supset A)\} \qquad (1)$$
$$(A \supset B) = (\sim A \lor B) \qquad (2)$$
$$(A \supset B) = \sim (A \land \sim B) \qquad (3)$$
$$(A \land B) = \sim (\sim A \lor \sim B) \qquad (4)$$
$$(A \land B) = \sim (A \supset \sim B) \qquad (5)$$
$$(A \lor B) = \sim (\sim A \land \sim B) \qquad (6)$$
$$(A \lor B) = (\sim A \supset B) \qquad (7)$$

これらの等式を見ると，たとえば (6) により，∨ は ～ と ∧ とで定義可能で
ある．また (3) により，⊃ も ～ と ∧ とで定義可能であり，さらに (1) により，
≡ も ⊃ と ∧ とで（したがって ～ と ∧ とで）定義可能となる．したがって，
∨，⊃，≡ の 3 つの結合子はすべて ～ と ∧ とで表現できると言える．同様
に，～ と ∨ とで他のすべての結合子を表現することができ，また ～ と ⊃ の
組合せでも他のすべてを定義しうる．こうして若干の結合子を基本記号として
置き，他の結合子を派生記号とみなせば，結合子の数を絞ることができる．し
かし，他方では，結合子の数を切りつめればそれだけ論理式の表現が長くなり，
論理式の意味の読みとりが困難になるということもある．したがって，その点
の考慮も必要であり，以下しばらくは，上の 5 つの結合子を用いることにする.
（のちの I - III では，～ と ⊃ を基本記号とする体系をとりあげる.）

§3 トートロジー

前節のように論理式を真理関数として解釈することにすれば，それにより論理式を次のような3つの基本的なタイプに類別することができる.

1) そのうちに含まれる要素命題記号にどのように真理値を与えても常に1という真理値をとるような論理式. これを**トートロジー**（tautology）ないしは**恒真式**と呼ぶ.

2) 要素命題記号に或る真理値を与えた場合には真理値1をとり，他の真理値を与えたときには真理値0をとるような論理式. これを**事実式**（contingency）と呼ぶ.

3) 要素命題記号にどのように真理値を与えても常に真理値0をとるような論理式. これを**矛盾式**（contradiction）と呼ぶ.

例1 次の真理表が示すように，論理式 $(p_1 \wedge p_3) \supset p_3$ はトートロジーであり，$p_1 \equiv (p_1 \vee p_3)$ は事実式，$\sim(p_1 \supset (p_3 \vee p_1))$ は矛盾式である.

p_1	p_3	$(p_1 \wedge p_3) \supset p_3$	$p_1 \equiv (p_1 \vee p_3)$	$\sim(p_1 \supset (p_3 \vee p_1))$
1	1	1	1	0
1	0	1	1	0
0	1	1	0	0
0	0	1	1	0

ところで，われわれの目標は〈valid〉，つまり「論理的に真」ないしは「論理的に正しい」ということを定義する点にあったが，ここにトートロジーの概念による第1の定義が与えられる.（のちにI-II，I-IIIでさらに第2，第3の定義が与えられることになる.）つまり，1つの論理式が論理的に真であることは，ここではそれがトートロジーであるということによって定義される. こうして，たとえば，

$$p_1 \supset p_1, \quad p_3 \vee \sim p_3, \quad p_2 \supset (p_2 \vee p_3),$$
$$(p_1 \supset p_3) \wedge (p_3 \supset p_5) \supset (p_1 \supset p_5)$$

といった論理式はすべてトートロジーであるが，それゆえにまた，「論理的に真」とみなされるわけである.

　ところで,「論理的に真」ということは, 一般にはとくに**推論**（inference）について言われる. $A_i(1 \leqq i \leqq n)$ ならびに B を論理式とするとき, 次のような論理式の列を**推論式**と呼び, $A_i(1 \leqq i \leqq n)$ を前提（premise）, B を結論（conclusion）と言う.

$$A_1, A_2, \cdots, A_n \to B \qquad (1)$$

そこで, こうした推論について「論理的に真」ということを定義するために, それに次のような論理式を対応させる.

$$(A_1 \wedge A_2 \wedge \cdots \wedge A_n) \supset B \qquad (2)$$

つまり, 推論式(1)は内容的には,「もしすべての前提 $A_i(1 \leqq i \leqq n)$ が成立するなら, 結論 B も成立する」ということを意味するが, それは論理式(2)によって表現されると言える. そこで, もとの推論(1)が「正しい」ということを, それに対応する論理式(2)が「正しい」, つまり論理式(2)がトートロジーであるということによって定義するわけである.

　そして, このように定義すれば, さらに日常語による推論についても同様に考えることができる. たとえば§1の冒頭の

　　1+2 が 4 であるなら, 雪は黒い.

　　1+2 は 4 である.
　　──────────────────────────
　　ゆえに, 雪は黒い.

という推論を例にとるなら, この推論の「正しさ」は次のように示される. まず適当な要素命題記号を用いてこの推論を記号化すると, たとえば

$$p_1 \supset p_2, \ p_1 \to p_2$$

という推論式が得られる. そこで, この推論式に対応する論理式をもとめれば,

$$((p_1 \supset p_2) \wedge p_1) \supset p_2$$

という論理式が得られ, これはトートロジーである. したがって, もとの推論は正しいというわけである. §1の冒頭で, 推論の正しさは, 推論を構成している個々の命題の内容的な真偽にではなく, 推論が全体としてもつ「型」に依存していると述べられたが, どのような型が「真なる」型であるかは, 今の場合, トートロジーという概念により決定されているわけである.

以下に，今後しばしば用いられるトートロジーを一括して掲げておこう．これらが恒真式であることは，（今の場合）実際に真理値を計算することによって確かめられる．(A, B, C は任意の論理式を表わす.）

1) $A \supset A$, $A \equiv A$ 　　　　　　　　同一律（law of identity）

2) $A \lor {\sim}A$ 　　　　　　　　排中律（law of the excluded middle）

3) ${\sim}(A \land {\sim}A)$ 　　　　　　　　矛盾律（law of contradiction）

4) ${\sim}({\sim}A) \equiv A$ 　　　　　　　　二重否定律（law of double negation）

5) $A \land A \equiv A$ 　　　　　　　　連言の巾等律（idempotent law）

6) $A \land B \equiv B \land A$ 　　　　　　　　連言の交換律（commutative law）

7) $A \land (B \land C) \equiv (A \land B) \land C$ 　　　　連言の結合律（associative law）

8) $A \land (B \lor C) \equiv (A \land B) \lor (A \land C)$ 　連言の分配律（distributive law）

9) $A \land (A \lor B) \equiv A$ 　　　　　　　　連言の吸収律（absorptive law）

10) $A \lor A \equiv A$ 　　　　　　　　選言の巾等律

11) $A \lor B \equiv B \lor A$ 　　　　　　　　選言の交換律

12) $A \lor (B \lor C) \equiv (A \lor B) \lor C$ 　　　　選言の結合律

13) $A \lor (B \land C) \equiv (A \lor B) \land (A \lor C)$ 　選言の分配律

14) $A \lor (A \land B) \equiv A$ 　　　　　　　　選言の吸収律

15) ${\sim}(A \land B) \equiv {\sim}A \lor {\sim}B$ 　　　　ド・モルガンの法則（De Morgan's law）

16) ${\sim}(A \lor B) \equiv {\sim}A \land {\sim}B$ 　　　　ド・モルガンの法則

17) $A \supset B \equiv {\sim}B \supset {\sim}A$ 　　　　対偶律（law of contraposition）

18) $A \supset (A \lor B)$ 　　　　　　　　付加律（law of addition）

19) $(A \land B) \supset A$ 　　　　　　　　単純化律（law of simplification）

20) $(A \land (A \supset B)) \supset B$ 　　　　肯定式（modus ponens）

21) $({\sim}B \land (A \supset B)) \supset {\sim}A$ 　　　否定式（modus tollens）

22) $(A \supset (B \supset C)) \supset ((A \land B) \supset C)$ 　移入律（law of importation）

23) $((A \land B) \supset C) \supset (A \supset (B \supset C))$ 　移出律（law of exportation）

24) $(\sim A \wedge (A \vee B)) \supset B$ 　　　　選言シロジズム（law of disjunctive syllogism）

25) $((A \supset B) \wedge (B \supset C)) \supset (A \supset C)$ 　仮言シロジズム（law of hypothetical syllogism）

26) $(A \supset C) \supset ((B \supset C) \supset ((A \vee B) \supset C))$ 　ディレンマの法則（law of dilemma）

§4 代入，置換，双対性

本節ではトートロジーに関するいくつかの基本的な定理を証明しよう．

以下，「論理式 A はトートロジーである」という言明を，記号により $\vDash A$ と表わす．また，論理式 $A \equiv B$ がトートロジーであるなら，論理式 A と論理式 B とは（要素命題記号に真理値をどのように割り当てても）常に同一の値をとるが，このことを等号 $=$ を流用して，$A = B$ と表わそう．（§2の末尾を参照．）つまり，

$$A = B \xleftrightarrow{\text{def.}} \vDash A \equiv B$$

定理1 A を論理式，p を A に含まれる要素命題記号とし，A におけるすべての p（の現われ）を論理式 B で置きかえるときに得られる論理式を C とする．このとき

$$\vDash A \Longrightarrow \vDash C \qquad\qquad （代入の法則）$$

証明 p に1，0いずれの値を与えても A は常に真理値1をとる．p を B で置きかえても，B 自体，値1か0しかとらない．したがって，C も常に値1をとる．　　　　　　　　　　　　　　　　　　　　　　　　　　　　　　┘

この定理は，既知のトートロジーから新しいトートロジーを導くという「恒真式の導出」の法則を与えている．以下の定理も同様である．

定理2 $\vDash A$, $\vDash A \supset B \Longrightarrow \vDash B$ 　　　　　　（含意の法則）

証明 B がトートロジーではないとする．そのとき，B の値を0とするような，B の要素命題記号に対する真理値の割り当てが存在する．他方，A はトートロジーであるから，常に値1をとる．したがって，A が1，B が0という値をとるような（要素命題記号に対する）真理値の割り当てが存在し，このと

き $A \supset B$ は値 0 をとる. しかし, これは $A \supset B$ がトートロジーであるという前提に矛盾する. したがって B はトートロジーである.　　　　　　┘

定理 3　論理式 A が論理式 B を部分論理式として含むとき, それを $A(B)$ と表わし, A における B の部分を論理式 C で置きかえるとき得られる論理式を $A(C)$ と表わす.（A における B のすべての現われを置きかえる必要はない.）このとき次のことが成立する.

1)　$\models (B \equiv C) \supset (A(B) \equiv A(C))$

2)　$\models B \equiv C \Longrightarrow \models A(B) \equiv A(C)$

3)　$\models B \equiv C, \models A(B) \Longrightarrow \models A(C)$

（置換の法則）

証明　1)　要素命題記号に真理値が割り当てられたとき, B と C とが異なる値をとれば, $B \equiv C$ は値 0 をとる. したがって $(B \equiv C) \supset (A(B) \equiv A(C))$ は値 1 をとる. 他方 B と C とが同じ値をとれば, $A(B)$ と $A(C)$ も同じ値をとり, $B \equiv C$ と $A(B) \equiv A(C)$ とはともに値 1 をとる. したがって $(B \equiv C) \supset (A(B) \equiv A(C))$ は値 1 をとる. よって与論理式はトートロジーである.

2)　1) と定理 2 より明らかである.

3)　2) より明らか.　　　　　　┘

定理 3 の 2) は上述の記号 = を用いれば,

$$B = C \Longrightarrow A(B) = A(C)$$

と書くことができる. つまり, 部分論理式をそれと同値な論理式で置きかえながら論理式を変形してゆくという手続きが, 置換の法則によって正当化されるわけである.（この変形は今後しばしば用いられる.）

以下, 本節の終りまで論理式 A, B, C 等は $\sim$, $\wedge$, $\vee$ 以外の結合子を含まないものとする. また, 論理式 A において, A の要素命題記号 $q_1, q_2, \cdots, q_k$ をそれぞれ $\sim q_1, \sim q_2, \cdots, \sim q_k$ に置きかえ, さらに $\wedge$ を $\vee$ に, $\vee$ を $\wedge$ に置きかえたとき, そこに得られる論理式を A^E で表わす.

定理 4　$\models \sim A \equiv A^E$

証明　A に含まれる結合子の数 n についての帰納法で証明する.

1) $n=0$ の場合. A は要素命題記号であり, $\models \sim A \equiv A^E$ が成立する.

2) $n>0$ の場合.

i) A が $\sim B$ のとき. 置換の法則により次のように変形できる.

$$\sim A = \sim(\sim B)$$
$$= \sim(B^E) \qquad\qquad\qquad\qquad 帰納法の仮定$$
$$= A^E \qquad\qquad\qquad\qquad\qquad A^E \text{ の定義}$$

ii) A が $B \wedge C$ のとき. 同じく置換の法則により次のように変形できる.

$$\sim A = \sim(B \wedge C)$$
$$= \sim B \vee \sim C \qquad\qquad\qquad ド・モルガンの法則$$
$$= B^E \vee C^E \qquad\qquad\qquad 帰納法の仮定$$
$$= A^E \qquad\qquad\qquad\qquad\quad A^E \text{ の定義}$$

iii) A が $B \vee C$ のとき. ii) と同様. ⌟

次に, 論理式 A において $\wedge$ を $\vee$ に, $\vee$ を $\wedge$ に置きかえたとき, そこに得られる論理式を A の**双対** (dual) と呼び, A^D で表わす.

定理5 次のことが成立する.

1) $\models A \Longrightarrow \models \sim(A^D)$

2) $\models \sim A \Longrightarrow \models A^D$

3) $\models A \supset B \Longrightarrow \models B^D \supset A^D$

4) $\models A \equiv B \Longrightarrow \models A^D \equiv B^D$

(双対の法則)

証明 1) 定理4により $\models \sim(A^D) \equiv (A^D)^E \cdots$ ①. $(A^D)^E$ は D と E というオペレーションの定義から, 結局, A における要素命題記号 $q_1, q_2, \cdots, q_n$ を各々 $\sim q_1, \sim q_2, \cdots, \sim q_n$ で置きかえた論理式となっている. 仮定により A はトートロジーであるから, 定理1の代入の法則により $(A^D)^E$ はトートロジーとなる. したがって①により $\sim(A^D)$ はトートロジー.

2) 1) より $\models \sim((\sim A)^D)$. $(\sim A)^D$ は $\sim(A^D)$ に等しい. したがって $\models \sim(\sim(A^D))$. よって $\models A^D$.

3) $(A \supset B) = (\sim A \vee B)$. 仮定の $\models A \supset B$ から $\models \sim A \vee B$. 1) により $\models$

$\sim ((\sim A \vee B)^D)$. $(\sim A \vee B)^D$ は $\sim (A^D) \wedge (B^D)$ である．したがって $\models \sim (\sim (A^D) \wedge (B^D))$. ド・モルガンの法則により $\models (A^D) \vee \sim (B^D)$. よって $\models (B^D) \supset (A^D)$.

4） $(A \equiv B) = ((A \supset B) \wedge (B \supset A))$. したがって 3）により $\models A^D \equiv B^D$. 　⏌

　この双対の法則によって，あるトートロジーから他のトートロジーを直接に導くことができる．たとえば前節の末尾にいくつかのトートロジーが挙げられているが，そのうち 5）から 10）を，6）から 11）を，7）から 12）を，8）から 13）を，9）から 14）を，各々双対の法則の 4）を用いて直接に導出することができる．（ただし，その場合，論理式 *A*, *B*, *C* 等は結合子 $\wedge$, $\vee$, $\supset$, $\equiv$ を含まないものとする．）

§5　標準形，関数的完全性

　与えられた論理式がトートロジーであるか否かを判定するには，原則的には §3 のように真理表を計算すればよいが，以下のように論理式の標準形を考え，それにもとづいて判定する方法もある．

　論理式

$$(p_1 \vee \sim p_1 \vee p_6) \wedge (\sim p_2 \vee p_3 \vee p_5) \wedge (p_2 \vee p_4 \vee \sim p_4 \vee p_7) \wedge (p_1 \vee p_3)$$

のように，要素命題記号や要素命題記号の否定形が選言で結ばれ，さらにそうした部分式が全体として連言で結ばれているような論理式を**連言標準形**（conjunctive normal form）と呼ぶ．また，論理式

$$(p_2 \wedge p_3 \wedge \sim p_4) \vee (\sim p_2 \wedge p_5) \vee (p_1 \wedge \sim p_3 \wedge \sim p_4) \vee (p_2 \wedge p_5)$$

のように，要素命題記号やその否定形が連言で結合され，さらにそうしたものが全体として選言で結合されているような論理式を**選言標準形**（disjunctive normal form）と言う．

　定理 1　任意の論理式はそれと同値な連言標準形に変形できる．また，任意の論理式はそれと同値な選言標準形に変形しうる．

　証明　与えられた論理式 *F* を次のような手続きで変形してゆけばよい．（変形の過程で前節の置換の法則が用いられる．）

1) まず F のうちに結合子 ⊃, ≡ が現われていれば，それらを§2の末尾の等式(1), (2), (3)を用いて書きかえ，～，∧，∨ の 3 つの結合子のみが残るようにする．

2) ～ が括弧の前にあれば，ド・モルガンの法則を用いて ～ を括弧の内に移し，最終的には ～ は要素命題記号の前にのみくるようにする．その際，二重否定律 $\sim(\sim A)\equiv A$ 等も用いる．

3) 1)，2)の変形によっていまだ標準形が得られない場合は，さらに分配律（§3の末尾の8)と13)）を用いる．つまり，選言の分配律をくり返し適用すれば連言標準形を得，連言の分配律を何回か用いれば選言標準形を得る．　⌟

例1　論理式 $(p_2\wedge(p_2\supset p_5))\supset p_5$ は次のようにして標準形へ変形される．

$$
\begin{aligned}
\text{与式} &= \sim(p_2\wedge(p_2\supset p_5))\vee p_5 && \supset \text{の書きかえ}\\
&= \sim(p_2\wedge(\sim p_2\vee p_5))\vee p_5 && \supset \text{の書きかえ}\\
&= (\sim p_2\vee\sim(\sim p_2\vee p_5))\vee p_5 && \text{ド・モルガンの法則}\\
&= (\sim p_2\vee(\sim(\sim p_2)\wedge\sim p_5))\vee p_5 && \text{ド・モルガンの法則}\\
&= (\sim p_2\vee(p_2\wedge\sim p_5))\vee p_5 \cdots ① && \text{二重否定律}\\
&= \sim p_2\vee p_5\vee(p_2\wedge\sim p_5) && \text{結合律，交換律}\\
&= (\sim p_2\vee p_5\vee p_2)\wedge(\sim p_2\vee p_5\vee\sim p_5) \cdots ② && \text{分配律}
\end{aligned}
$$

つまり，①が与式の選言標準形であり，②が連言標準形である．

ところで，トートロジーであるか否かの判定法であるが，それは次の定理によって与えられる．

定理2　1) A はトートロジーである．$\Longleftrightarrow A$ の連言標準形の各連言肢（連言で結合されている各部分式）のうちに，ある要素命題記号とその否定形の両者が含まれる．

2) A は矛盾式である．$\Longleftrightarrow A$ の選言標準形の各選言肢のうちに，ある要素命題記号とその否定形の両者が含まれる．

証明　1)　まず（$\Longleftarrow$）を証明する．A の連言標準形を

$$B_1\wedge B_2\wedge\cdots\wedge B_n \qquad (\alpha)$$

とする．仮定により各連言肢 $B_i(1\leq i\leq n)$ は，ある要素命題記号 q_i とその否

定形 $\sim q_i$ とを含む．したがって各 B_i は（交換律により）

$$q_i \vee \sim q_i \vee C_i \qquad (\beta_i)$$

というかたちの論理式と同値であり，この (β_i) はトートロジーである．した
がって (α) はトートロジーであり，さらに A もトートロジーである．次に
$(\Longrightarrow)$ であるが，その対偶を証明する．ある連言肢 B_k には，要素命題記号
とその否定形とが同時には含まれていないとする．そのとき B_k における $\sim$
のついた要素命題記号には値 1 を，$\sim$ のつかない要素命題記号には値 0 を
各々与えれば，$\vee$ の定義により B_k の値は全体として 0 となる．したがって
(α)，さらには A はトートロジーではない．

2)　1) と同様に証明できる．　　　　　　　　　　　　　　　┙

　例 2　例 1 によれば論理式 $(p_2 \wedge (p_2 \supset p_5)) \supset p_5$ の連言標準形は ② の論理式
であり，各連言肢には要素命題記号とその否定形の両者が含まれている．した
がって，与式はトートロジーと判定される．なお，標準形による判定は，とく
に論理式に含まれる要素命題記号の種類が多い場合に有用と言える．

　さて，既述のように変数値ならびに関数値として集合 $\{1, 0\}$ の要素をとる
ような関数を真理関数と呼び，われわれは上来，論理式をこうした真理関数と
して解釈してきた．つまり，n 種類の要素命題記号を含む論理式は，n 変数の
真理関数としてとらえることができる．そこで結びに，その逆の問題，つまり
任意の真理関数が与えられたとき，それをわれわれの論理式で表現することが
できるかどうかという問題をとりあげよう．

　まず例について考える．今，2 変数の真理関数 F
(q_1, q_2) が，右のような真理表で与えられたとする．
（変数の記号として，ある要素命題記号 q_1, q_2 を用い
る．）$F(q_1, q_2)$ の値が 1 となるような q_1, q_2 の組をと

q_1	q_2	$F(q_1, q_2)$
1	1	0
1	0	1
0	1	0
0	0	1

り出すと $\langle 1, 0 \rangle$, $\langle 0, 0 \rangle$ となる．そこでまず，組
$\langle 1, 0 \rangle$ に対応して $q_1 \wedge \sim q_2$ という論理式を構成すれば，この論理式は値
$\langle 1, 0 \rangle$（$q_1 = 1$, $q_2 = 0$）に対しては値 1 をとり，他の値に対してはすべて値 0
をとる．同様に，組 $\langle 0, 0 \rangle$ に対応して論理式 $\sim q_1 \wedge \sim q_2$ を構成すると，この

論理式は値 $\langle 0, 0 \rangle$ に対しては値 1 をとり，他の値に対しては常に値 0 をとる．よって，$(q_1 \wedge \sim q_2) \vee (\sim q_1 \wedge \sim q_2)$ という論理式を考えれば，もとの真理関数 $F(q_1, q_2)$ はこの論理式で表現される．そこで，こうした例を一般化すれば，次のような定理——**関数的完全性の定理**と呼ばれる——が得られる．

定理 3 任意の真理関数は，結合子として $\sim$，$\wedge$，$\vee$ の 3 つを含むような論理式によって表現することができる．

証明 n 変数の真理関数 $F(q_1, q_2, \cdots, q_n)$ が与えられたとする．（変数の記号として，ある要素命題記号 $q_1, q_2, \cdots, q_n$ を用いる．）もし F が常に値 0 をとれば，F は論理式 $q_1 \wedge \sim q_1$ で表現される．

また，もし F が m 組（$1 \leqq m \leqq 2^n$）の値に対して値 1 をとるとすれば，その m 組の値を

$$\langle t_1^\ell, \ t_2^\ell, \ \cdots, \ t_n^\ell \rangle \quad (1 \leqq \ell \leqq m, \ t_i^\ell \text{ は } 1 \text{ か } 0)$$

と書く。また A_k^ℓ を，$t_k^\ell = 1$ のときには q_k，$t_k^\ell = 0$ のときには $\sim q_k$ と定義する．そして

$$A_1^\ell \wedge A_2^\ell \wedge \cdots \wedge A_n^\ell = B_\ell$$

とおけば，B_ℓ は値 $\langle t_1^\ell, \ t_2^\ell, \ \cdots, \ t_n^\ell \rangle$ に対しては値 1 をとり，その他の値に対しては常に値 0 をとる．そこで，

$$B_1 \vee B_2 \vee \cdots \vee B_m \quad \cdots ①$$

という論理式を構成すれば，F はこの論理式によって表現される． 　　┘

ちなみに，① の論理式は選言標準形のかたちをしているが，これを**主選言標準形**（principal disjunctive normal form）と呼ぶ．任意の論理式は真理関数として解釈され，また任意の真理関数は ① のかたちの論理式で表現されるから，すべての論理式にはそれと同値な主選言標準形が対応していることになる．

また定理 3 は，計算機におけるいわゆる**論理回路**（logical circuit）の設計に応用される．つまり，二進法による計算は真理関数の概念からとらえられるが，この定理により，任意の真理関数は論理式によって表現される．そして一方，論理式のほうは，$\wedge$ に対応する and-回路，$\vee$ に対する or-回路，$\sim$ に対する not-回路によって，一定の電気回路に翻訳されるわけである．

I - II 自 然 推 論

§6 Gentzen 型命題算 *NP*

われわれは日常生活や学問等のうちで様々な論理的推論を行うが，その際，単純で自明な推論を積み重ねて長く複雑な推論に至るというかたちをとるのが普通である．つまり，一般に推論の妥当性は，それがいくつかの基本的で要素的な推論規則の（有限回の）積み重ねによって構成されるという点にあると考えられる．そこで，論理をこうした通常の発想に近いかたちで体系化し形式化するということが考えられるが，それが**自然推論**（natural deduction）の立場にほかならない．I - I では論理式が真理値により解釈され，「論理的に真」ということがトートロジーといういささか技巧的な概念を用いて定義されたが，同じ「論理的に真」ということが，この立場ではきわめて自然に定義されるのである．

　自然推論の体系にも種々のものがあるが，ここでは G. Gentzen による体系をとりあげよう．まず，そのうちの命題算に当たる部分をとりあげるわけであるが（これはのちに自然推論の述語算 *NQ* へと拡大される〔§15〕），この命題算を *NP* と名づける．*NP* の基本的な道具立ては以下のとおりである．

　1　*NP* の記号．*NP* で用いられる記号は次のとおりである．

要素命題記号　　　$p_1,\ p_2,\ p_3,\ \cdots$

矛盾記号　　　　　人

論理記号　　　　　$\sim,\ \wedge,\ \vee,\ \supset$

括弧　　　　　　　$(\ ,\ )$

　つまり，*NP* の記号は基本的には I - I のそれとほぼ同様であるが，新たに**矛盾**を表わす命題記号 人 がつけ加わる．また結合子（論理記号 logical symbols と言いかえられる）のリストから ≡ がはずされ，$A \equiv B$ は $(A \supset B) \wedge (B \supset A)$ を表わす派生的な略記号として扱われる．

2 **NPの論理式**. NP の論理式もほぼⅠ-Ⅰの場合と同様であり，次のように帰納的に定義される．（今後，「論理式」を略して単に「式」と呼ぶことがある．）

ⅰ） 要素命題記号 p_i(i=1, 2, 3, …) は論理式である．

ⅱ） 矛盾記号 人 は論理式である．

ⅲ） A, B が論理式であるなら，$(\sim A)$，$(A \wedge B)$，$(A \vee B)$，$(A \supset B)$ はそれぞれ論理式である．

ⅳ） 以上の ⅰ)，ⅱ)，ⅲ) により論理式と判明するもののみが論理式である．括弧の省略についても，Ⅰ-Ⅰと同様に定める．

3 **NPの推論規則**（rules of inference）． NP では基本的な推論として次の10種類の推論規則が用いられる．つまり，これらの10個の推論規則の積み重ねにより推論が構成されるわけである．（A, B, C は任意の論理式を表わす．）

$$\supset\text{-}入 \qquad \wedge\text{-}入 \qquad \vee\text{-}入 \qquad \sim\text{-}入 \qquad g_1$$

$$\frac{\begin{array}{c}[A]\\\hline B\end{array}}{A \supset B} \qquad \frac{A \quad B}{A \wedge B} \qquad \frac{A}{A \vee B} \quad \frac{B}{A \vee B} \qquad \frac{\begin{array}{c}[A]\\\hline 人\end{array}}{\sim A} \qquad \frac{人}{A}$$

$$\supset\text{-}除 \qquad \wedge\text{-}除 \qquad\qquad \vee\text{-}除 \qquad\qquad \sim\text{-}除 \qquad g_2$$

$$\frac{A \quad A \supset B}{B} \qquad \frac{A \wedge B}{A} \quad \frac{A \wedge B}{B} \qquad \frac{A \vee B \quad [A]\quad [B]\atop \qquad\quad C \quad\ C}{C} \qquad \frac{A \quad \sim A}{人} \qquad \frac{\sim(\sim A)}{A}$$

これらの推論規則は基本的なものばかりであり，その内容的な意味はほとんど自明と言ってよいが，若干の注を付しておく．

ⅰ） $\supset$, $\wedge$, $\vee$, $\sim$ の4つの論理記号に付された「入」と「除」という文字は，それぞれの論理記号の「導入」（introduction）と「除去」（elimination）を意味している．たとえば $\wedge$-入の推論規則では，結論において $\wedge$ が導入されており，$\wedge$-除の規則では，前提にあった $\wedge$ が結論において除かれている．

ⅱ） $\supset$-入の規則は，仮定 A から出発し様々な推論を重ねて（この推論の

過程が破線……で示されている）*B* に至るなら，論理式 *A*⊃*B* が成り立つ，と
いう推論を意味している．その際，*B* は仮定 *A* に依存しているが，*A*⊃*B* のほ
うはもはや仮定 *A* に依存しない．このことを仮定 *A* が「落ちる」と言い，
〔*A*〕で示している．また⊃-除の規則は，*A* と *A*⊃*B* とから *B* が導かれるとい
う簡明な推論を表わしている．

　iii）　∧-入も ∧-除も自明な推論を表わしている．

　iv）　∨-入は明らか．∨-除は次のような「場合分け」の推論を示している．
今，*A* を仮定すれば *C* が導かれ，*B* を仮定しても *C* が導かれるとする．この
とき，*A* 自体ならびに *B* 自体を仮定しなくても（したがって仮定 *A*, *B* は落
ちる），それよりも弱い *A*∨*B* という仮定から，*C* が導かれる．

　v）　〜-入は，*A* を仮定したとき矛盾が導かれるなら *A* は否定されるとい
う，いわゆる背理法の推論を表わしている．（仮定 *A* は落ちる．）〜-除は，*A*
と 〜*A* とから矛盾が導かれるという推論．

　vi）　g_1 は「矛盾からは任意の論理式 *A* が導かれる」という推論を意味して
いるが，これは次のように理解される．矛盾 ∧ を *D*∧〜*D*（*D* は任意の論理
式）とおく．*D*∧〜*D* ⟹ *D*（∧-除）．*D* ⟹ *D*∨*A*(∨-入)．*D*∨*A* は 〜*D*⊃
A と書くことができる（*cf.* §2 の末尾の(7)）．他方，*D*∧〜*D* ⟹ 〜*D*. 〜*D*,
〜*D*⊃*A* ⟹ *A*(⊃-除)．したがって，矛盾 *D*∧〜*D* から任意の論理式 *A* が導
かれることになる．g_2 は二重否定の推論を表わしている．

　4　*NP* における証明（proof）．　*NP* にお
ける推論は，以上の10種の推論規則を様々に組
合せることによって構成される．つまり，右の
例のように，推論規則を樹状（tree form）に

$$\cfrac{\cfrac{\cfrac{\cfrac{A^1 \quad B^2}{A \wedge B}\text{∧-入}}{A \supset (A \wedge B)}\text{⊃-入, 1}}{B \supset (A \supset (A \wedge B))}\text{⊃-入, 2}}$$

積み重ね，各段階で用いられる推論規則を横に明示する．このとき，この例の
A, *B* のように，樹の枝の先端にある論理式を**仮定**（hypothesis）と呼ぶ．そ
こで，仮定から出発し推論規則を重ねて下方に向かうとき，その途中で，推論
規則の ⊃-入，∨-除，〜-入により，仮定のうちのあるものは「落ちる」．た
とえば，この例の *A* は ⊃-入により落ちるが，そのことを図のように番号1を

付して示す. そして, ある論理式 C に至るまでに, ある仮定は落ち, 他の仮定は残っているとき, C は残った仮定に**従属**（dependent）していると言い, 落ちた仮定からは**独立**（independent）であると言う. この例で言えば, 論理式 $A \land B$ は, A, B の両式に依存しており, $A \supset (A \land B)$ は B に従属しているが, A からは独立であり, 最後の論理式 $B \supset (A \supset (A \land B))$ は, A, B いずれからも独立である. そこで, こうした樹状の図において, 一番下の論理式 D に至るまでにすべての仮定が落ちているとき, この図を D の**証明**と呼び, そのような証明が存在する D を**証明可能な論理式**（provable formula）と呼ぶ. （あるいは D を端的に NP の**定理**（theorem）と呼ぶ.）つまり, 証明可能な論理式は, 仮定に依存しない, その意味で無条件的に妥当する論理式という意義をもつわけである.

　こうして NP の場合, 「論理的に真」ということは, ある命題が, いくつかの自明な基本推論の積み重ねで導かれるということを意味しており, これは, Ⅰ-Ⅰのトートロジーの概念による定義と比較すれば, きわめて自然な定義と言ってよい.

§7 *NP* の 定 理

　本節では NP の定理の例を若干見てみよう. ある論理式が NP で証明可能であることを示すためには, 無論, その式の NP における証明が存在することを示せばよい.

　まず, §3の末尾に掲げられている基本的なトートロジーのなかから例をとり, それらが NP でも証明可能となることを示そう.

ⅰ） $(A \land B) \supset A$ 　　19）単純化律

　　　証明

$$\cfrac{\cfrac{A \land B^1}{A} \land \text{-除}}{(A \land B) \supset A} \supset \text{-入}, 1$$

ⅱ） $A \supset (A \lor B)$ 　　18）付加律

証明

$$\cfrac{\cfrac{A^1}{A \lor B} \ \lor\text{-入}}{A \supset (A \lor B)} \ \supset\text{-入},1$$

iii） $A \supset A$ 1）同一律

証明

$$\cfrac{\cfrac{\cfrac{A^1 \quad A^1}{A \land A} \ \land\text{-入}}{A} \ \land\text{-除}}{A \supset A} \ \supset\text{-入},1$$

（*NP* には $\dfrac{A}{A}$ という推論規則がないため，このような迂路をたどらなければならない.）

iv） $(A \supset C) \supset ((B \supset C) \supset ((A \lor B) \supset C))$ 26）ディレンマの法則

証明

$$\cfrac{\cfrac{\cfrac{A \lor B^3 \quad \cfrac{A^1 \quad A \supset C^5}{C} \ \supset\text{-除} \quad \cfrac{B^2 \quad B \supset C^4}{C} \ \supset\text{-除}}{C} \ \lor\text{-除},1,2}{\cfrac{(A \lor B) \supset C}{(B \supset C) \supset ((A \lor B) \supset C)} \ \supset\text{-入},4}}{(A \supset C) \supset ((B \supset C) \supset ((A \lor B) \supset C))} \ \supset\text{-入},5$$

v） $\sim(A \land \sim A)$ 3）矛盾律

証明

$$\cfrac{\cfrac{\cfrac{A \land \sim A^1}{A} \ \land\text{-除} \quad \cfrac{A \land \sim A^1}{\sim A} \ \land\text{-除}}{人} \ \sim\text{-除}}{\sim(A \land \sim A)} \ \sim\text{-入},1$$

vi） $A \lor \sim A$ 2）排中律

証明

$$\cfrac{\cfrac{\cfrac{\cfrac{A^1}{A \lor \sim A} \lor \text{-入} \quad \sim(A \lor \sim A)^2}{\land} \sim\text{-除}}{\cfrac{\sim A}{A \lor \sim A} \sim\text{-入},1} \lor \text{-入} \quad \sim(A \lor \sim A)^2}{\cfrac{\cfrac{\land}{\sim(\sim(A \lor \sim A))} \sim\text{-入},2}{A \lor \sim A} g_2}$$

vii) $\sim(A \lor B) \equiv \sim A \land \sim B$ 　　16) ド・モルガンの法則

$\equiv$ の定義により次の 2 つを証明すればよい.

$\sim(A \lor B) \supset (\sim A \land \sim B)$ の証明

$$\cfrac{\cfrac{\cfrac{\cfrac{A^1}{A \lor B} \lor \text{-入} \quad \sim(A \lor B)^3}{\land} \sim\text{-除}}{\sim A} \sim\text{-入},1 \quad \cfrac{\cfrac{\cfrac{B^2}{A \lor B} \lor \text{-入} \quad \sim(A \lor B)^3}{\land} \sim\text{-除}}{\sim B} \sim\text{-入},2}{\cfrac{\sim A \land \sim B}{\sim(A \lor B) \supset (\sim A \land \sim B)} \supset\text{-入},3}$$

$(\sim A \land \sim B) \supset \sim(A \lor B)$ の証明

$$\cfrac{\cfrac{A \lor B^2 \quad \cfrac{A^1 \quad \cfrac{\sim A \land \sim B^3}{\sim A} \land\text{-除}}{\land} \sim\text{-除} \quad \cfrac{B^1 \quad \cfrac{\sim A \land \sim B^3}{\sim B} \land\text{-除}}{\land} \sim\text{-除}}{\cfrac{\cfrac{\land}{\sim(A \lor B)} \sim\text{-入},2}{(\sim A \land \sim B) \supset \sim(A \lor B)} \supset\text{-入},3} \lor\text{-除},1}$$

　次の 3 つの論理式は次節の命題算の公理系 *LP* の公理となるものであるが, それらが *NP* で証明可能であることを示しておく.

viii) $A \supset (B \supset A)$ 　L_1

証明

$$\cfrac{\cfrac{\cfrac{\cfrac{A^2 \quad B^1}{A \land B}\land\text{-入}}{A}\land\text{-除}}{B \supset A}\supset\text{-入},1}{A \supset (B \supset A)}\supset\text{-入},2$$

ix）　$(A \supset (B \supset C)) \supset ((A \supset B) \supset (A \supset C))$　L_2

証明

$$\cfrac{\cfrac{\cfrac{\cfrac{\cfrac{A^1 \quad A \supset B^2}{B}\supset\text{-除} \quad \cfrac{A^1 \quad A \supset (B \supset C)^3}{B \supset C}\supset\text{-除}}{C}\supset\text{-除}}{A \supset C}\supset\text{-入},1}{(A \supset B) \supset (A \supset C)}\supset\text{-入},2}{(A \supset (B \supset C)) \supset ((A \supset B) \supset (A \supset C))}\supset\text{-入},3$$

x）　$(\sim B \supset \sim A) \supset (A \supset B)$　L_3

証明

$$\cfrac{\cfrac{\cfrac{\cfrac{\cfrac{\cfrac{\sim B^1 \quad \sim B \supset \sim A^3}{\sim A}\supset\text{-除} \quad A^2}{\land}\sim\text{-除}}{\sim (\sim B)}\sim\text{-入},1}{B}g_2}{A \supset B}\supset\text{-入},2}{(\sim B \supset \sim A) \supset (A \supset B)}\supset\text{-入},3$$

I - Ⅲ　公　理　系

§ 8　Hilbert 型命題算 *LP*

前節の自然推論の体系では，推論は，仮定から出発し，途中で仮定を落とし

ながら，最後に仮定に依存しない無条件的に成立す
る論理式を得るという構成をとっていた．それに対
し，仮定のかわりに若干の論理式を最初から公理と
して置き，そこから推論規則により他の式を導出す
るという，公理と推論規則で構成される体系が考え
られる．そこで，こうした公理系というかたちで構
成された命題算をHilbert型命題算と呼び，*LP* と
名づける．*LP* は，トートロジーの体系，自然推論
の体系に続く第3の命題算というわけである．

I-Iのトートロジーの体系では，論理式が真理
値により解釈され，それをもとにして命題算が展開されたが，こうした一定の
解釈を基礎にしながら論理的な体系を論じる立場を**意味論**（semantics）の立
場と呼ぶ．それに対して *NP* ならびに以下の *LP* では**構文論**（syntax）の観点
がとられ，そこでは論理的な諸概念はその内容的な意味からいったん切り離さ
れ，純粋な記号の体系としてとり扱われる．そこで以下，*LP* の具体的な構成
を見てみよう．

1　*LP* の記号．

要素命題記号　　　p_1, p_2, p_3, …

論理記号　　　　　$\sim$, $\supset$

括弧　　　　　　　（, ）

§2で見たように，論理記号は切り詰めれば，（$\sim$, $\wedge$），（$\sim$, $\vee$），（$\sim$,
$\supset$）のうちのいずれかのペアで間に合うが，*LP* では（$\sim$, $\supset$）を基本記号と
する．したがって，他の記号は派生記号として次のように定義される．（p.8
の等式(5), (7), (1)を参照．）

$$A \wedge B \Longleftrightarrow \sim(A \supset \sim B)$$
$$A \vee B \Longleftrightarrow \sim A \supset B$$
$$A \equiv B \Longleftrightarrow (A \supset B) \wedge (B \supset A)$$

2　*LP* の**論理式**．　　*NP* の場合と同様に帰納的に定義される．

i) 要素命題記号 p_i ($i=1, 2, 3, \cdots$) は論理式である.

ii) A, B が論理式ならば, $(\sim A)$, $(A \supset B)$ は各々論理式である.

iii) 以上の i), ii) で論理式と判明するもののみが論理式である.

（括弧の省略等についても以前と同様に定める.）

3 *LP* の公理. A, B, C を任意の論理式とするとき, 次のものを *LP* の公理（axioms）とする.

L_1 $A \supset (B \supset A)$

L_2 $(A \supset (B \supset C)) \supset ((A \supset B) \supset (A \supset C))$

L_3 $(\sim B \supset \sim A) \supset (A \supset B)$

LP の基本論理記号は $\sim$ と $\supset$ であるが, 基本記号として他のものを選べば, それに応じて種々の公理系が考えられる. 歴史的には, Frege, Russell, Hilbert, Bernays 等によって様々な公理系が考案されたが, われわれの公理は Lukasiewicz によるものである. また, L_1, L_2, L_3 は, A, B, C が任意の論理式であることにおいて, 公理となる論理式の「型」を表現しているが, こうした公理の表わし方を「シェーマ」による表現と呼ぶ.

4 *LP* の**推論規則**. 公理から定理を導くために推論規則が必要となるが, *LP* では

mp A, $A \supset B \rightarrow B$

という modus ponens の推論規則を採用する. このとき, B を A と $A \supset B$ の**直接の帰結**（direct consequence）と呼ぶ.

mp は, *NP* の $\supset$-除の推論規則に対応している. *NP* は公理がなく10種の推論規則から構成されているが, *LP* は 3 種の公理と 1 種の推論規則とから成立している. われわれはのちに, この 2 つの体系が同等であることを証明する（§13）.

5 *LP* における**証明**. 公理と推論規則が確定すれば, 公理から様々な定理が導出されるが, この導出の過程が証明と呼ばれる. *LP* における証明の概念は次のように定義される. *LP* の論理式の列

$$A_1, \ A_2, \ \cdots, \ A_n (=A)$$

について，各 i（$i=1, 2, \cdots, n$）に対して次の ⅰ），ⅱ）のいずれかが成立するとき，この論理式の列を「A の証明」（proof of A）と呼ぶ.

　ⅰ） A_i は LP の公理である.

　ⅱ） A_i は，先行する 2 つの論理式 A_j と A_k（$j, k<i$）の（mp による）直接の帰結である.

　この証明の定義は，最後の論理式 A が公理から出発し推論規則 mp を有限回用いて導き出されるということ，要するに A が公理から導出可能であるということを形式的に述べたものと言うことができる.

　6　**LP の定理**.　論理式 A について，その証明が存在するとき，A を（LP で）**証明可能な論理式**，ないしは **LP の定理**と呼ぶ. そして，A が LP で証明可能であるという言明を以下，$\vdash_{LP} A$ と表わす.（誤解の恐れがない場合には簡略に $\vdash A$ と書く.）こうして LP の場合，「論理的に真」ということは，論理式が公理系のなかで証明可能となることとしてとらえられているわけである.

　以上が体系 LP の基本的な道具立てであるが，LP の定理の一例として同一律 $A \supset A$（A は任意の論理式）を挙げておこう.

　　　$\vdash A \supset A$　…①

　　証明

1	$(A \supset ((A \supset A) \supset A)) \supset ((A \supset (A \supset A)) \supset (A \supset A))$	L_2
2	$A \supset ((A \supset A) \supset A)$	L_1
3	$(A \supset (A \supset A)) \supset (A \supset A)$	1, 2, mp
4	$A \supset (A \supset A)$	L_1
5	$A \supset A$	3, 4, mp

以上の 5 つの論理式の列が（右に付されたコメントによって）上の証明の定義を満たしていることは明らかである.

§9　仮定からの演繹

　上に論理式 $A \supset A$ の LP における証明が示されたが，ちなみに NP における証明を右に再記してみる. 明らかに NP における証明のほうが自然で簡明であ

り，一般に *LP* のほうが証明を与えるのが困難と言える．
（そのかわりに *LP* のほうが形式的に扱いやすいという
利点がある．）そこで *LP* の体系に，あらためて「仮定
からの演繹」という *NP* のそれに近い概念を付加するこ

$$\frac{A^1 \quad A^1}{A \wedge A} \wedge\text{-入}$$
$$\frac{}{A} \wedge\text{-除}$$
$$\frac{A}{A \supset A} \supset\text{-入, 1}$$

とを考える．*Γ* を *LP* の論理式の集合とし，その要素を**仮定**（hypothesis）と
呼ぶ．*LP* の論理式の列

$$A_1, \ A_2, \ \cdots, \ A_n(=A)$$

において，各 $A_i(1 \leqq i \leqq n)$ について次の i ）～iii）のいずれかが成り立つとき，
この列を「*A* の *Γ* からの**演繹**」（deduction of *A* from *Γ*）と言う．

　i ） A_i は *LP* の公理である．

　ii） A_i は *Γ* の 1 つである．

　iii） A_i は，先行する 2 つの論理式 A_j と $A_k (j, k < i)$ からの（*mp* による）
　　　　直接の帰結である．

　「*A* の *Γ* からの演繹」という概念は，要するに，*A* を，*LP* の公理と *Γ* の仮
定とを合わせたものから推論規則 *mp* を（有限回）用いて導出するということ
を意味している．*A* の *Γ* からの演繹が存
在するとき，*A* は *Γ* から（*LP* で）**演繹可
能**（deducible）であると言い，$\Gamma \vdash_{LP} A$,
ないしは略して $\Gamma \vdash A$ と書く．*Γ* が有限個
の仮定 $D_1, D_2, \cdots, D_k$ から成るときは，*Γ*
$\vdash A$ を単に $D_1, D_2, \cdots, D_k \vdash A$ と書く．また，

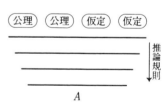

とくに *Γ* が空集合のときには $\Gamma \vdash A$ を $\vdash A$ と表わすが，これは，*A* が仮定な
しに *LP* の公理のみから導かれていることを意味し，先の「証明可能」という
概念と一致する．

　仮定からの演繹といえば，先の *NP* と同様に「仮定を落とす」という操作が
考えられるが，*LP* においてその機能を果たすのが次の**演繹定理**（deduction
theorem）と呼ばれる定理である．

　定理 1　*Γ* を論理式の集合，*A*, *B* を論理式とするとき，

$$\Gamma, A \vdash B \Longrightarrow \Gamma \vdash A \supset B$$

$$(\text{とくに},\ A \vdash B \Longrightarrow \vdash A \supset B)$$

証明 仮定により Γ と A からの B の演繹が存在するから，それを

$$B_1,\ B_2,\ \cdots,\ B_m (= B)$$

とおく．$\Gamma \vdash A \supset B_i$ が $1 \leqq i \leqq m$ なるすべての i について成立することを，i についての帰納法で証明する．

1) $i = 1$ の場合．B_1 は演繹の定義によって，LP の公理であるか，Γ の1つであるか，A であるかのいずれかである．

a） B_1 が公理の場合．$\vdash B_1$ と $\vdash B_1 \supset (A \supset B_1) (L_1)$ とから mp により $\vdash A \supset B_1$．よって $\Gamma \vdash A \supset B_1$．

b） $B_1 \in \Gamma$ の場合．$\Gamma \vdash B_1$ であり，したがってこれと $\vdash B_1 \supset (A \supset B_1)$ とから mp により $\Gamma \vdash A \supset B_1$．

c） B_1 が A の場合．先の ① より $\vdash A \supset A$．つまり $\vdash A \supset B_1$．したがって $\Gamma \vdash A \supset B_1$．

2) $i > 1$ の場合．帰納法の仮定により，$s < i$ なるすべての s について $\Gamma \vdash A \supset B_s$ が成り立つとすることができる．他方，B_i については，B_i は，a）LP の公理であるか，b）Γ の1つであるか，c）A であるか，さらに d）ある2つの式 B_j, $B_k (j, k < i)$ より mp によって導かれているかのいずれかである．このうち a），b），c）の場合は，1）のときと同様にして $\Gamma \vdash A \supset B_i$ が得られる．d）の場合は，B_j と B_k とから B_i が mp によって導かれているから，たとえば B_k は $B_j \supset B_i$ というかたちをしている．帰納法の仮定により $\Gamma \vdash A \supset B_j$ と $\Gamma \vdash A \supset (B_j \supset B_i)$ が成り立つ．他方，公理 L_2 により，

$$\vdash (A \supset (B_j \supset B_i)) \supset ((A \supset B_j) \supset (A \supset B_i)) \quad \cdots (\alpha)$$

したがって，$\Gamma \vdash A \supset (B_j \supset B_i)$ と (α) とから mp により

$$\Gamma \vdash (A \supset B_j) \supset (A \supset B_i)$$

さらに，これと $\Gamma \vdash A \supset B_j$ とから mp により $\Gamma \vdash A \supset B_i$． ⏌

演繹定理が与える規則は右の *NP* における ⊃-入の推論規則に対応しており，上述のように，演繹において「仮定を落とす」という働きをするものである．実際，演繹定理をくり返し用いれば仮定の数は順次減少し，最後には *LP* の公理のみから導かれる *LP* の定理が得られる．したがって以下，*LP* の定理を得るために演繹定理がしばしば用いられる．演繹定理から導かれる次の2つの演繹規則も今後しばしば使われる．

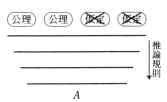

定理2　次の2つの規則が成立する．

r_1　$A \supset B, B \supset C \vdash A \supset C$

r_2　$A \supset (B \supset C), B \vdash A \supset C$

証明　r_1 の場合．

1	$A \supset B$	仮定
2	$B \supset C$	仮定
3	A	仮定
4	B	1, 3, *mp*
5	C	2, 4, *mp*

以上の5つの式の列は C の仮定 $A \supset B$，$B \supset C$，A からの演繹を構成する．したがって

$$A \supset B, B \supset C, A \vdash C$$

よって演繹定理により　　$A \supset B, B \supset C \vdash A \supset C$

r_2 の場合．　r_1 と同様に証明できる．　　　┛

§ 10　重 要 な 定 理

本節では，後に用いられる *LP* の基本的な定理を一括して証明する．（以下，*A*, *B* は任意の論理式を表わすものとする．）

②　$\vdash (A \supset (A \supset B)) \supset (A \supset B)$

証明

  1   A 仮定

  2   $A \supset (A \supset B)$ 仮定

  3   $A \supset B$ 1, 2, *mp*

  4   B 1, 3, *mp*

したがって　　$A \supset (A \supset B), A \vdash B$

よって演繹定理を2回用いて

$A \supset (A \supset B) \vdash A \supset B, \quad \vdash (A \supset (A \supset B)) \supset (A \supset B)$

③　$\vdash \sim A \supset (A \supset B)$

証明

  1   $\sim A$ 仮定

  2   $\sim A \supset (\sim B \supset \sim A)$ 公理 L_1

  3   $\sim B \supset \sim A$ 1, 2, *mp*

  4   $(\sim B \supset \sim A) \supset (A \supset B)$ 公理 L_3

  5   $A \supset B$ 3, 4, *mp*

したがって　　$\sim A \vdash A \supset B$

演繹定理により　　$\vdash \sim A \supset (A \supset B)$

④　$\vdash \sim \sim A \supset A$

証明

  1   $\sim \sim A \supset (\sim A \supset \sim \sim \sim A)$ ③

  2   $(\sim A \supset \sim \sim \sim A) \supset (\sim \sim A \supset A)$ 公理 L_3

  3   $\sim \sim A \supset (\sim \sim A \supset A)$ 1, 2, r_1（§9）

  4   $(\sim \sim A \supset (\sim \sim A \supset A)) \supset ((\sim \sim A \supset \sim \sim A) \supset (\sim \sim A \supset A))$ 公理 L_2

  5   $(\sim \sim A \supset \sim \sim A) \supset (\sim \sim A \supset A)$ 3, 4, *mp*

  6   $\sim \sim A \supset \sim \sim A$ ①（§8）

  7   $\sim \sim A \supset A$ 5, 6, *mp*

⑤　$\vdash A \supset \sim \sim A$

証明

$$1\quad (\sim\sim\sim A\supset\sim A)\supset(A\supset\sim\sim A)\qquad L_3$$

$$2\quad \sim\sim\sim A\supset\sim A\qquad\qquad\qquad\qquad ④$$

$$3\quad A\supset\sim\sim A\qquad\qquad\qquad\qquad\quad 1,\ 2,\ mp$$

⑥　$\vdash(A\supset B)\supset(\sim B\supset\sim A)$

証明

$$1\quad A\supset B\qquad\qquad\qquad\qquad\qquad\quad 仮定$$

$$2\quad \sim\sim A\supset A\qquad\qquad\qquad\qquad\ ④$$

$$3\quad \sim\sim A\supset B\qquad\qquad\qquad\qquad 1,\ 2,\ r_1$$

$$4\quad B\supset\sim\sim B\qquad\qquad\qquad\qquad ⑤$$

$$5\quad \sim\sim A\supset\sim\sim B\qquad\qquad\quad 3,\ 4,\ r_1$$

$$6\quad (\sim\sim A\supset\sim\sim B)\supset(\sim B\supset\sim A)\qquad 公理\ L_3$$

$$7\quad \sim B\supset\sim A\qquad\qquad\qquad\qquad 5,\ 6,\ mp$$

したがって　$A\supset B\vdash\sim B\supset\sim A$

よって演繹定理により　$\vdash(A\supset B)\supset(\sim B\supset\sim A)$

⑦　$\vdash A\supset(\sim B\sim(A\supset B))$

証明

$A,\ A\supset B\vdash B$　（mp）

したがって　$A\vdash(A\supset B)\supset B$　（演繹定理）

他方⑥より　$\vdash((A\supset B)\supset B)\supset(\sim B\supset\sim(A\supset B))$

したがって　$A\vdash\sim B\supset\sim(A\supset B)$　（mp）

よって　$\vdash A\supset(\sim B\sim(A\supset B))$　（演繹定理）

⑧　$\vdash(A\supset B)\supset((\sim A\supset B)\supset B)$

証明

$$1\quad A\supset B\qquad\qquad\qquad\qquad\quad 仮定$$

$$2\quad \sim A\supset B\qquad\qquad\qquad\qquad 仮定$$

$$3\quad (A\supset B)\supset(\sim B\supset\sim A)\qquad ⑥$$

$$4\quad \sim B\supset\sim A\qquad\qquad\qquad\quad 1,\ 3,\ mp$$

$$5\quad \sim B\supset B\qquad\qquad\qquad\qquad 2,\ 4,\ r_1$$

6　～B⊃(～B⊃～(～B⊃B))⊃(～B⊃～(～B⊃B))　　　②

7　～B⊃(～B⊃～(～B⊃B))　　　⑦

8　～B⊃～(～B⊃B)　　　6, 7, *mp*

9　(～B⊃～(～B⊃B))⊃((～B⊃B)⊃B)　　　公理 L_3

10　(～B⊃B)⊃B　　　8, 9, *mp*

11　B　　　5, 10, *mp*

したがって　　A⊃B, ～A⊃B⊢B

よって演繹定理により

　　　　A⊃B⊢(～A⊃B)⊃B,　　⊢(A⊃B)⊃((～A⊃B)⊃B)

§11　*LP* の無矛盾性

　本節と次節では，無矛盾性，独立性，完全性，決定可能性といった *LP* の体系が全体としてもつ基本的な性質について考察する．これらの概念は公理体系全般について問題となる重要な規定であり，本書でも後々まで議論の対象となる．したがって，それらをまず *LP* という最も単純な体系について例解し，後への用意としたい．

　まず無矛盾性の概念であるが，公理系 K において或る論理式 A が存在し，A とその否定 ～A とがいずれも K で証明可能となるとき，K は矛盾するといい，そうした A が存在しないとき，K は**無矛盾**（consistent）であるという．この無矛盾性の定義は次のように言いかえられる．

　定理1　K は無矛盾である．⟺ K には証明可能ではない論理式が存在する*．

　証明　（⟹）対偶を証明する．K ではすべての論理式が証明可能であるとすると，ある論理式 A とその否定 ～A とがともに証明可能となる．したがって K は矛盾する．

　（⟸）対偶をとる．K が矛盾すると仮定すれば，ある論理式 A について

　＊　この定理は，*LP* におけるように，§10, ③ の論理式 ～A⊃(A⊃B) が K で証明可能であることを前提している．

*A*と ～*A*とが証明可能となる．他方，論理式 ～*A*⊃(*A*⊃*B*) は証明可能である
(§10，③)．したがって，*mp* を2回使えば*B*が証明可能となる．ここに*B*は
任意の論理式を表わす．　　　　　　　　　　　　　　　　　　　　　　┛

　この定理によれば，矛盾的な公理系はどのような論理式でも証明可能となる
ような体系であり，そうした体系は無意味と言える．したがって，無矛盾性と
いう規定は，あらゆる公理系が満たすべき最も基本的な規定と言ってよい．

　次に，*LP* の無矛盾性を示すために補助定理を証明しよう．

　定理2　論理式*A*は*LP*で証明可能 ⟹ *A*はトートロジー

　証明　*A*が*LP*で証明可能であることは，*A*が*LP*の公理から出発し，*mp*
を有限回用いて導出されることを意味する．したがって次の2つを示せばよい．

　ⅰ）　*LP* の公理はトートロジーである．これは，*L₁*，*L₂*，*L₃* の真理値を計
算すれば簡単に確かめられる．

　ⅱ）　推論規則*mp* は，「トートロジーである」という性質を**保持**する．つま
り，*A*，*A*⊃*B*→*B* において，*A*と*A*⊃*B*がトートロジーであるなら，*B*もト
ートロジーである．これは§4の定理2で証明されている．　　　　　　　┛

　定理3　*LP*は無矛盾である．

　証明　*LP* が矛盾するとすれば，ある論理式*A*が存在し，*A*と ～*A*とがとも
に証明可能となる．したがって定理2によれば，*A*と ～*A*とはいずれもト―
トロジーとなるが，これはありえない．よって*LP*は無矛盾である．

　別証　定理1により*LP*で証明可能とならない論理式が存在することを示せ
ばよいが，たとえば論理式*p₁*はトートロジーではなく，したがって定理2に
より*LP*で証明可能ではない．　　　　　　　　　　　　　　　　　　　┛

　このように命題算*LP* の無矛盾性は比較的容易に証明されるが，体系の内容
が増すにつれて，無矛盾性の証明はしだいに困難になる．われわれは後に，自
然数論の体系に関連して Gödel の不完全性定理をとりあげるが，そこでは無
矛盾性証明の問題がさらに深い次元から考察されることになる．

　次に，公理の**独立性**の問題をとりあげよう．一般には，ある公理が他の公理
群から導出不可能のとき，その公理を独立であるというが，*LP* の場合，公理

はシェーマで与えられている．したがって，ここでは独立性の概念は公理シェーマについて定義されなければならない．そこで，ある公理シェーマが**独立**（independent）であるとは，そのシェーマによって与えられるある公理が存在し，その公理が他のシェーマによって与えられる公理群から推論規則により導出できないときをいう．そして，LP の公理シェーマはすべてこの意味で独立となる．

定理4　LP の公理シェーマ L_1 は独立である．

証明　論理記号 $\sim$，$\supset$ を，右の表によって定義されるような演算子として解釈する．すると公理シェーマ L_2

$$(A\supset(B\supset C))\supset((A\supset B)\supset(A\supset C))$$

は，A，B，C に1，2，0のいずれの値を与えても常に値1をとる．またシェーマ L_3

$$(\sim B\supset\sim A)\supset(A\supset B)$$

も常に値1をとる．他方，mp

$$A,\ A\supset B\to B$$

において，表による $\supset$ の定義から，A と $A\supset B$ とが常に値1をとれば，B も常に値1をとる．したがって，L_2 と L_3 から mp を（有限回）用いて導出される論理式は常に値1をとることになる．しかし，シェーマ L_1 によって与えられる公理の1つ $p_1\supset(p_2\supset p_1)$ は，p_1 が2，p_2 が0のとき，値0をとる．したがって L_1 は独立である．　　　┘

A	$\sim A$
1	2
2	2
0	1

$A\supset B$		B	
	1	2	0
1	1	0	0
A　2	0	0	1
0	1	1	1

定理5　シェーマ L_2 は独立である．

証明　$\sim$ と $\supset$ を右の表のように定義する．このときシェーマ L_1 と L_3 は常に値1をとる．また，mp は「常に値1をとる」という性質を保持する．しかし，L_2 によって与えられる公理の1つ

$$(p_1\supset(p_2\supset p_3))\supset((p_1\supset p_2)\supset(p_1\supset p_3))$$

は，$p_1=1$，$p_2=1$，$p_3=2$ のとき，値0をとる．した

A	$\sim A$
1	2
2	2
0	2

$A\supset B$		B	
	1	2	0
1	1	0	2
A　2	1	0	1
0	1	1	1

がって，L_2 は独立である．　　　　　　　　　　　　　　　　　　　　┘

定理6　シェーマ L_3 は独立である．

証明　～ と つ を右の表によって定義する．
つまり，つ は従来と同様であるが，～ は常に
値 1 を対応させる関数である．このとき，L_1
と L_2 は常に値 1 をとる．また，*mp* は「常に
値 1 をとる」という性質を保持する．他方，

A	$\sim A$		A	B	$A \supset B$
1	1		1	1	1
0	1		1	0	0
			0	1	1
			0	0	1

$(\sim p_1 \supset \sim p_2) \supset (p_2 \supset p_1)$ は L_3 によって与えられる公理の 1 つであるが，これは
$p_1 = 0$, $p_2 = 1$ のとき，値 0 をとる．したがって，L_3 は独立である．　　　┘

§12　*LP* の完全性

一般に公理系の性質は，体系の形式的構造にかかわる構文論的な性質と，体
系を一定の仕方で解釈したときに成立する意味論的な性質とに分けられる．前
節の無矛盾性や独立性の性質は公理系における証明可能性という規定に関係し
ており，したがってシンタクティカルな性質であるが，すべてのトートロジー
が *LP* で証明可能になることをいう以下の**完全性**（complctcncss）の規定はセ
マンティカルな性質の例である．完全性の定理を証明する前に次の補助定理を
証明しよう．

定理1　A を *LP* の論理式とし，q_1, q_2, $\cdots$, q_m を A のなかに含まれるすべ
ての要素命題記号とする．要素命題記号の各々に真理値の 1 か 0 をあてがうと
き，この値の組を，要素命題記号に対する値の「割り当て」と呼ぶ．今，1 つ
の割り当てが与えられたとき，それに応じて q_i' を次のように定める．

$$q_i' = q_i \quad （q_i \text{ が値 1 をとっているとき}）$$

$$q_i' = \sim q_i \quad （q_i \text{ が値 0 をとっているとき}）$$

また，与えられた同じ割り当てに対して論理式 A の値が定まるが，A' を次の
ように定義する．

$$A' = A \quad （A \text{ が値 1 をとるとき}）$$

$$A' = \sim A \quad （A \text{ が値 0 をとるとき}）$$

このとき，$q_1', q_2', \cdots, q_m' \vdash A'$ が成立する.

〔定理の内容を実例で示すために A を $\sim p_1 \supset p_2$ とすると，次の表が成立する.

p_1	p_2	p_1'	p_2'	$\sim p_1 \supset p_2$	$(\sim p_1 \supset p_2)'$
1	1	p_1	p_2	1	$\sim p_1 \supset p_2$
1	0	p_1	$\sim p_2$	1	$\sim p_1 \supset p_2$
0	1	$\sim p_1$	p_2	1	$\sim p_1 \supset p_2$
0	0	$\sim p_1$	$\sim p_2$	0	$\sim (\sim p_1 \supset p_2)$

したがって定理によれば次の 4 つの演繹が成立することになる.

$$p_1, p_2 \vdash \sim p_1 \supset p_2 \qquad p_1, \sim p_2 \vdash \sim p_1 \supset p_2$$

$$\sim p_1, p_2 \vdash \sim p_1 \supset p_2 \qquad \sim p_1, \sim p_2 \vdash \sim (\sim p_1 \supset p_2) \qquad 〕$$

証明 A に含まれる論理記号 $\sim$，$\supset$ の個数 n についての帰納法で証明する.

1) $n=0$ の場合. A はある要素命題 q であるから，定理によれば $q=1$ のとき $q \vdash q$，$q=0$ のとき $\sim q \vdash \sim q$ であるが，この 2 つの演繹は明らかに成り立つ.

2) $n>0$ の場合. $n>k$ なるすべての k について定理が成立すると仮定する. また，A が $\sim B$ と $B \supset C$ という 2 つのかたちをしている場合に分ける.

ⅰ) $A = \sim B$ の場合. 2 つのケースに分ける.

ⅰ-ⅰ) 今，要素命題記号に対する値の割り当てが与えられたとし，その割り当てに対し，B が値 1 をとるとする. このとき定義により B' は B であり，また A は値 0 をとるから，A' は $\sim A$ である. B は A より論理記号の個数が少ないから帰納法の仮定が適用でき，$q_1', q_2', \cdots, q_m' \vdash B'$ が成り立つ. B' は B であるから $q_1', q_2', \cdots, q_m' \vdash B$. $\vdash B \supset \sim \sim B$ (§ 10, ⑤) と *mp* により $q_1', q_2', \cdots, q_m' \vdash \sim \sim B$. $\sim \sim B$ は $\sim A$ であり，$\sim A$ は A' であるから $q_1', q_2', \cdots, q_m' \vdash A'$.

ⅰ-ⅱ) 与えられた値の割り当てに対し B が値 0 をとるとする. このとき B' は $\sim B$，A' は A である. 帰納法の仮定により $q_1', q_2', \cdots, q_m' \vdash B'$ であり，したがって $q_1', q_2', \cdots, q_m' \vdash \sim B$. $\sim B = A = A'$ であるから $q_1', q_2', \cdots, q_m' \vdash A'$.

ⅱ) $A = B \supset C$ の場合. B と C の論理記号の個数はいずれも A のそれより

も少ない. したがって帰納法の仮定が適用でき, $q_1', q_2', \cdots, q_m' \vdash B'$ と $q_1', q_2', \cdots,$ $q_m' \vdash C'$ が前提できる. 3つのケースに分ける.

ⅱ-ⅰ) 与えられた値の割り当てに対して B が値0をとる場合. このとき A は値1をとり, したがって B' は $\sim B$ となり, A' は A となる. 帰納法の仮定により $q_1', q_2', \cdots, q_m' \vdash \sim B$. $\vdash \sim B \supset (B \supset C)$ (§10, ③) と *mp* により $q_1', q_2',$ $\cdots, q_m' \vdash B \supset C$. $B \supset C$ は A であり, したがって A' である.

ⅱ-ⅱ) 与えられた割り当てに対して C が値1をとる場合. このとき A は値1をとり, したがって C' は C であり, A' は A である. 帰納法の仮定により $q_1', q_2', \cdots, q_m' \vdash C$. $\vdash C \supset (B \supset C)$ (L_1) と *mp* により $q_1', q_2', \cdots, q_m' \vdash B \supset C$. $B \supset C$ は A であり, したがって A' である.

ⅱ-ⅲ) 与えられた割り当てに対して B が値1をとり, C が値0 をとる場合. このとき A は値0をとる. したがって B' は B, C' は $\sim C$, A' は $\sim A$ となる. 帰納法の仮定から, $q_1', q_2', \cdots, q_m' \vdash B$ ならびに $q_1', q_2', \cdots, q_m' \vdash \sim C$ が成り立つ. 他方, §10 の ⑦ より $\vdash B \supset (\sim C \supset \sim (B \supset C))$ が成り立つ. したがって $q_1', q_2', \cdots, q_m' \vdash \sim (B \supset C)$. $\sim (B \supset C)$ は $\sim A$ であり, したがって A' である.　　　┘

定理1を用いて次の完全性定理を証明することができる.

定理2 *LP* の論理式 A はトートロジーである. $\Longrightarrow A$ は *LP* で証明可能である.

証明 A をトートロジーとし, $q_1, q_2, \cdots, q_m$ を A に含まれる要素命題記号とする. 与えられた任意の値の割り当てに対し, 定理1により $q_1', q_2', \cdots, q_m' \vdash A'$ が成り立つが, A はトートロジーであるから A' は常に A であり, したがって $q_1', q_2', \cdots, q_m' \vdash A$ が成立する. 今, q_m が値1をとるような割り当てを選べば $q_1',$ $q_2', \cdots, q_{m-1}', q_m \vdash A$ が成り立ち, また q_m が値0をとるような割り当てを選べば $q_1', q_2', \cdots, q_{m-1}', \sim q_m \vdash A$ が成り立つ. したがって, この2つに演繹定理を適用すれば,

  a　$q_1', q_2', \cdots, q_{m-1}' \vdash q_m \supset A$

  b　$q_1', q_2', \cdots, q_{m-1}' \vdash \sim q_m \supset A$

が成立する．他方，§10 の ⑧ より

$$\vdash (q_m \supset A) \supset ((\sim q_m \supset A) \supset A)$$

が成り立つから，これと a，b とから

$$q'_1, \ q'_2, \ \cdots, \ q'_{m-1} \vdash A$$

が得られる．同様にして順次 q'_{m-1}, q'_{m-2}, $\cdots$, q'_1 を消去し，最後に $\vdash A$ を得る． ⌟

　こうして完全性定理により，命題算の公理系 *LP* はすべてのトートロジーを導出するのに十分な体系であることが判明したが，この定理と先の§11 の定理 2 とをあわせ次の定理にまとめる．

　定理 3　論理式 *A* はトートロジーである．$\Longleftrightarrow$ *A* は *LP* で証明可能である．（*A* のなかに論理記号 $\wedge$，$\vee$，$\equiv$ が現われるときは，それらを $\sim$ と $\supset$ に還元して考えるものとする．）

　はじめに触れたように上の完全性の概念は意味論的な規定であるが，それに対し次のものは構文論的な完全性の概念と見ることができる．つまり，その 1 つは，「公理系の任意の論理式 *A* について *A* か $\sim A$ が必ず証明可能となる」という規定であり，これを「α-完全性」と名づける．いま 1 つは，「公理系において証明可能でないような任意の論理式を公理（シェーマ）としてつけ加えれば，その公理系は無矛盾性を失う」という規定であり，これを「β-完全性」と名づける．

　定理 4　*LP* は α-完全ではない．

　証明　たとえば論理式 p_1 について，p_1 と $\sim p_1$ はいずれもトートロジーではない．したがって定理 3 により p_1 も $\sim p_1$ も *LP* で証明可能ではない．よって *LP* は α-完全ではない． ⌟

　定理 5　*LP* は β-完全である．

　証明　*A* を *LP* で証明可能でない論理式とし，*A* に含まれる要素命題記号を q_1, q_2, $\cdots$, q_k とする．定理 3 により *A* はトートロジーではないから，要素命題記号に対するある真理値の割り当てに対し *A* は値 0 をとる．この値の割り当てに関連して，$q_i (1 \leqq i \leqq k)$ が値 1 をとっていれば q_i に $q_i \supset q_t$（q_t はある要

素命題記号）を代入し，q_i が値 0 をとっていれば q_i に ～$(q_t \supset q_t)$ を代入する．この代入により A からある論理式 B が生ずるが，この B は無論，LP の公理に A を公理シェーマとして加えた公理系（これを T とする）において証明可能である．他方，B の q_t に 1，0 いずれの値を与えても B は常に値 0 をとり，したがって ～B はトートロジーである．したがって定理 3 により ～B は LP で証明可能となり，T では B と ～B とが証明可能となる．よって LP は β-完全である．⌟

公理系に関する一般的な概念としてもう 1 つ決定可能性という重要な規定がある．公理系 K において任意の論理式 A が与えられたとき，A が K で証明可能であるか否かを有限回の手続きで決定することができるとき，K は**決定可能**（decidable）であるという．そして各公理系について，そうした決定手続きが存在するか否かを問う問題を**決定問題**（decision problem）という．

定理 6 LP は決定可能である．

証明 定理 3 によれば，論理式 A が LP で証明可能であるということは，A がトートロジーであるということと同値である．他方，A がトートロジーであるか否かは，真理値を計算するという有限回の手続きで決定できる．したがって LP は決定可能である．⌟

こうして命題算の場合には決定問題は比較的容易に解けるが，後の述語算や自然数論ではこの問題に大きな困難が生ずる．われわれは後に（帰納的関数の理論との関連で）この問題をさらに掘り下げて考察する（§39）．

§13 3つの命題算の同等性

以上でトートロジーの体系，自然推論 NP，公理系 LP という 3 つのかたちの命題算が考察されたが，結びとして，これらが互いに同値であることを示そう．つまり，これらの体系は「論理的に真」ということをそれぞれ独自の仕方で定義するものと考えられるが，それらは結果として同等となるのである．

3 つの命題算のうちトートロジーの体系と LP との同値性については，すでに前節の定理 3 で示されている．つまり，トートロジーであることと LP の定

理であることとは互いに等しい．したがって残るところ LP と NP の同値性を証明すれば，三者の同等性を示すことができるわけである．そこでまず次の定理を証明しよう．

定理1　論理式 A は LP の定理である．$\Longrightarrow A$ は NP の定理である．

証明　§7 の viii），ix），x）で LP の公理 L_1, L_2, L_3 が NP で証明可能であることが示されている．他方，LP の推論規則 mp は ⊃-除の推論規則として NP にも備わっている．したがって A が LP で証明可能ならば，A は NP でも証明可能となる．　　　　　　　　　　　　　　　　　　　　　　┘

次に定理1の逆を証明する．

定理2　論理式 A は NP の定理である．$\Longrightarrow A$ は LP の定理である．（A のなかに論理記号 $\wedge$，$\vee$ が現われるときは，定義に従って $\sim$ と ⊃ に還元して考えるものとする．）

証明　NP における証明は10種の推論規則から構成されており，しかも仮定から出発する推論というかたちをとっている．したがって NP の証明を LP における証明に写すためには，LP における「仮定からの演繹」という概念に転写すればよい．以下，NP の10種の推論規則が LP における演繹規則として表現できることを示そう．

1)
$$\frac{\overset{\text{〔}A\text{〕}}{B}}{A\supset B}\text{⊃-入} \quad\Longrightarrow\quad A\vdash B \text{ ならば } \vdash A\supset B$$

これは先の「演繹定理」であり，したがって当然 LP で成立する．

2)
$$\frac{A \quad A\supset B}{B}\text{⊃-除} \quad\Longrightarrow\quad A, A\supset B\vdash B$$

これも mp により明らかに成立する．

3)
$$\frac{A \quad B}{A\wedge B}\text{∧-入} \quad\Longrightarrow\quad A, B\vdash A\wedge B \ \text{〔}A, B\vdash \sim(A\supset\sim B)\text{〕}$$

$A\wedge B$ を定義により $\sim(A\supset\sim B)$ と書きかえ，$A, B\vdash\sim(A\supset\sim B)$ が成立することを示せばよい．

i	A	仮定
ii	B	仮定
iii	$A \supset (\sim\sim B \supset \sim (A \supset \sim B))$	§10 ⑦
iv	$\sim\sim B \supset \sim (A \supset \sim B)$	i, iii, *mp*
v	$B \supset \sim\sim B$	§10 ⑤
vi	$\sim\sim B$	ii, v, *mp*
vii	$\sim (A \supset \sim B)$	iv, vi, *mp*

したがって $A, B \vdash \sim (A \supset \sim B)$ が成立する[*].

4)
$$\dfrac{A \wedge B}{A} \wedge\text{-除} \quad\Longrightarrow\quad A \wedge B \vdash A \ [\sim (A \supset \sim B) \vdash A]$$

i	$\sim (A \supset \sim B)$	仮定
ii	$(\sim A \supset (A \supset \sim B)) \supset (\sim (A \supset \sim B) \supset \sim\sim A)$	§10 ⑥
iii	$\sim A \supset (A \supset \sim B)$	§10 ③
iv	$\sim (A \supset \sim B) \supset \sim\sim A$	ii, iii, *mp*
v	$\sim\sim A$	i, iv, *mp*
vi	$\sim\sim A \supset A$	§10 ④
vii	A	v, vi, *mp*

したがって $\sim (A \supset \sim B) \vdash A$

$$\dfrac{A \wedge B}{B} \wedge\text{-除} \quad\Longrightarrow\quad A \wedge B \vdash B \ [\sim (A \supset \sim B) \vdash B]$$

i	$\sim (A \supset \sim B)$	仮定
ii	$(\sim B \supset (A \supset \sim B)) \supset (\sim (A \supset \sim B) \supset \sim\sim B)$	§10 ⑥
iii	$\sim B \supset (A \supset \sim B)$	公理 L_1
iv	$\sim (A \supset \sim B) \supset \sim\sim B$	ii, iii, *mp*
v	$\sim\sim B$	i, iv, *mp*

---

[*]　この演繹が成立することを証明するためには，論理式 $A \supset (B \supset \sim (A \supset \sim B))$ がトートロジーであることを示してもよい．つまり，この論理式がトートロジーであれば，それは *LP* で証明可能となり，*mp* を 2 回用いれば $A, B \vdash \sim (A \supset \sim B)$ が得られる．しかしここでは，*LP* での演繹の様子を示すために，直接に演繹を構成する．以下でも同様である．

vi　$\sim\sim B \supset B$ §10④

vii　B v，vi，*mp*

したがって　$\sim(A \supset \sim B) \vdash B$

5)　$\dfrac{A}{A \vee B}$ ∨-入 ➡ $A \vdash A \vee B$ 〔$A \vdash \sim A \supset B$〕

i　A 仮定

ii　$\sim\sim A \supset (\sim A \supset B)$ §10③

iii　$A \supset \sim\sim A$ §10④

iv　$\sim\sim A$ i，iii，*mp*

v　$\sim A \supset B$ ii，iv，*mp*

したがって　$A \vdash \sim A \supset B$

$\dfrac{B}{A \vee B}$ ∨-入 ➡ $B \vdash A \vee B$ 〔$B \vdash \sim A \supset B$〕

$B \supset (\sim A \supset B)$（公理 L_1）を用いればよい.

6)　$\dfrac{A \vee B \quad \overset{\text{〔}A\text{〕}}{C} \quad \overset{\text{〔}B\text{〕}}{C}}{C}$ ∨-除 ➡ $A \vdash C$ と $B \vdash C$ が成り立つなら $A \vee B \vdash C$ 〔$\sim A \supset B \vdash C$〕が成り立つ

i　$\sim A \supset B$ 仮定

ii　$A \supset C$ $A \vdash C$ から

iii　$B \supset C$ $B \vdash C$ から

iv　$\sim A \supset C$ i，iii，§9 r_1

v　$(A \supset C) \supset ((\sim A \supset C) \supset C)$ §10⑧

vi　$(\sim A \supset C) \supset C$ ii，v，*mp*

vii　C iv，vi，*mp*

したがって　$\sim A \supset B \vdash C$

7)　$\dfrac{\overset{\text{〔}A\text{〕}}{入}}{\sim A}$ ∼-入 ➡ $A \vdash 入$ 〔$A \vdash B \wedge \sim B$〕ならば $\vdash \sim A$

LP は矛盾記号 入 を欠くから，$B \wedge \sim B$ つまり $\sim(B \supset \sim\sim B)$ で表わす.

i　$A \supset \sim(B \supset \sim\sim B)$　　　　　　　　　　　　$A \vdash \lambda$ から

ii　$(A \supset \sim(B \supset \sim\sim B)) \supset (\sim\sim(B \supset \sim\sim B) \supset \sim A)$　　§10⑥

iii　$\sim\sim(B \supset \sim\sim B) \supset \sim A$　　　　　　　　i，ii，*mp*

iv　$B \supset \sim\sim B$　　　　　　　　　　　　　　　§10⑤

v　$(B \supset \sim\sim B) \supset \sim\sim(B \supset \sim\sim B)$　　　　§10⑤

vi　$\sim\sim(B \supset \sim\sim B)$　　　　　　　　　　　iv，v，*mp*

vii　$\sim A$　　　　　　　　　　　　　　　　　　iii，vi，*mp*

したがって　　$\vdash \sim A$

8)　　　　　$\dfrac{A \quad \sim A}{\lambda}\sim\text{-除}$　$\Longrightarrow$　$A, \sim A \vdash B \wedge \sim B$

$\sim A \supset (A \supset (B \wedge \sim B))$（§10③）を用いる.

9)　　　　　$\dfrac{\lambda}{A}g_1$　$\Longrightarrow$　$B \wedge \sim B \vdash A$

$B \wedge \sim B \vdash B$, $B \wedge \sim B \vdash \sim B$ であり，これと $\sim B \supset (B \supset A)$（§10③）より $B \wedge \sim B \vdash A$

10)　　　　　$\dfrac{\sim\sim A}{A}g_2$　$\Longrightarrow$　$\sim\sim A \vdash A$

$\sim\sim A \supset A$（§10④）より明らか.　　　　　　　　　⌟

第Ⅱ章 述語論理学

　前章では，論理的な構造を，命題を単位とみる立場から分析してきたが，本章の述語論理学では，命題をさらに個体とそれに関する述語という 2 つの構成契機に分解する．そして，個体に関して「すべての x について」とか，「ある x について」といった量の観点を導入し，論理的な連関をそうした「限量理論」の立場から解明する．前章の命題論理学の場合と同様に，本章でも述語論理学を構成する方法として自然推論，公理系，モデル論という 3 つの方式をとりあげ，それぞれについて考察する．まずⅡ-Ⅰでは，Gentzen 型の述語算をとりあげ，述語論理の体系を，通常の自然な推論に近いかたちで形式化することを試みる．次にⅡ-Ⅱでは，Hilbert 型の述語算をとりあげ，述語論理を公理体系というかたちで展開する．ここでは，第 1 階の理論，演繹定理，種々の演繹規則，置換，双対性，等号をもつ理論といった諸項目にふれる．そしてⅡ-Ⅲでは，解釈，真偽，モデルといった概念を導入し，述語論理をあらためて意味論的，モデル論的な立場から考察する．この節の主要な目標は，「モデルの存在定理」と呼ばれる基本定理を証明し，そこから Gödel の完全性定理を導くことである．

Ⅱ-Ⅰ　自　然　推　論

§ 14　述語算の構想

次のような推論の例を考えてみよう．

例 1　すべてのものは美しい． 　　　(p)

　　　ゆえに，若干のものは美しい． 　　　(q)

例 2　すべての人間は死ぬ． 　　　(r)

　　　すべての哲学者は人間である． 　　　(s)

　　　ゆえに，すべての哲学者は死ぬ． 　　　(t)

　これらの推論は明らかに論理的に「正しい」が，その正しさは，前章の命題論理学の立場からは基礎づけられない．実際，これらの推論を単なる「命題結合」という観点からとらえるなら，p, q, r, s, t はそれぞれ要素命題となり，例1は $p \supset q$，例2は $(r \wedge s) \supset t$ と形式化される．したがって，それらはトートロジーではなく，真なる推論とはみなされない．つまり，これらの推論の論理的な構造を明らかにするためには，命題結合という命題算の視点のみでは十分ではなく，さらに要素命題について，その内部の構造が問題にされなければならない．

　一般に，命題の内部構造は，**個体**（individual）とそれについての**述語**（predicate）という連関からとらえることができる．たとえば次のような例を考える．

　1　バッハは音楽家である．

　2　ソクラテスはプラトンの師である．

　3　点 A は点 B と点 C との間にある．

　これらの例において，実線の部分は個体を表わし，破線の部分は述語を表わしている．つまり，1は個体の性質を表わす**一項述語**の例であり，2は二つの個体の間の関係を表わす**二項述語**の，さらに3は三つの個体の間の関係を表現する**三項述語**の例である．そこで1の場合，「音楽家である」という述語を F とおくとき，個体を variable にした「x は音楽家である」という命題を $F(x)$ という関数のかたちで表わす．（これを命題関数 propositional function と呼ぶ．）このときバッハという個体を a とおけば，1の「バッハは音楽家である」という命題は $F(a)$ と記号化できるわけである．2の場合は，「…の師である」という述語を G とすれば，「x は y の師である」という命題は $G(x, y)$ という2変数の関数のかたちで表わされる．そして，ソクラテスを a，プラトンを b とおけば，2の命題は $G(a, b)$ と書くことができる．3の場合も同様に，「x は y と z との間にある」という命題は $H(x, y, z)$ という3変数の関数形で表現され，点 A，点 B，点 C の三つの個体を各々 a, b, c とすれば，命題3は $H(a, b, c)$ と表わされる．こうして命題論理学では未分の単位であった要素命題はさらに個体と述語という要素に分解され，われわれは述語論理学（predicate logic）の領域に移ることになる.

そこで述語算の本来の体系に入る前に，ここでは述語論理学の基本的な構想をあらかじめ予備的に素描しておきたい. 先の例 2 の推論をとりあげ，述語算に特有の論理をとり出してみたいが，まず推論を記号化するために，「x は哲学者である」，「x は人間である」，「x は死ぬ」という述語をそれぞれ $P(x)$，$M(x)$，$D(x)$ と表わす. 他方，「すべての人間は死ぬ」という命題は，「すべての x について，x が人間であるなら，x は死ぬ」という命題で言いかえられる. そこで，「すべての x について」という論理語を $\forall x$（のちに全称記号として正式に導入する）で表わせば，「すべての人間は死ぬ」という前提 r は，$\forall x(M(x) \supset D(x))$ と表現することができる. 同様に，「すべての哲学者は人間である」という前提 s は $\forall x(P(x) \supset M(x))$，「すべての哲学者は死ぬ」という結論は $\forall x(P(x) \supset D(x))$ と表わされる. したがって，例 2 の推論は全体として次のように書くことができる.

$$\forall x(M(x) \supset D(x)) \quad (r)$$
$$\frac{\forall x(P(x) \supset M(x)) \quad (s)}{\therefore \ \forall x(P(x) \supset D(x)) \quad (t)}$$

そこで，この推論を基本的な推論規則から構成してみると次のようになる.

1	$\forall x(M(x) \supset D(x))$	前提
2	$\forall x(P(x) \supset M(x))$	前提
3	$M(x) \supset D(x)$	1 に **UI** を適用
4	$P(x) \supset M(x)$	2 に **UI** を適用
5	$P(x) \supset D(x)$	3 と 4 に r_1（§9）を適用
6	$\forall x(P(x) \supset D(x))$	5 に **UG** を適用

ここで **UI** と記された推論規則であるが，それはたとえば 3 のステップでは次のように使われている. つまり，1 により「すべて」の x について $M(x) \supset D(x)$ が成り立つから，x をある個体（この場合は x 自体）で「特例化」した

---

* 述語算（predicate calculus）とも言う.

$M(x) \supset D(x)$ という式が 1 から導かれる．こうした推論規則を一般に**全称特例化**（universal instantiation）の規則と呼ぶ．また 6 における **UG** という推論規則であるが，これは次のように用いられている．1 と 2 における x は任意の個体で特例化することができ，したがって，3 と 4 における x は任意の個体を表わしている．よって 5 における x も「任意の」個体を表わしている．したがって，そこから x を「一般化」して 6 の $\forall x(P(x) \supset D(x))$ という式が得られる．このような推論規則を一般に**全称一般化**（universal generalization）の規則という．こうして上の推論を構成するためには，r_2（5 のステップ）といった従来の命題論理学の推論規則とともに，*UI* や *UG* という新しい，述語算に固有の推論規則が必要となるわけである．

　さらにいま 1 つ次のような推論の例を考える．

　　　　　　いかなる実業家も夢想家ではない．　　　　(u)

　　　　　　ある芸術家は実業家である．　　　　　　(v)

　　　　　　ゆえに，ある芸術家は夢想家ではない．　　(w)

「x は実業家である」を $B(x)$，「x は夢想家である」を $D(x)$，「x は芸術家である」を $A(x)$ とおくとき，まず前提 u は $\forall x(B(x) \supset {\sim}D(x))$ と表わすことができる．一方，前提 v は，「ある x が存在して，x は芸術家であり，かつ x は実業家である」と言いかえられる．したがって，「ある x が存在して…」という表現を $\exists x$ と表わせば（これものちに存在記号として正式に導入する），前提 v は $\exists x(A(x) \wedge B(x))$ と書くことができる．同様に結論 w も $\exists x(A(x) \wedge {\sim}D(x))$ と表わされる．したがって，上の推論は次のように記号化することができる．

$$\forall x(B(x) \supset {\sim}D(x)) \quad (u)$$
$$\underline{\exists x(A(x) \wedge B(x)) \qquad (v)}$$
$$\therefore\ \exists x(A(x) \wedge {\sim}D(x)) \quad (w)$$

　そこで，先ほどと同様にこの推論を推論規則から構成してみると次のようになる．

　1　$\forall x(B(x) \supset {\sim}D(x))$　　　　　　　　　　　　　　前提

2	$\exists x(A(x)\land B(x))$	前提
3	$A(c)\land B(c)$	2に *EI* を適用
4	$B(c)$	3に ∧-除 を適用
5	$B(c)\supset\sim D(c)$	1に *UI* を適用
6	$\sim D(c)$	4,5に *mp* を適用
7	$A(c)$	3に ∧-除 を適用
8	$A(c)\land\sim D(c)$	6,7に ∧-入 を適用
9	$\exists x(A(x)\land\sim D(x))$	8に *EG* を適用

　ここで 3 の *EI* という推論規則であるが，これは**存在特例化**（existential instantiation）と呼ばれる規則であり，次のような推論を意味している．つまり，2 の $\exists x(A(x)\land B(x))$ により $A(x)\land B(x)$ が成り立つようなある x が「存在する」が，それを c とおけば 3 の $A(c)\land B(c)$ が得られる．また 9 の *EG* という推論規則は**存在一般化**（existential generalization）の規則と呼ばれ，次のように用いられている．つまり，8 の $A(c)\land\sim D(c)$ から $A(x)\land\sim D(x)$ が成り立つような x が「存在」し，したがって 9 の $\exists x(A(x)\land\sim D(x))$ が導かれる．こうしてこの推論の場合も，その構成には，∧-除，*mp*，∧-入といった命題算の推論規則と並んで，*EI*，*EG* という新しい述語算の推論規則が必須となるわけである．

　以上 2 つの簡単な推論を例にとり述語算の論理の様体を見てきたが，結論から言えば，述語論理学は，これまでの命題算の論理に，上の「全称一般化」，「全称特例化」，「存在一般化」，「存在特例化」という 4 つの推論規則（ないしはそれと同値な論理式）をつけ加えたものにほかならない．しかし，この 4 つは上ではまだ暫定的な，informal なかたちで提示されているにすぎない．われわれは以下でそれらをさらに厳密なかたちで定式化し，述語算の一般的な体系を構成する．

§ 15　Gentzen 型述語算 *NQ*

述語算の体系として，まず Gentzen による自然推論の述語算 *NQ* をとりあ

げる. これは前章の自然推論の命題算 *NP* を述語算にまで拡大したものであり, *NP* と同様に, 述語論理をわれわれが日常行う自然な推論に近いかたちで形式化したものであって, 最初に入門的にとりあげる体系として都合がよい. *NQ* の構成は以下のとおりである.

　1　*NQ* の記号.　*NQ* で用いられる基本記号は次のとおりである.

ⅰ）　個体定項（individual constant）　$c_1, c_2, c_3, \cdots$

ⅱ）　個体変項（individual variable）　$x_1, x_2, x_3, \cdots$

ⅲ）　関数記号（function symbol）　$f_i^n (n, i = 1, 2, 3, \cdots)$

ⅳ）　述語記号（predicate symbol）　$P_i^n (n, i = 1, 2, 3, \cdots)$

ⅴ）　矛盾記号　$\curlywedge$

ⅵ）　論理記号

　　　　結合子　$\sim$, $\wedge$, $\vee$, $\supset$

　　　　限量記号（quantifier）

　　　　　全称記号（universal quantifier）　$\forall$

　　　　　存在記号（existential quantifier）　$\exists$

ⅶ）　コンマ, 括弧　, （, ）

　これらの記号は, *NQ* では, それ自体としては意味をもたない単なる記号として構文論的に扱われるが, 一般に次のように解釈することができる. ⅰ）の個体定項 c_i はある定まった個体を表わす記号であり, ⅱ）の個体変項 x_i は個体を variable として表現する記号である.（以後, 個体変項のことを単に変項と呼ぶことがある.）たとえば自然数論を例にとれば, 個体定項として 0 が挙げられる. ⅲ）の関数記号は個体の間に「演算」が定義されているとき, その演算を表わす記号である. つまり個体の集合を M とすれば, f_i^n は $f_i^n : M^n \to M$ という n 変数の関数（ないしは n 項演算）を表わし, f_i^n の i は種々の n 変数の関数を区別するために用いられる.（個体の間に演算が定義されていなければ関数記号は必要ない.）自然数論の例では, ＋ や × が関数記号の実例である. ⅳ）の述語記号 P_i^n は n 項述語を表わし, P_i^n の i は種々の n 項述語を相互に区別するために用いられる. 自然数論の場合, ＝ が述語記号（二項述語）

の例である．ⅴ）の 人 は先の *NP* でも使われた矛盾を表わす命題定項である．
ⅵ）の論理記号については，*NQ* では命題結合子に加えて 2 つの限量記号が用
いられる．先に見たように，全称記号 ∀ を付した命題 $\forall x A$ は「すべての x
について A が成立する」という意味をもち，また，存在記号 ∃ を付した命題
$\exists x A$ は「ある x が存在して A が成立する」という意味をもつ．

　2　**項**（term）**の定義．**　*NQ* における項の概念は次のように定義される．

　ⅰ）　個体定項 c_i は項である．

　ⅱ）　個体変項 x_i は項である．

　ⅲ）　f_i^n が関数記号であり，$t_1, t_2, \cdots, t_n$ が項であるとき，$f_i^n(t_1, t_2, \cdots, t_n)$ は
　　　項である．

　ⅳ）　以上のⅰ）～ⅲ）により項と判明するもののみが項である．

　この定義によれば c_3, x_5, $f_1^2(x_2, c_4)$ 等は項であり，項は，関数記号による
表現も含めて，一般に「個体」を表わす概念と言ってよい．再び自然数論の例
をとれば，0, x_2, $5+x_3$, $3+2\times x_4$ 等はいずれも個体（自然数）を表わして
いる．（$5+x_3$ は無論，$+(5, x_3)$ を略記したものである．$3+2\times x_4$ も同様．）

　3　*NQ* における**論理式**（formula）．　論理式は形式化された命題を表わす
ものとして述語算においても最も基本的な概念の 1 つであるが，次のように定
義される．

　ⅰ）　P_i^n が述語記号であり，$t_1, t_2, \cdots, t_n$ が項であるとき，$P_i^n(t_1, t_2, \cdots, t_n)$ は
　　　論理式である．〔これを**素論理式**（prime formula）と呼ぶ．〕

　ⅱ）　矛盾記号 人 は論理式である．

　ⅲ）　*A*, *B* が論理式であるなら，$(\sim A)$, $(A \wedge B)$, $(A \vee B)$, $(A \supset B)$ は
　　　各々論理式である．

　ⅳ）　*A* が論理式であり，x が個体変項であるなら，$(\forall x A)$, $(\exists x A)$ は各々
　　　論理式である．

　ⅴ）　以上のⅰ）～ⅳ）により論理式とされるもののみが論理式である．

例 1　　　$P_1^2(x_1, f_1^2(x_2, c_1))$,　　　$(P_1^2(x_1, f_1^2(x_2, c_1)) \supset P_2^1(x_1))$,
　　　　　　$(\forall x_1 (P_1^2(x_1, f_1^2(x_2, c_1)) \supset P_2^1(x_1)))$

はすべて論理式である.

以下,論理式に関連して,いくつかの概念,定義を記しておく.

論理式における括弧の省略については,前章の命題論理における省略法を継承する(§1, p.5参照).それに加えて,限量記号の $\forall$ と $\exists$ は,結合子の $\wedge$, $\vee$,$\supset$(あるいは $\equiv$)より強い結合力をもつものとする.たとえば,$\forall x_1 P_1^2(x_1, c_1) \supset P_1^1(x_1)$ は,$\forall x_1(P_1^2(x_1, c_1) \supset P_1^1(x_1))$ をでなく,$(\forall x_1 P_1^2(x_1, c_1)) \supset P_1^1(x_1)$ を表わしている.また,$\forall x_1(\exists x_2 P_1^2(x_1, x_2))$ のように限量記号が連続して現われるとき,括弧を省略して $\forall x_1 \exists x_2 P_1^2(x_1, x_2)$ のように書く場合がある.

$\forall x A$(ないしは $\exists x A$)において,A を限量記号 $\forall x$ の(ないしは限量記号 $\exists x$ の)**作用域**(scope)と呼ぶ.論理式における個体変項の**自由な現われ**(free occurrence)ならびに**束縛された現われ**(bound occurrence)という概念を次のように定義する.論理式 A において変項 x の或る現われが限量記号 $\forall x$ ないしは $\exists x$ の x であるか,あるいは限量記号 $\forall x$ ないしは $\exists x$ の作用域のなかにあるとき,x のその現われは束縛されていると言う.そうでないとき,その現われは自由であると言う.

例2 論理式 $P_1^1(x_1) \supset \forall x_1 P_1^2(x_1, x_2)$ において変項 x_1 の3つの現われがあるが,第1の現われは自由であり,第2,第3の現われは束縛されている.変項 x_2 の唯一の現われは自由である.

論理式 A において変項 x が自由な現われをもつとき x は A で**自由**(free)であると言われ,束縛された現われをもつとき x は A で**束縛**(bound)されていると言われる.例2の論理式では変項 x_1 は自由な現われをもつと同時に束縛された現われをもつから,x_1 はこの式の自由変項であるとともに束縛変項でもある.また x_2 はこの論理式の自由変項である.

個体変項に対する代入を表現するために,論理式 A と変項 x について $A(x)$ という記法を考える.今,A における x の自由な現われをすべて項 t で置きかえたとき,その結果得られる論理式を $A(x)$ に対応して $A(t)$ と書く.A は必ずしも x を自由変項として含むとはかぎらないが,その場合には $A(t)$ は $A(x)$(すなわち A)と同じ式を表わすことになる.また記法 $A(x)$ は無論,A が x

以外の自由変項を含まないということを意味するものではない. なお, こうし
た記法は, $A(y_1, y_2, \cdots, y_n)$ のように, 同時に複数の変項を指示するためにも用
いられる.

　A を論理式, t を項, x_k を t における任意の変項とする. もし A において変
項 x_i のどの自由な現われも限量記号 $\forall x_k$ ないしは $\exists x_k$ の作用域のうちにない
なら, 項 t は A において x_i に対して**自由である**（free for x_i in A）と言われる.
この「A において x_i に対して自由である」という規定は, A における x_i に項
t を代入したときに, t のなかの変項が束縛変項に転じることがないということ
を意味している.

　例 3　項 c_1, 項 x_3 は各々論理式 $P_1^1(x_1) \supset \forall x_2 P_1^2(x_1, x_2)$ において x_1 に対し
て自由である. しかし, 項 x_2, 項 $f_1^2(c_1, x_2)$ 等はこの論理式において x_1 に対し
て自由ではない.

　4　*NQ* の**推論規則**.　*NP* の場合と同様に, *NQ* における推論はいくつか
の基本的な推論規則を積み重ねることによって構成されるが, *NQ* の推論規則
として次の14種のものが採用される. ただし, A, B, C は論理式を表わし,
x は個体変項, t は項を表わすものとする.

$$\supset\text{-入} \qquad \wedge\text{-入} \qquad \vee\text{-入} \qquad \sim\text{-入} \qquad g_1$$

$$\frac{\dfrac{[A]}{B}}{A \supset B} \qquad \frac{A \quad B}{A \wedge B} \qquad \frac{A}{A \vee B} \quad \frac{B}{A \vee B} \qquad \frac{\dfrac{[A]}{\wedge}}{\sim A} \qquad \frac{\wedge}{A}$$

$$\supset\text{-除} \qquad \wedge\text{-除} \qquad \vee\text{-除} \qquad \sim\text{-除} \qquad g_2$$

$$\frac{A \quad A \supset B}{B} \qquad \frac{A \wedge B}{A} \quad \frac{A \wedge B}{B} \qquad \frac{A \vee B \quad \dfrac{[A]}{C} \quad \dfrac{[B]}{C}}{C} \qquad \frac{A \quad \sim A}{\wedge} \qquad \frac{\sim(\sim A)}{A}$$

$$\forall\text{-入} \qquad \exists\text{-入}$$

$$\frac{A}{\forall x A} \qquad \frac{A(t)}{\exists x A(x)}$$

$$\text{∀-除} \qquad\qquad \text{∃-除}$$

$$\frac{\forall x\, A(x)}{A(t)} \qquad\qquad \frac{\exists x\, A \quad \begin{array}{c}[A]\\ \vdots\\ C\end{array}}{C}$$

ただし，最後の 4 つの規則にはそれぞれ次のような条件が付される.

∀-入 の付帯条件：変項 x は $\forall x\, A$ が従属する仮定のうちに自由変項として現われてはならない.

∀-除 の付帯条件：t は A において x に対して自由であるような項である.

∃-入 の付帯条件：t は A において x に対して自由であるような項である.

∃-除 の付帯条件：1）変項 x は C のうちに自由変項として現われてはならない. 2）変項 x は〔A〕の下の C が従属する仮定（ただし A 自体は除いて）のうちに自由変項として現われてはならない.

以上の14種の推論規則のうち前半の10種は前章の命題算 NP の規則を継承したものである. したがって，ここでは，新たに述語算に固有な規則としてつけ加わった最後の 4 つについて，若干のコメントを付しておく.

ⅰ） ∀-入 の規則は，内容的には「任意の x について A が成り立つなら，$\forall x\, A$ が成り立つ」ということを表わしている. そして，x の任意性を保証するのが ∀-入 の付帯条件にほかならない. つまり，x が $\forall x\, A$ が従属するある仮定のうちに自由変項として現われるなら，x はその仮定を満たすかぎりでの x であるという 1 つの制限を受けることになるが，そうでなければ，x はまったく任意の個体を表わすわけである.（「仮定に従属する」という概念については§6（p. 22）を参照.）なお，この ∀-入 の規則は，前節の全称一般化（UG）の規則に対応している. ただし，前節では，UG に付されるべき条件が十分には考慮されていなかったが，∀-入 には上のように厳密な付帯条件がつけられている. 述語算の要点の 1 つは，こうした付帯条件を形式的に厳密なかたちで定式化することにあると言える.

ⅱ） ∀-除 の規則は，「すべての x について $A(x)$ が成り立つなら，$A(t)$ が成り立つ」ということを表わしている. この場合，たとえば $\forall x_1 \exists x_2\, P_1^2(x_1,$

x_2）から $\exists x_2 P_1^2(x_2, x_2)$ を導くという例を考える．この例では t として x_2 をとっているが，この x_2 は $\exists x_2 P_1^2(x_2, x_2)$ において $\exists x_2$ により束縛される結果になっている．こうした不都合なケースを禁じるのが「項 t は A において x に対して自由である」という ∀-除 の付帯条件にほかならない．なお，この ∀-除 は前節の全称特例化（*UI*）の規則に対応している．

iii） ∃-入 は「$A(t)$ が成り立つなら，$A(x)$ が成り立つようなある x が存在する」という推論を意味する．∃-入 の付帯条件は上の ∀-除 の場合と同じ意味をもつ．またこの規則は，前節の存在一般化（*EG*）の規則に相当する．

iv） ∃-除 の規則は次のような意味をもつ．今，有限個の個体 s_1, s_2, …, s_k を要素とする集合をとり，変項 x をこの個体の領域を動くものと解釈すれば，$\exists x A$（代入のために x を指示すれば $\exists x A(x)$）は $A(s_1) \lor A(s_2) \lor \cdots \lor A(s_k)$ と表わすことができる．そこで ∃-除 は，∨-除 の規則を拡張した

$$\frac{A(s_1) \lor A(s_2) \lor \cdots \lor A(s_k) \quad \overset{[A(s_1)]}{C} \quad \overset{[A(s_2)]}{C} \quad \cdots \quad \overset{[A(s_k)]}{C}}{C}$$

という規則に対応するものと考えられる．したがって ∃-除 の $\dfrac{[A]}{C}$ （x を指示すれば $\dfrac{[A(x)]}{C}$）の部分について，すべての x について $A(x)$ から C が導かれていなければならない．そこで $\dfrac{A(x)}{C}$ における x が任意の個体を表わすためには，x は，C が従属している $A(x)$ 以外の仮定のうちに自由変項として現われてはならない（付帯条件の2）．（実際の推論のなかでは，一般には，C は右のように仮定 $A(x)$ にのみではなく，他の仮定 H_1, H_2, …, H_n にも従属している．）また，

$$\frac{[A(x)] \quad H_1 \quad H_2 \quad \cdots \quad H_n}{C}$$

$A(x)$ の x を動かしても C は不変でなければならないから，C は x を自由変項として含んでいてはならない（付帯条件の1）．なお，この ∃-除 においては ∨-除 と同様に，仮定 A が落ちることが留意されなければならない．また，この規則は前節の存在特例化（*EI*）の規則に対応している．

5 *NQ* における**証明**.　*NP* の場合と同様に，*NQ* における証明は上の14
種の推論規則を樹状に積み重ねることによって構成される．つまり，仮定から
出発し推論規則を重ねながら，途中で順次仮定を落としてゆき，最後にすべて
の仮定から独立な論理式を得るわけである．（*NQ* では仮定を落とす推論規則
として，*NP* の ⊃-入，∨-除，〜-入 に加えて，新たに ∃-除 が用いられる．）
そして，この，すべての仮定から独立な論理式を**証明可能な式**，ないしは *NQ*
の**定理**と呼ぶことも前と同様である．つまり，ここでも，自明な推論規則の積
み重ねにより論理的に真なる式を導出するという，きわめて自然な観点が生か
されているわけである．

§ 16　*NQ* の 定 理

本節では *NQ* の定理の例を挙げ，*NQ* における証明の様子を見てみよう．証
明の構成の要領はほぼ *NP* の場合と同様であるが，ただし，∀-入，∀-除，∃
-入，∃-除 の 4 つの推論規則を用いる場合には，上の付帯条件を点検するこ
とが必要となる．そして，上に述べたように，この点が述語算の要点の 1 つと
なっている．

　1)　$\forall x A(x) \supset A(t)$　　（ただし，t は A において x に対して自由であるよ
うな項とする．）

　　証明

$$\frac{\dfrac{\forall x A(x)^1}{A(t)}\ \forall\text{-除}}{\forall x A(x) \supset A(t)}\ \supset\text{-入},1$$

　∀-除 の付帯条件は，上の但し書きにより満たされている．

　2)　$A(t) \supset \exists x A(x)$　　（ただし，t は A において x に対して自由であるよ
うな項とする．）

　　証明

$$\frac{\dfrac{A(t)^1}{\exists x A(x)}\ \exists\text{-入}}{A(t) \supset \exists x A(x)}\ \supset\text{-入},1$$

　∃-入 の付帯条件は，上の但し書きにより満たされている．なお，この 1)

と 2）の論理式は，のちに述語算の公理系の公理となるものである．

　3）　x と y は異なる変項とする．y が論理式 $A(x)$ において x に対して自由であり，かつ $A(x)$ が y を自由変項として含まないとき，$A(x)$ は $A(y)$ と similar であるという．$A(x)$ が $A(y)$ と similar であるなら，x は $A(y)$ において y に対して自由であり，かつ $A(y)$ は x を自由変項として含まない．

　$A(x)$ が $A(y)$ と similar であるなら $\forall x\, A(x) \equiv \forall y\, A(y)$ は *NQ* の定理である．

　証明　$\equiv$ の定義により $\forall x\, A(x) \supset \forall y\, A(y)$ と $\forall y\, A(y) \supset \forall x\, A(x)$ とがそれぞれ証明可能であることを示せばよい．

$$
\cfrac{\cfrac{\cfrac{\forall x\, A(x)^{1}}{A(y)}\ \forall\text{-除}}{\forall y\, A(y)}\ \forall\text{-入}}{\forall x\, A(x) \supset \forall y\, A(y)}\ \supset\text{-入},1
\qquad
\cfrac{\cfrac{\cfrac{\forall y\, A(y)^{1}}{A(x)}\ \forall\text{-除}}{\forall x\, A(x)}\ \forall\text{-入}}{\forall y\, A(y) \supset \forall x\, A(x)}\ \supset\text{-入},1
$$

　$\forall$-除 と $\forall$-入 の付帯条件が満たされていることは上の similar の定義から明らかである．

　4）　$\forall x\, \forall y\, A \equiv \forall y\, \forall x\, A$

　証明

$$
\cfrac{\cfrac{\cfrac{\cfrac{\cfrac{\forall x\, \forall y\, A(x,y)^{1}}{\forall y\, A(x,y)}\ \forall\text{-除}}{A(x,y)}\ \forall\text{-除}}{\forall x\, A(x,y)}\ \forall\text{-入}}{\forall y\, \forall x\, A(x,y)}\ \forall\text{-入}}{\forall x\, \forall y\, A(x,y) \supset \forall y\, \forall x\, A(x,y)}\ \supset\text{-入},1
$$

　$\forall$-除 と $\forall$-入 の付帯条件が満たされていることは明らか．（一般に，項 x は論理式 A において変項 x 自身に対して自由である．）

　$\forall y\, \forall x\, A(x,y) \supset \forall x\, \forall y\, A(x,y)$ も同様に証明される．

　5）　$\exists x\, \forall y\, A \supset \forall y\, \exists x\, A$

証明

$$
\cfrac{
  \exists x \forall y\, A(x,y)^2 \qquad
  \cfrac{
    \cfrac{
      \cfrac{
        \cfrac{\forall y\, A(x,y)^1}{A(x,y)}\ \forall\text{-除}
      }{\exists x\, A(x,y)}\ \exists\text{-入}
    }{\forall y\, \exists x\, A(x,y)}\ \forall\text{-入}
  }{\forall y\, \exists x\, A(x,y)}\ \exists\text{-除},1
}{\exists x \forall y\, A(x,y) \supset \forall y\, \exists x\, A(x,y)}\ \supset\text{-入},2
$$

仮定 $\forall y\, A(x,y)$ は y を自由変項として含まないから $\forall$-入 の付帯条件は満たされている. また, $\forall y\, \exists x\, A(x,y)$ は x を自由変項として含まず, さらに, $\forall y\, \exists x\, A(x,y)$ は $\forall y\, A(x,y)$ 以外に従属する仮定をもたないから, $\exists$-除 の付帯条件も満たされている. なお, $\forall y\, \exists x\, A \supset \exists x \forall y\, A$ は証明可能ではない.

6) $\quad \forall x(A \supset B) \equiv (A \supset \forall x\, B)$ 　　（ただし A は x を自由変項としては含まないものとする.）

$$
\cfrac{
  \cfrac{
    \cfrac{
      A^1 \qquad \cfrac{\forall x(A \supset B)^2}{A \supset B}\ \forall\text{-除}
    }{B}\ \supset\text{-除}
  }{\cfrac{\forall x\, B}{A \supset \forall x\, B}\ \substack{\forall\text{-入}\\ \supset\text{-入},1}}
}{\forall x(A \supset B) \supset (A \supset \forall x\, B)}\ \supset\text{-入},2
$$

$$
\cfrac{
  \cfrac{
    \cfrac{
      \cfrac{
        \cfrac{A^1 \qquad A \supset \forall x\, B^2}{\forall x\, B}\ \supset\text{-除}
      }{B}\ \forall\text{-除}
    }{A \supset B}\ \supset\text{-入},1
  }{\forall x(A \supset B)}\ \forall\text{-入}
}{(A \supset \forall x\, B) \supset \forall x(A \supset B)}\ \supset\text{-入},2
$$

$\forall$-入 の付帯条件は上の但し書きにより満たされる.

次に, 全称記号 $\forall$ と存在記号 $\exists$ との関係を表わす4つの論理式を証明しておこう.

7) $\quad \sim \exists x\, A \equiv \forall x \sim A$

$$
\cfrac{
  \cfrac{
    \cfrac{
      \cfrac{\cfrac{A(x)^1}{\exists x\, A(x)}\ \exists\text{-入} \qquad \sim \exists x\, A(x)^2}{人}\ \sim\text{-除}
    }{\sim A(x)}\ \sim\text{-入},1
  }{\forall x \sim A(x)}\ \forall\text{-入}
}{\sim \exists x A(x) \supset \forall x \sim A(x)}\ \supset\text{-入},2
$$

$$
\cfrac{
  \cfrac{
    \cfrac{
      \exists x A(x)^2 \qquad
      \cfrac{A(x)^1 \qquad \cfrac{\forall x \sim A(x)^3}{\sim A(x)}\ \forall\text{-除}}{人}\ \sim\text{-除}
    }{人}\ \exists\text{-除},1
  }{\sim \exists x\, A(x)}\ \sim\text{-入},2
}{\forall x \sim A(x) \supset \sim \exists x\, A(x)}\ \supset\text{-入},3
$$

∀-入，∀-除，∃-入，∃-除 の条件はすべて満たされている．（左側の証明図の ∀-入 については，仮定 $A(x)$ がその直前に落ちていることに注意.）

8)　$\forall x A \equiv \sim \exists x \sim A$

$$
\cfrac{\cfrac{\cfrac{\cfrac{\cfrac{\cfrac{\dfrac{\sim A(x)^1}{\exists x \sim A(x)}\,\text{∃-入} \quad \sim \exists x \sim A(x)^2}{\text{人}}\,\sim\text{-除}}{\sim(\sim A(x))}\,\sim\text{-入},1}{A(x)}\,g_2}{\forall x A(x)}\,\text{∀-入}}{\sim \exists x \sim A(x) \supset \forall x A(x)}\,\supset\text{-入},2
$$

$$
\cfrac{\cfrac{\cfrac{\cfrac{\exists x \sim A(x)^2 \quad \cfrac{\sim A(x)^1 \quad \dfrac{\forall x A(x)^3}{A(x)}\,\text{∀-除}}{\text{人}}\,\sim\text{-除}}{\text{人}}\,\text{∃-除},1}{\sim \exists x \sim A(x)}\,\sim\text{-入},2}{\forall x A(x) \supset \sim \exists x \sim A(x)}\,\supset\text{-入},3
$$

9)　$\sim \forall x A \equiv \exists x \sim A$

$$
\cfrac{\cfrac{\cfrac{\cfrac{\cfrac{\cfrac{\cfrac{\dfrac{\sim A(x)^1}{\exists x \sim A(x)}\,\text{∃-入} \quad \sim \exists x \sim A(x)^2}{\text{人}}\,\sim\text{-除}}{\sim(\sim A(x))}\,\sim\text{-入},1}{A(x)}\,g_2}{\forall x A(x)}\,\text{∀-入} \quad \sim \forall x A(x)^3}{\text{人}}\,\sim\text{-除}}{\sim(\sim \exists x \sim A(x))}\,\sim\text{-入},2}{\exists x \sim A(x)}\,g_2}{\sim \forall x A(x) \supset \exists x \sim A(x)}\,\supset\text{-入},3
$$

$$
\cfrac{\cfrac{\cfrac{\cfrac{\exists x \sim A(x)^3 \quad \cfrac{\sim A(x)^1 \quad \dfrac{\forall x A(x)^2}{A(x)}\,\text{∀-除}}{\text{人}}\,\sim\text{-除}}{\text{人}}\,\text{∃-除},1}{\sim \forall x A(x)}\,\sim\text{-入},2}{\exists x \sim A(x) \supset \sim \forall x A(x)}\,\supset\text{-入},3
$$

10) $\exists x\, A \equiv\, \sim \forall x \sim A$

$$\cfrac{\cfrac{\cfrac{\cfrac{\cfrac{\cfrac{\cfrac{A(x)^1}{\exists x\, A(x)}\ \exists\text{-入} \qquad \sim \exists x\, A(x)^2}{\text{人}}}{\sim A(x)}\ \sim\text{-入}, 1}{\forall x \sim A(x)}\ \forall\text{-入} \qquad\qquad \sim \forall x \sim A(x)^3}{\text{人}}\ \sim\text{-除}}{\sim(\sim \exists x\, A(x))}\ \sim\text{-入}, 2}{\exists x\, A(x)}\ g_2}{\sim \forall x \sim A(x) \supset \exists x\, A(x)}\ \supset\text{-入}, 3$$

$$\cfrac{\cfrac{\cfrac{\cfrac{\cfrac{A(x)^1 \quad \cfrac{\forall x \sim A(x)^2}{\sim A(x)}\ \forall\text{-除}}{\text{人}}\ \sim\text{-除} \qquad \exists x\, A(x)^3}{\text{人}}\ \exists\text{-除}, 1}{\sim \forall x \sim A(x)}\ \sim\text{-入}, 2}{\exists x\, A(x) \supset \sim \forall x \sim A(x)}\ \supset\text{-入}, 3}{}$$

Ⅱ-Ⅱ　公　理　系

§ 17　Hilbert 型述語算 *LQ*

前章では述語算が自然推論という文字どおり自然な体系のうちで展開されたが，同じ述語算を公理体系のかたちで構成することができる．これを Hilbert 型述語算と呼び，*LQ* と名づける．前章の Ⅰ-Ⅲ で命題算の公理系 *LP* がとりあげられたが，*LQ* は，これを述語算にまで拡大したものにほかならない．*LQ* の構成は以下のとおりである．

　1　*LQ* の記号．　*LQ* で用いられる記号はほぼ前章の *NQ* の場合と同様であり，次のとおりである．

i) 個体定項 $c_1, c_2, c_3, \cdots$

ii) 個体変項 $x_1, x_2, x_3, \cdots$

iii) 関数記号 $f_i^n (n, i = 1, 2, 3, \cdots)$

iv) 述語記号 $P_i^n (n, i = 1, 2, 3, \cdots)$

v) 論理記号 結合子 ～, ⊃   限量記号 ∀

vi) コンマ, 括弧 , （, ）

つまり *LQ* では, 論理記号の結合子が ～ と ⊃ に絞られており, 他の ∧, ∨, ≡ は以前のように略記号として扱われる（§ 8, p. 26 参照）. また限量記号も全称記号 ∀ に絞られ, 存在記号 ∃ は略記号として次のように定義される.

$$\exists x\, A \Longleftrightarrow \sim \forall x \sim A$$

この等式は *NQ* でも証明されており（§ 16, 10）, また内容的に解釈しても妥当なものと言える. なお, 矛盾記号 ⋏ は自然推論に固有な記号であり, *LQ* では省かれる.

2 **項の概念.** 個体を表わす項の概念は *NQ* の場合とまったく同様に定義される（p. 53 参照）.

3 **論理式の概念.** 論理式の概念も *NQ* の場合と同様に定義される.

i) P_i^n が述語記号であり, $t_1, t_2, \cdots, t_n$ が項であるとき, $P_i^n (t_1, t_2, \cdots, t_n)$ は論理式である.

ii) A, B が論理式であるなら, $(\sim A)$, $(A \supset B)$ は各々論理式である.

iii) A が論理式であり, x が個体変項であるなら, $(\forall x\, A)$ は論理式である.

iv) 以上の i)～iii)により論理式とされるもののみが論理式である.

なお,「自由変項」,「束縛変項」,「項 t は式 A において変項 x に対して自由である」といった諸概念, ならびに代入のための $A(x)$ という記法等が *LQ* でも同様に用いられることは言うまでもない.

4 ***LQ* の公理.** A, B, C を論理式, x を個体変項, t を項とするとき, 次のものを *LQ* の公理とする.

L_1 $A \supset (B \supset A)$

L_2 $(A \supset (B \supset C)) \supset ((A \supset B) \supset (A \supset C))$

L_3　$(\sim B \supset \sim A) \supset (A \supset B)$

L_4　$\forall x A(x) \supset A(t)$

（ただし，L_4 に対しては「項 t は A において x に対して自由である」という**付帯条件**がつけられる．）

　これらの公理（シェーマ）のうち L_1，L_2，L_3 は前章の命題算の公理系 *LP* の公理を踏襲したものであり，それに新たに L_4 が述語算に固有な公理としてつけ加わっている．なお，L_4 の付帯条件については，のちに 8 で補説する．

　5　*LQ* の**推論規則**．　上の公理から定理を導出するために *LQ* では次の推論規則を用いる．（A，B，C を論理式とし，x を個体変項とする．また R_2 に対しては「C は x を自由変項としては含まない」という**付帯条件**がつけられる．）

　　R_1　A，$A \supset B \to B$　（以下で *mp* と記すことがある．）

　　R_2　$C \supset A \to C \supset \forall x A$

　R_1 は命題算の公理系 *LP* の推論規則 modus ponens であり，*LQ* の推論規則はそれに述語算に特有な推論規則 R_2 をつけ加えたものになっている．なお，R_1 については B を A と $A \supset B$ の，R_2 については $C \supset \forall x A$ を $C \supset A$ の，それぞれ「直接の帰結」と呼ぶ．また，R_2 の付帯条件については，のちほど 8 で詳説する．

　6　*LQ* における**証明**．　*LQ* における証明の概念は，*LP* の場合と同様に次のように定義される（p. 27 参照）．*LQ* の論理式の列

$$A_1, \ A_2, \ \cdots, \ A_n (=A)$$

は，各 $i(i=1, 2, \cdots, n)$ に対して次の ⅰ），ⅱ），ⅲ）のいずれかが成立するとき，最後の式 A の証明と呼ばれる．

　ⅰ）　A_i は *LQ* の公理である．

　ⅱ）　A_i は，先行する 2 つの論理式 A_j と A_k $(j, k < i)$ の R_1 による直接の帰結である．

　ⅲ）　A_i は，先行する 1 つの論理式 $A_j (j < i)$ の R_2 による直接の帰結である．

　7　*LQ* の**定理**．　論理式 A の *LQ* における証明が存在するとき，A を

（*LQ* で）証明可能な論理式，ないしは *LQ* の定理と呼び，$\vdash_{LQ} A$（ないしは略記して $\vdash A$）と表わす.

8 *NQ* と *LQ*. 述語算の公理系 *LQ* の構成は以上のとおりであるが，このままでは，*LQ* の内容的な意味は必ずしも明らかとは言えない. そこで以上の *LQ* が前章の自然推論の述語算 *NQ* と同じ内容をもつものであることを示そう. まず，次のような公理と推論規則をもつ述語算の公理系 *Lq* を考える.

Lq の公理

L'_1　$A\supset(B\supset A)$

L'_2　$(A\supset(B\supset C))\supset((A\supset B)\supset(A\supset C))$

L'_3　$(\sim B\supset\sim A)\supset(A\supset B)$

L'_4　$\forall x\,A(x)\supset A(t)$

L'_5　$A(t)\supset\exists x\,A(x)$

　　（ただし，L'_4, L'_5 に対しては，「項 t は A において x に対して自由である」という**付帯条件**がつけられる.）

Lq の推論規則

R'_1　$A,\ A\supset B\rightarrow B$

R'_2　$C\supset A\rightarrow C\supset\forall x\,A$

R'_3　$A\supset C\rightarrow\exists x\,A\supset C$

　　（ただし，R'_2, R'_3 に対しては，「C は x を自由変項としては含まない」という**付帯条件**がつけられる.）

この公理系 *Lq* は次のように *NQ* と同じ内容をもつ.

ⅰ）*Lq* の体系の命題算の部分（すなわち，L'_1, L'_2, L'_3, R'_1 によって構成される部分）は，*NQ* の体系の同じく命題算の部分（すなわち，⊃-入，⊃-除，∧-入，∧-除，∨-入，∨-除，∼-入，∼-除，g_1, g_2 によって構成される部分）と同値である（§13 の定理 1，2 を参照）.

ⅱ）*Lq* の L'_4 と L'_5 は，*NQ* の ∀-除 と ∃-入 の推論規則をそれぞれ公理のかたちに直したものである. したがって，∀-除 と ∃-入 につけられていた付帯条件が，そのまま L'_4 と L'_5 の付帯条件になっている.

ⅲ）　Lq の R_2' の推論規則は次のように NQ の ∀-入 の推論規則に対応している．つまり，右のように NQ で仮定 C から A が導かれていれば，∀-入 によって，仮定 C から $\forall x\,A$ が導かれる．R_2' の $C \supset A \to C \supset \forall x\,A$ という推論規則はこのような推論に対応している．その際，∀-入 につけられた付帯条件によって，仮定 C は x を自由変項として含んでいてはならない．したがって，この条件が，そのまま R_2' の付帯条件になっているわけである．

$$\frac{\overline{}^{\;C}}{\dfrac{A}{\forall x\,A}}\;\forall\text{-入}$$

ⅳ）　Lq の R_3' の $A \supset C \to \exists x\,A \supset C$ という推論規則は右のような NQ の ∃-除 の推論規則に対応している．したがって，∃-除 に付せられた「C は x を自由変項としては含まない」という条件が，そのまま R_3' の付帯条件になっている．

$$\frac{\exists x\,A \quad \overset{[A]}{C}}{C}\;\exists\text{-除}$$

　以上のように公理系 Lq は自然推論 NQ と同一の内容をもつが，この Lq はまた LQ と同等である．Lq は，LQ の体系に公理の L_5' と推論規則の R_3' をつけ加えたものであるから，両者の同値性を示すためには，L_5' と R_3' が LQ でも成立することを言えばよい．

　ⅰ）　t を論理式 A において変項 x に対して自由であるような項とすると，LQ の L_4 により $\vdash_{LQ} \forall x \sim A(x) \supset \sim A(t)$．これから命題算の定理（§10の⑥）を用いて $\vdash_{LQ} \sim \sim A(t) \supset \sim \forall x \sim A(x)$．さらに，これから命題算の定理（§10の⑤）により $\vdash_{LQ} A(t) \supset \sim \forall x \sim A(x)$．他方，先の定義により $\sim \forall x \sim A(x)$ は $\exists x\,A(x)$ と書きかえられ，$\vdash_{LQ} A(t) \supset \exists x\,A(x)$ となる．

　ⅱ）　論理式 C は x を自由変項としては含まないものとする．

a　　$A \supset C$	仮定
b　　$\sim C \supset \sim A$	a と §10の⑥による
c　　$\sim C \supset \forall x \sim A$	b に LQ の R_2 を適用
d　　$\sim \forall x \sim A \supset \sim \sim C$	c と §10の⑥による
e　　$\exists x\,A \supset C$	d と $\exists x\,A$ の定義と §10の④による

つまり，Lq の R_3' ; $A \supset C \to \exists x\,A \supset C$ は LQ でも成り立つ．

　このように LQ は，基本的な限量記号として全称記号を選び，Lq の体系を

コンパクトにしたものにほかならない. こうして, NQ, Lq, LQ は互いに同等の内容をもち, LQ における公理, 推論規則, 付帯条件等の内容的な意味は, 自然推論との対応づけによって理解できるわけである.

§18　第1階の理論

　前節のような述語論理の体系 LQ を基礎にして, 様々な学問上の理論 (とくに数学の理論) を形式的体系として構成することができる. 実際, われわれはのちに第Ⅲ章で自然数論をとりあげ, それを形式的数論として展開する. そこで, 述語算 LQ がもつ性質をそうした一般的な理論にも適用できるように, LQ をあらかじめ形式的体系一般と結びつけたかたちでとらえておくと便利である. 述語算 LQ を用いて形式化された理論を一般に**第1階の理論** (first order theory) と呼ぶ. (第1階という限定は, その体系では限量記号 $\forall x$ が個体にのみかかわり, 述語や関数は限量化されていないことを意味する.)

　第1階の理論 S の記号は基本的には LQ の記号と同じであり, LQ の記号を S に合わせて特定化したものと言える. つまり, まず個体変項 x_1, x_2, x_3, …, 論理記号 $\sim$, $\supset$, $\forall$, コンマ, 括弧等の記号が用いられるが, これらの記号は各種の理論に共通のものである. 次に個体定項, 関数記号, 述語記号であるが, これらは個々の理論に固有の記号であり, 個体記号 c_1, c_2, c_3, …, 関数記号 $f_i^n(n, i=1, 2, \cdots)$, 述語記号 $P_i^n(n, i=1, 2, \cdots)$ といった記号のうち, どれを用いるかは各理論によって異なる. (各理論は少なくとも1つの述語記号 P_i^n を備えるが, 個体定項と関数記号については, それらを欠く理論も考えられる.) こうして理論 S の記号が定まれば, それに応じて「項」や「論理式」の概念が LQ の場合と同様に定義され, 全体として S の**言語** (language) が確定することになる.

　次に公理であるが, 一般に, 理論 S の公理は**論理的公理** (logical axioms) と**固有公理** (proper axioms) の2種類に類別される. このうち論理的公理は LQ の場合と同一の次のシェーマによって与えられる.

　　L_1　$A \supset (B \supset A)$

L_2　$(A \supset (B \supset C)) \supset ((A \supset B) \supset (A \supset C))$

L_3　$(\sim B \supset \sim A) \supset (A \supset B)$

L_4　$\forall x A(x) \supset A(t)$

　　　(L_4 には LQ の場合と同じ付帯条件が付される.)

　つまり, 論理的公理は（次の推論規則 R_1, R_2 とともに）理論 S における論理的推論を支える装置であり, 各種の理論に共通に用いられる公理と言える. それに対して, 固有公理は文字どおり各理論に特有の内容を与える公理であり, それぞれの理論によって異なる.

　次に理論 S の推論規則であるが, これも次の LQ の規則が用いられる.

　R_1　A, $A \supset B \to B$　（mp）

　R_2　$C \supset A \to C \supset \forall x A$

　　　（R_2 には LQ の場合と同じ付帯条件が付される.)

　こうして公理と推論規則が定まれば, S における証明や定理の概念が LQ の場合と同様に定義されることになる.（論理式 A が S の定理であることを, $\vdash_S A$ と表わす.）

　以上, LQ と具体的な理論とを結合することが試みられたが, 逆に考えれば, 述語算 LQ はこうした第 1 階の理論 S の特別な場合, つまり固有公理をもたない第 1 階の理論とも言えるわけである.（LQ のことを**第 1 階の述語算**と言う.）いずれにしても, 以下では述語算のもつ諸性質を理論 S にも適用できるかたちで考察していく.

§ 19　演 繹 定 理

　命題算 LP の場合と同様に, 述語算 LQ ないしは第 1 階の理論 S について「仮定からの演繹」という概念を導入しよう（§ 9 を参照）. Γ を第 1 階の理論 S の論理式の集合とし, その要素を仮定と呼ぶ. S の論理式の列

$$A_1, \ A_2, \ \cdots, \ A_n(=A)$$

において, 各 i（$i = 1, 2, \cdots, n$）について次の ⅰ）, ⅱ）, ⅲ）, ⅳ）のいずれかが成立するとき, この列を, 最後の式 A の「Γ からの演繹」と言う.

i) A_i は S の公理である.

ii) A_i は Γ の１つである.

iii) A_i は，先行する２つの論理式 A_j と A_k $(j, k < i)$ からの R_1 による直接の帰結である.

iv) A_i は，先行する１つの論理式 A_j $(j < i)$ からの R_2 による直接の帰結である.

A の Γ からの演繹が存在するとき，A は Γ から（S で）演繹可能であると言い，$\Gamma \vdash_S A$, ないしは略して $\Gamma \vdash A$ と書く. Γ が空のときは $\vdash_S A$ となり，演繹可能性は証明可能性と一致する.

Γ を S の論理式の集合とし，A を Γ のなかの１つの論理式とする. 今，Γ からの演繹 $B_1, \cdots, B_n$ が，演繹の各段階 B_i に対する根拠づけとともに与えられたとする. このとき，次の i), ii) のいずれかが成り立つ場合，B_k は仮定 A に**従属する**（depend）という.

i) B_k は A であり，B_k は Γ の要素であるとして根拠づけられる.

ii) B_k は，先行する２つの論理式 $B_\ell, B_m (\ell, m < k)$ の R_1 による直接の帰結であるとして根拠づけられ，しかも，B_ℓ と B_m との少なくともいずれかが A に従属している.

iii) B_k は，先行する１つの論理式 $B_\ell (\ell < k)$ の R_2 による直接の帰結であるとして根拠づけられ，しかも，B_ℓ は A に従属している.

例 1

1	$C \supset A$	仮定
2	$C \supset \forall x A$	1, R_2
3	C	仮定
4	$\forall x A$	2, 3, R_1

（論理式 C は x を自由変項としては含まないものとする.）

この演繹において，1 は $C \supset A$ に，2 は $C \supset A$ に，3 は C に，4 は $C \supset A$ と C に，それぞれ従属している.

さて，LP の場合と同様に S においても「演繹定理」が（条件つきで）成立

するが，それを証明するためにまず簡単な補助定理をとりあげる．

定理1 命題算のトートロジー A について，A のすべての要素命題記号に
それぞれ S の論理式を代入したとき得られる式（こうした式を A の**特例**と呼
ぶ）を B とすれば，B は S で証明可能である．

証明 トートロジー A は完全性定理（§12，定理2）により命題算 LP で証
明可能である．したがって LP における A の証明が存在する．そこで，この証
明を構成する各論理式の要素命題記号に，上と同じ代入を行い，もし A に現
われない要素命題記号があれば，それには S の任意の論理式を代入する．こ
うして得られた論理式の列は B の S における証明を構成する．　　　　┛

定理2 $\Gamma, A \vdash B$ とし，B の Γ と A からのある演繹において B は A に従
属していないとする．このとき $\Gamma \vdash B$.

証明 上の B の Γ と A からの演繹を $B_1, \cdots, B_n (=B)$ とする．演繹の長さ
n についての帰納法で証明する．もし B が公理か Γ の要素であるなら $\Gamma \vdash B$.
（B は A に従属していないから，A ではありえない．）もし B が先行する B_ℓ と
B_m の R_1 による（ないしは先行する B_k の R_2 による）直接の帰結であるなら，
B は A に従属していないから，B_ℓ と B_m も（ないしは B_k も）A に従属してい
ない．$\ell, m < n$ であるから（ないしは $k < n$ であるから），B_ℓ, B_m には（ないし
は B_k には）帰納法の仮定が適用され，$\Gamma \vdash B_\ell$ と $\Gamma \vdash B_m$ が成り立つ（ないし
は $\Gamma \vdash B_k$ が成り立つ）．したがって，$\Gamma \vdash B$ が成り立つ．　　　　┛

定理3 $\Gamma, A \vdash B$ とし，その演繹においては，推論規則 R_2 が，A に従属す
るある論理式に，A の自由変項を限量化の変項（$C \supset D \rightarrow C \supset \forall x\, D$ の変項 x）
として，適用されるということはないものとする．（このことを自由変項が仮
定 A に対して**定項とみなされる**という．）このとき $\Gamma \vdash A \supset B$ が成立する．

（演繹定理）

証明 $B_1, B_2, \cdots, B_n (=B)$ を B の Γ と A からの演繹とし，この演繹は
定理の条件を満たすものとする．$\Gamma \vdash A \supset B_i$ が $1 \leqq i \leqq n$ なるすべての i につい
て成立することを，i についての帰納法で証明する．B_i は a ）公理であるか，
b ）Γ の1つであるか，c ）A であるか，d ）先行する2つの論理式 B_j, B_k （j,

$k<i$) の R_1 による直接の帰結であるか，ｅ）先行する１つの論理式 B_ℓ ($\ell<i$) の R_2 による直接の帰結であるかのいずれかである．このうちａ），ｂ），ｃ），ｄ）の場合には，命題算 LP に対する演繹定理（§9）の場合と同様にして $\Gamma \vdash A \supset B_i$ が得られる．残るｅ）のケースであるが，この場合は，先行する論理式 B_ℓ は $C \supset D$ のかたちをしており，B_i は $C \supset \forall x D$ である．（R_2 の付帯条件により C は x を自由変項としては含まない．）そこで B_ℓ つまり $C \supset D$ が仮定 A に従属しているか否かによって２つのケースに分けられる．

ⅰ） $C \supset D$ は A に従属しているとする．このとき，もし A が x を自由変項として含むとすれば定理の条件に矛盾するから，A は x を自由変項としては含まない．一方，帰納法の仮定により $\Gamma \vdash A \supset B_\ell$，つまり $\Gamma \vdash A \supset (C \supset D)$ が成り立つ．また命題算の論理式 $(p_1 \supset (p_2 \supset p_3)) \supset ((p_1 \wedge p_2) \supset p_3)$ はトートロジーであるから（§3，22の移入律），定理1により $\vdash (A \supset (C \supset D)) \supset ((A \wedge C) \supset D)$．したがって $\Gamma \vdash (A \wedge C) \supset D$．$A \wedge C$ は x を自由変項として含まないから，R_2 により，$\Gamma \vdash (A \wedge C) \supset \forall x D$．また命題算のトートロジー $((p_1 \wedge p_2) \supset p_3) \supset (p_1 \supset (p_2 \supset p_3))$ により（§3，23の移出律），$\vdash ((A \wedge C) \supset \forall x D) \supset (A \supset (C \supset \forall x D))$．したがって，$\Gamma \vdash A \supset (C \supset \forall x D)$．つまり，$\Gamma \vdash A \supset B_i$．

ⅱ） $C \supset D$ は A に従属していないとする．定理2により $\Gamma \vdash C \supset D$．さらに R_2 により $\Gamma \vdash C \supset \forall x D$．公理 L_1 により $\vdash (C \supset \forall x D) \supset (A \supset (C \supset \forall x D))$．したがって R_1 により $\Gamma \vdash A \supset (C \supset \forall x D)$．つまり，$\Gamma \vdash A \supset B_i$. ⏐

定理4 Γ, $A \vdash B$ であり，かつその演繹においては A の自由変項を限量化の変項として R_2 が用いられることがないとすれば，$\Gamma \vdash A \supset B$ である．また，Γ, $A \vdash B$ であり，かつ A が自由変項を含まないとすれば，$\Gamma \vdash A \supset B$ である．

証明 いずれの場合も定理3の条件が満たされていることは明らかである．したがって $\Gamma \vdash A \supset B$ が成り立つ． ⏐

このように第1階の理論 S についても演繹定理が成り立つので，命題算 LP の場合と同様に，この定理を用いて様々な論理式が証明可能であることを示すことができる．

例2 $\vdash \forall x \forall y A \supset \forall y \forall x A$

　証明　C を x を自由変項として含まないある公理とし，また D を y を自由変項として含まないある公理とする.

1	$\forall x \forall y\, A$	仮定
2	$\forall x \forall y\, A \supset \forall y\, A$	公理 L_4（項 x は変項 x に対して自由である）
3	$\forall y\, A$	1，2，R_1
4	$\forall y\, A \supset A$	公理 L_4（項 y は変項 y に対して自由である）
5	A	3，4，R_1
6	$A \supset (C \supset A)$	公理 L_1
7	$C \supset A$	5，6，R_1
8	$C \supset \forall x\, A$	7，R_2
9	C	公理
10	$\forall x\, A$	8，9，R_1
11	$\forall x\, A \supset (D \supset \forall x\, A)$	公理 L_1
12	$D \supset \forall x\, A$	10，11，R_1
13	$D \supset \forall y \forall x\, A$	12，R_2
14	D	公理
15	$\forall y \forall x\, A$	13，14，R_1

　こうして $\forall x \forall y\, A \vdash \forall y \forall x\, A$ を得る. 8 と13で R_2 が用いられるが，x と y は仮定 $\forall x \forall y\, A$ で自由ではない. したがって定理4により，$\vdash \forall x \forall y\, A \supset \forall y \forall x\, A$ を得る. なお，この論理式はすでに自然推論の述語算 NQ でも証明されていた（§16，4）.

§ 20　演繹規則 U_g, U_i, E_g, E_i

　前節の演繹定理に続いて，本節では，理論 S について成立する他の演繹規則をとりあげる. これらの規則は演繹定理とともに今後しばしば用いられる.

　定理1　$A \vdash \forall x\, A$ が成立する.（この規則は以前の UG（全称一般化）の規則，さらには NQ の $\forall$-入 の規則に対応するものであり，以後 U_g と略記する.）

　証明　C を x を自由変項として含まない公理とする.

1	A	仮定
2	$A \supset (C \supset A)$	公理 L_1
3	$C \supset A$	1, 2, R_1
4	$C \supset \forall x\, A$	3, R_2
5	C	公理
6	$\forall x\, A$	4, 5, R_1

これから $A \vdash \forall x\, A$. このように U_g の構成には推論規則 R_2 が使われており（4 のステップ），したがって，U_g を演繹定理とともに用いるときには，演繹定理に付された変項条件に留意しなければならない.   ⌐

定理 2 t を A において x に対して自由であるような項とするとき，

$\forall x\, A(x) \vdash A(t)$ が成立する.（この規則は，前出の *UI*（全称特例化）の規則ならびに *NQ* の ∀-除 の規則に対応しており，以後 U_i と略記する.）

証明 公理 L_4 の $\forall x\, A(x) \supset A(t)$ と $\forall x\, A(x)$ とから R_1 により $A(t)$ が導かれる.   ⌐

定理 3 t を A において x に対して自由であるような項とするとき，$A(t)$ $\vdash \exists x\, A(x)$ が成立する.（この規則は，前出の *EG*（存在一般化）の規則ならびに *NQ* の ∃-入 の規則に対応しており，以後 E_g と略記する.）

証明 $\exists x\, A(x)$ は $\sim \forall x \sim A(x)$ の略であり，$\vdash A(t) \supset \exists x\, A(x)$（p. 66参照）. したがって R_1 により $A(t) \vdash \exists x\, A(x)$.   ⌐

定理 4 $\Gamma, A \vdash C$ であり，かつ C は x を自由変項として含まず，また自由変項は仮定 A に対して定項とみなされているものとする. このとき $\Gamma, \exists x\, A \vdash C$ が成立する.（この規則も，前出の *EI*（存在特例化）の規則ならびに *NQ* の ∃-除 の規則に対応しており，以後，E_i と略記する.）

証明 自由変項が仮定 A に対して定項とみなされているから $\Gamma, A \vdash C$ に演繹定理を適用することができ $\Gamma \vdash A \supset C$. 他方，$A \supset C \vdash \exists x\, A \supset C$ が成り立つ（p. 66参照）. したがって $\Gamma \vdash \exists x\, A \supset C$ であり，$\Gamma, \exists x\, A \vdash C$ が成り立つ[*].   ⌐

* E_i の $\Gamma, \exists x\, A \vdash C$ の演繹の構成には $A \supset C \vdash \exists x\, A \supset C$ が使われており，したがって R_2 が使われている（p. 66参照）. よって，E_i の $\Gamma, \exists x\, A \vdash C$ にさらに演繹定理を適用する場合には，この点が注意されなければならない.

以上のような演繹規則を援用すれば，理論 S における定理を導出する際に，その手続きをかなり簡略化することができる．以下，いくつかの例をとりあげ，その実際を見てみよう．

例1 $\vdash \forall x \forall y\, A \supset \forall y \forall x\, A$

証明

1	$\forall x \forall y\, A$	仮定
2	$\forall y\, A$	1，U_i
3	A	2，U_i
4	$\forall x\, A$	3，U_g
5	$\forall y \forall x\, A$	4，U_g

これは前節の末尾の例2と同じ例であるが，前節の直接的な演繹では15のステップを要したものが，演繹規則を用いればこのように5つのステップですむわけである．

例2 $\vdash \forall x(A \supset B) \supset (\forall x\, A \supset \forall x\, B)$

証明

1	$\forall x(A \supset B)$	仮定
2	$\forall x\, A$	仮定
3	$A \supset B$	1，U_i
4	A	2，U_i
5	B	3，4，R_1
6	$\forall x\, B$	5，U_g
7	$\forall x(A \supset B), \ \forall x\, A \vdash \forall x\, B$	1〜6

6のステップで U_g が用いられているが，x は仮定 $\forall x(A \supset B)$，$\forall x\, A$ の自由変項ではなく，したがって7に演繹定理を適用することができる．よって，演繹定理を2回用いて $\vdash \forall x(A \supset B) \supset (\forall x\, A \supset \forall x\, B)$．

例3 $\vdash \forall y_1 \forall y_2 \cdots \forall y_n\, A \supset A$

証明

1	$\forall y_1 \forall y_2 \cdots \forall y_n\, A$	仮定

2	$\forall y_2 \forall y_3 \cdots \forall y_n A$	1 , U_i
3	$\forall y_3 \cdots \forall y_n A$	2 , U_i
……		……
n	$\forall y_n A$	$n-1$, U_i
$n+1$	A	n, U_i
$n+2$	$\forall y_1 \forall y_2 \cdots \forall y_n A \vdash A$	$1 \sim n+1$

したがって演繹定理により $\vdash \forall y_1 \forall y_2 \cdots \forall y_n A \supset A$

例 4　$\vdash \forall x(A \wedge B) \equiv (\forall x A \wedge \forall x B)$

証明　$\equiv$ の定義により次の2つを示せばよい.

1	$\forall x(A \wedge B)$	仮定
2	$A \wedge B$	1 , U_i
3	A	2 よりトートロジー $(p_1 \wedge p_2) \supset p_1$ と R_1 による（§19 定理1参照）
4	B	2 , トートロジー $(p_1 \wedge p_2) \supset p_2$, R_1
5	$\forall x A$	3 , U_g
6	$\forall x B$	4 , U_g
7	$\forall x A \wedge \forall x B$	5 , 6 , トートロジー $p_1 \supset (p_2 \supset (p_1 \wedge p_2))$, R_1
8	$\forall x(A \wedge B) \vdash \forall x A \wedge \forall x B$	$1 \sim 7$
9	$\vdash \forall x(A \wedge B) \supset (\forall x A \wedge \forall x B)$	8 , 演繹定理

1	$\forall x A \wedge \forall x B$	仮定
2	$\forall x A$	1 , トートロジー $(p_1 \wedge p_2) \supset p_1$, R_1
3	A	2 , U_i
4	$\forall x B$	1 , トートロジー $(p_1 \wedge p_2) \supset p_2$, R_1
5	B	4 , U_i
6	$A \wedge B$	3 , 4 , トートロジー $p_1 \supset (p_2 \supset (p_1 \wedge p_2))$, R_1

7	$\forall x(A\wedge B)$	6,U_g
8	$\forall x A\wedge \forall x B\vdash \forall x(A\wedge B)$	1〜7
9	$\vdash(\forall x A\wedge \forall x B)\supset \forall x(A\wedge B)$	

例5 $\vdash \forall x(A\supset B)\supset(\exists x A\supset \exists x B)$

証明

1	$\forall x(A\supset B)$	仮定
2	A	E_i のための仮定
3	$A\supset B$	1,U_i
4	B	2,3,R_1
5	$\exists x B$	4,E_g
6	$\forall x(A\supset B),\exists xA\vdash \exists x B$	1〜5,E_i
7	$\forall x(A\supset B)\vdash \exists x A\supset \exists x B$	6,演繹定理
8	$\vdash \forall x(A\supset B)\supset(\exists x A\supset \exists x B)$	7,演繹定理

E_i や演繹定理に付された条件が満たされていることは明らかである.

例6 $\vdash \forall x A\equiv A$ （ただし,A は x を自由変項としては含まないものとする.）

証明

1	A	仮定
2	$\forall x A$	1,U_g
3	$A\vdash \forall x A$	1〜2
4	$\vdash A\supset \forall x A$	3,演繹定理

他方,公理 L_4 より $\vdash \forall x A\supset A$. したがって,$\vdash A\equiv \forall x A$

例7 $\vdash \exists x A\equiv A$ （A は x を自由変項としては含まないものとする.）

証明

1	A	E_i のための仮定
2	A	1より（$A\vdash A$）
3	$\exists x A\vdash A$	1〜2,E_i（A は x を自由変項としては含まない）
4	$\vdash \exists x A\supset A$	3,演繹定理

他方，E_g により $\vdash A \supset \exists x A.$　よって $\vdash A \equiv \exists x A$

例 8　$\vdash \forall x(A \supset B) \equiv (A \supset \forall x B)$　（A は x を自由変項としては含まないものとする．）

証明

1	$\forall x(A \supset B)$	仮定
2	$A \supset B$	1，U_i
3	$A \supset \forall x B$	2，R_2
4	$\forall x(A \supset B) \vdash A \supset \forall x B$	1～3
5	$\vdash \forall x(A \supset B) \supset (A \supset \forall x B)$	4，演繹定理

1	$A \supset \forall x B$	仮定
2	A	仮定
3	$\forall x B$	1，2，R_1
4	B	3，U_i
5	$A \supset \forall x B, A \vdash B$	1～4
6	$A \supset \forall x B \vdash A \supset B$	5，演繹定理
7	$A \supset \forall x B \vdash \forall x(A \supset B)$	6，U_g
8	$\vdash (A \supset \forall x B) \supset \forall x(A \supset B)$	7，演繹定理

なお，この論理式はすでに NQ でも証明されていた（§16，6）．

例 9　$\vdash \forall x(B \supset A) \equiv (\exists x B \supset A)$　（A は x を自由変項としては含まないものとする．）

証明

1	$\forall x(B \supset A)$	仮定
2	B	E_i のための仮定
3	$B \supset A$	1，U_i
4	A	2，3，R_1
5	$\forall x(B \supset A), \exists x B \vdash A$	1～4，E_i
6	$\forall x(B \supset A) \vdash \exists x B \supset A$	5，演繹定理

7	$\vdash \forall x(B{\supset}A){\supset}(\exists x\, B{\supset}A)$	6，演繹定理

1	$\exists x\, B{\supset}A$	仮定
2	B	仮定
3	$\exists x\, B$	2，E_g
4	A	1，3，R_1
5	$\exists x\, B{\supset}A, B\vdash A$	1～4
6	$\exists x\, B{\supset}A\vdash B{\supset}A$	5，演繹定理
7	$\exists x\, B{\supset}A\vdash \forall x(B{\supset}A)$	6，U_g
8	$\vdash(\exists x\, B{\supset}A){\supset}\forall x(B{\supset}A)$	7，演繹定理

以上，U_g，U_i，E_g，E_i という4つの演繹規則の用例を見たが，ここで E_i に相当するもう1つの演繹規則をとりあげよう．たとえば先の例5の演繹を次のようなかたちで構成することも考えられる．

1	$\forall x(A(x){\supset}B(x))$	仮定
2	$\exists x\, A(x)$	仮定
3	$A(a)$	2 からある個体 a が存在し $A(a)$ が成り立つ．
4	$A(a){\supset}B(a)$	1，U_i
5	$B(a)$	3，4，R_1
6	$\exists x\, B(x)$	5，E_g
7	$\forall x(A(x){\supset}B(x)), \exists x\, A(x)\vdash \exists x\, B(x)$	1～6

つまり，$\exists x\, A(x)$ というかたちの論理式が得られている場合，$A(x)$ を真ならしめるようなある個体 a を選び，$A(a)$ を得る（3のステップ）．そして，そこからさらに演繹をすすめ，最後には，選ばれた個体 a を含まないようなある論理式に到達する（6のステップ）．われわれはこうした推論を日常においても行い，また先の非公式な予備的な述語算でも EI というこれに相当する推論を用いていた（p. 51）．そこで，こうした $\exists x\, A(x)$ から $A(a)$ への移行を

許す規則を**選出規則** *CH* と名づけ，理論 *S* との関連で次のように用いる．

論理式の列 $A_1, A_2, \cdots, A_n (=A)$ が次のような諸条件を満たすとき，この列を（*S* における）*A* の *Γ* からの **CH-演繹**と呼ぶ．また，そうした *CH*-演繹が存在するとき，*A* は *Γ* から *CH*-演繹可能であると言い，$\Gamma \vdash_{CH} A$ と表わす．

条件1　各 *i* について次のいずれかが成立する．

ⅰ）A_i は *S* の公理である．

ⅱ）A_i は *Γ* の要素である．

ⅲ）A_i は，（この列において）先行する論理式からの，R_1 ないしは R_2 による直接の帰結である．

ⅳ）A_i は先行する論理式からの *CH* による帰結である．言いかえれば，ある先行する論理式 $\exists x B(x)$ が存在し，A_i は $B(a)$（*a* は1つの新しい個体定項）となっている．

条件2　条件1のⅰ）の公理としては，ⅳ）の *CH* によって導入された新しい個体定項を含むような論理的公理をも用いることができる．

条件3　すでに *CH* が適用されているような1つの論理式 $\exists x B(x)$ があり，この論理式において自由であるような1つの個体変項 *y* があるとき，この *y* を変項として（$C \supset D \rightarrow C \supset \forall y D$ の *y* として）R_2 が用いられてはならない．

条件4　最後の論理式 *A* は，*CH* によって導入された新しい個体定項のうちのどれをも含んでいてはならない．

以上，要するに従来の推論規則に新たに選出規則 *CH* をつけ加えて演繹を考えるわけであるが，こうした *CH*-演繹と従来の演繹との間には次のような関係が成立する．

定理5　論理式 *A* が *Γ* から *CH*-演繹可能であるなら，*A* は *Γ* から演繹可能である．つまり，$\Gamma \vdash_{CH} A$ なら，$\Gamma \vdash A$．

証明　*A* の *Γ* からの *CH*-演繹において *CH* が適用される論理式を $\exists u_1 B_1(u_1), \exists u_2 B_2(u_2), \cdots, \exists u_m B_m(u_m)$ とし，しかもこの順序で適用されるものとする．また，この適用に応じて導入される新しい個体定項を，それぞ

れ a_1, a_2, $\cdots$, a_m とする．このとき，上の定義から $\Gamma, B_1(a_1), \cdots, B_m(a_m) \vdash A$ が成り立つ．また，上の条件 3 から $B_m(a_m)$ の自由変項は定項とみなされており，したがって演繹定理により $\Gamma, B_1(a_1), \cdots, B_{m-1}(a_{m-1}) \vdash B_m(a_m) \supset A$ が得られる．そこで，この演繹のうちに現われないある個体変項 y をとり，この演繹における a_m をすべて y で置きかえれば，

$$\Gamma, B_1(a_1), \cdots, B_{m-1}(a_{m-1}) \vdash B_m(y) \supset A \qquad (1)$$

が結果する．他方，U_g により $B_m(y) \supset A \vdash \forall y(B_m(y) \supset A)$ が成り立ち，また上の例 9 により $\forall y(B_m(y) \supset A) \vdash \exists y B_m(y) \supset A$ が成り立つ（A は変項 y を含まない）．したがって，これらと (1) とから

$$\Gamma, B_1(a_1), \cdots, B_{m-1}(a_{m-1}) \vdash \exists y B_m(y) \supset A \qquad (2)$$

が得られる．さらに次のことが言える．

1	$\forall y \sim B_m(y) \supset \sim B_m(u_m)$	公理 L_1
2	$\forall y \sim B_m(y) \supset \forall u_m \sim B_m(u_m)$	1, R_2
3	$\sim \forall u_m \sim B_m(u_m) \supset \sim \forall y \sim B_m(y)$	2, トートロジー $(p_1 \supset p_2) \supset$ $(\sim p_2 \supset \sim p_1)$, R_1
4	$\exists u_m B_m(u_m) \supset \exists y B_m(y)$	

したがって，$\exists u_m B_m(u_m) \supset \exists y B_m(y)$ は証明可能となり，これと (2) とトートロジー $((p_1 \supset p_2) \wedge (p_2 \supset p_3)) \supset (p_1 \supset p_3)$ から

$$\Gamma, B_1(a_1), \cdots, B_{m-1}(a_{m-1}) \vdash \exists u_m B_m(u_m) \supset A \qquad (3)$$

が導かれる．ところで，$\Gamma, B_1(a_1), \cdots, B_{m-1}(a_{m-1}) \vdash \exists u_m B_m(u_m)$ が成り立ち，したがって，これと (3) から

$$\Gamma, B_1(a_1), \cdots, B_{m-1}(a_{m-1}) \vdash A$$

が得られる．これをくり返し，$B_{m-1}(a_{m-1})$, $B_{m-2}(a_{m-2})$, $\cdots$, $B_1(a_1)$ を順次消去してゆけば，最後に $\Gamma \vdash A$ が得られる．　　　　┛

　こうして定理 5 によれば，ある論理式が選出規則 CH を用いて導出できれば，それはまた CH なしでも導出でき，従来の意味で演繹可能となる．この規則は非常に有用であり，後々まで用いられる．

　例10　$\vdash \exists x(A(x) \supset B(x)) \supset (\forall x A(x) \supset \exists x B(x))$

証明

1	$\exists x(A(x)\supset B(x))$	仮定
2	$\forall x\, A(x)$	仮定
3	$A(a)\supset B(a)$	1，選出規則 CH
4	$A(a)$	2，U_i
5	$B(a)$	3，4，R_1
6	$\exists x\, B(x)$	5，E_g
7	$\exists x(A(x)\supset B(x)),\ \forall x\, A(x)\vdash_{CH}\exists x\, B(x)$	1〜6
8	$\exists x(A(x)\supset B(x)),\ \forall x\, A(x)\vdash\exists x\, B(x)$	7，定理5
9	$\vdash\exists x(A(x)\supset B(x))\supset(\forall x\, A(x)\supset\exists x\, B(x))$	8，演繹定理（2回）

§21 置換，双対性

この節では理論 S について成立する置換定理，束縛変項の改変定理，双対定理等をとりあげ，それらの応用について述べる．これらのメタ定理の適用により，S での定理の導出はより容易になる．

定理1 $A(x)$ と $A(y)$ が similar であるなら，$\vdash\forall x\, A(x)\equiv\forall y\, A(y)$.

証明 これはすでに NQ で証明されているが（§16, 3），LQ ないしは S でも次のように証明される．

1	$\forall x\, A(x)$	仮定
2	$A(y)$	1，U_i
3	$\forall y\, A(y)$	2，U_g
4	$\forall x\, A(x)\vdash\forall y\, A(y)$	1〜3
5	$\vdash\forall x\, A(x)\supset\forall y\, A(y)$	4，演繹定理

2の U_i において y が A において x に対して自由であること，ならびに5の演繹定理において $\forall x\, A(x)$ が y を自由変項としては含まないことという2点は，$A(x)$ が $A(y)$ と similar であるという仮定のうちに含まれている．$\vdash\forall y\, A(y)\supset\forall x\, A(x)$ も同様．　⏌

定理2 $\vdash\forall x(A\equiv B)\supset(\forall x\, A\equiv\forall x\, B)$.

証明

1	$\forall x(A\equiv B)$	仮定
2	$\forall x\,A$	仮定
3	$A\equiv B$	1，U_i
4	$A\supset B$	3 から
5	A	2，U_i
6	B	4，5，R_1
7	$\forall x\,B$	6，U_g
8	$\forall x(A\equiv B),\ \forall x\,A\vdash \forall x\,B$	1～7
9	$\forall x(A\equiv B)\vdash \forall x\,A\supset \forall x\,B$	8，演繹定理
10	$\forall x(A\equiv B)\vdash \forall x\,B\supset \forall x\,A$	1～9と同様に
11	$\forall x(A\equiv B)\vdash \forall x\,A\equiv \forall x\,B$	9，10から
12	$\vdash \forall x(A\equiv B)\supset(\forall x\,A\equiv \forall x\,B)$	11，演繹定理 」

定理3 A は C の部分論理式であり，C' は，C における A のいくつかの現われを論理式 B で置換した結果得られる式とする．また，A ないしは B の自由変項で，かつ C の束縛変項であるものは，$y_1,\ y_2,\ \cdots,\ y_n$ のなかにあるものとする．このとき，

$$\vdash \forall y_1\forall y_2\cdots \forall y_n(A\equiv B)\supset(C\equiv C')$$

が成り立つ.

証明 C に含まれる論理記号の個数 k についての帰納法で証明する.

1) $k=0$ の場合.

C は素論理式であり，2つの場合が考えられる．A が0回置換されるとすると C' は C であり，問題の論理式はトートロジー $p_1\supset(p_2\equiv p_2)$ の特例となる．また，A つまり C が B で置換されるとすると，証明すべき式は $\forall y_1\cdots \forall y_n(A\equiv B)\supset(A\equiv B)$ となり，これは§20，例3により証明可能である.

2) $k>0$ の場合.

次の3つのサブ・ケースに分けられる.

ⅰ) C が $\sim D$ の場合．C' は $\sim D'$ となる．帰納法の仮定により，D について

は $\vdash \forall y_1 \cdots \forall y_n (A \equiv B) \supset (D \equiv D')$ が成り立つ．他方，$(p_1 \equiv p_2) \supset (\sim p_1 \equiv \sim p_2)$ はトートロジーであるから，これにより $\vdash (D \equiv D') \supset (\sim D \equiv \sim D')$ が成り立つ．したがって $\vdash \forall y_1 \cdots \forall y_n (A \equiv B) \supset (C \equiv C')$ が得られる．

ⅱ) C が $D \supset E$ の場合．C' は $D' \supset E'$ と書くことができる．帰納法の仮定により

$$\vdash \forall y_1 \cdots \forall y_n (A \equiv B) \supset (D \equiv D')$$

$$\vdash \forall y_1 \cdots \forall y_n (A \equiv B) \supset (E \equiv E')$$

他方，トートロジーの特例である

$$(D \equiv D') \supset ((E \equiv E') \supset ((D \supset E) \equiv (D' \supset E')))$$

は証明可能である．したがって，$\vdash \forall y_1 \cdots \forall y_n (A \equiv B) \supset (C \equiv C')$ を得る．

ⅲ) C が $\forall x \, D$ の場合．C' は $\forall x \, D'$ と書くことができる．帰納法の仮定により

$$\vdash \forall y_1 \cdots \forall y_n (A \equiv B) \supset (D \equiv D') \qquad (1)$$

が成り立つ．他方，x は $\forall y_1 \cdots \forall y_n (A \equiv B)$ のうちに自由変項として含まれることはない．なぜなら，もし x が $\forall y_1 \cdots \forall y_n (A \equiv B)$ のなかに自由変項として現われるなら，x は A ないしは B で自由であり，かつ C（つまり $\forall x \, D$）では束縛されているから，x は定義により y_1, $\cdots$, y_n のなかの1つとなる．したがって，x は $\forall y_1 \cdots \forall y_n (A \equiv B)$ では束縛されることになり矛盾が起こる．よって(1)から R_2 により

$$\vdash \forall y_1 \cdots \forall y_n (A \equiv B) \supset \forall x (D \equiv D')$$

が得られる．一方，定理2により

$$\vdash \forall x (D \equiv D') \supset (\forall x \, D \equiv \forall x \, D')$$

したがって，$\vdash \forall y_1 \cdots \forall y_n (A \equiv B) \supset (C \equiv C')$ が得られる． ⏌

定理4 A, B, C, C' を定理3のように定める．このとき，もし $\vdash A \equiv B$ であるなら，$\vdash C \equiv C'$ である．また，$\vdash A \equiv B$ かつ $\vdash C$ であるなら，$\vdash C'$ である． （置換定理）

証明 $\vdash A \equiv B$ であるなら，これに U_g を n 回適用し $\vdash \forall y_1 \cdots \forall y_n (A \equiv B)$ を得る．したがって定理3により $\vdash C \equiv C'$．後半は明らか． ⏌

定理 5 $\forall x\, A(x)$ は C の部分論理式であり，C' は，C における $\forall x\, A(x)$ の いくつかの現われを $\forall y\, A(y)$ で置換した結果得られる式とする．また$A(x)$ と $A(y)$ は similar であるとする．このとき $\vdash C \equiv C'$ が成立する．（束縛変項 の改変定理）

証明 定理1と定理4による．　　　　　　　　　　　　　　　　┛

置換定理の応用の一例として次の定理が挙げられる．

定理 6 全称記号と存在記号の間に次の関係が成立する．

1) $\vdash \forall x\, A \equiv {\sim} \exists x\, {\sim} A$

2) $\vdash {\sim} \exists x\, A \equiv \forall x\, {\sim} A$

3) $\vdash {\sim} \forall x\, A \equiv \exists x\, {\sim} A$

証明

1) $\exists x\, B$ は ${\sim}\forall x\,{\sim}B$ で定義されるから，

$$\vdash \forall x\, A \equiv {\sim}({\sim}\forall x\,({\sim}A))$$

を示せばよい．$\forall x\, A \equiv {\sim}({\sim}\forall x\, A)$ はトートロジーの特例であるから $\vdash \forall x\, A$ $\equiv {\sim}({\sim}\forall x\, A)\cdots$(i)．また $\vdash A \equiv {\sim}({\sim}A)$ であるから，置換定理により $\vdash {\sim}$ $({\sim}\forall x\, A) \equiv {\sim}({\sim}\forall x\,({\sim}A))$．これと (i) により $\vdash \forall x\, A \equiv {\sim}({\sim}\forall x\,({\sim}A))$．

2) $\vdash {\sim}({\sim}\forall x\,{\sim}A) \equiv \forall x\,{\sim}A$ を示せばよいが，これはトートロジーの特例 である．

3) $\vdash {\sim}\forall x\, A \equiv {\sim}(\forall x\,({\sim}A))$ を示せばよいが，これは置換定理により成 立する．　　　　　　　　　　　　　　　　　　　　　　　　┛

なお，この3つの同値式はすでに NQ でも証明されていた（§16, 7, 8, 9）． 以下，本節の終りまで，論理式 A, B, C 等は論理記号 ${\sim}$, $\wedge$, $\vee$, $\forall$, $\exists$ のみを含み，$\supset$, $\equiv$ は含まないものとする．論理式A について，A のうちに 現われるすべての素論理式 u_1, u_2, $\cdots$, u_k をそれぞれ ${\sim}u_1$, ${\sim}u_2$, $\cdots$, ${\sim}u_k$ に置きかえ，さらに $\wedge$ を $\vee$ に，$\vee$ を $\wedge$ に，$\forall$ を $\exists$ に，$\exists$ を $\forall$ に置きか えるとき，その結果得られる論理式を A^E と表わす．

定理 7 $\vdash {\sim}A \equiv A^E$

証明 同様の定理がすでに命題算の場合に $\models$（恒真性）の性質に関連して

得られているが（§4，定理4），ここではそれを述語算について $\vdash$（証明可能性）との関連で示さなければならない．A に含まれる論理記号の個数 n についての帰納法で証明する．

1）　$n=0$ の場合．A は素論理式であり，A^E の定義により $\vdash \sim A \equiv A^E$ が成り立つ．

2）　$n>0$ の場合．

ⅰ）　A が $\sim B$ のとき．

　a）　$\vdash \sim A \equiv \sim (\sim B)$

　b）　$\vdash \sim (\sim B) \equiv \sim (B^E)$　　　　　　帰納法の仮定と置換定理による

　c）　$\vdash \sim (B^E) \equiv A^E$　　　　　　　　　A^E の定義

　a）〜c）より $\vdash \sim A \equiv A^E$ が得られる．

ⅱ）　A が $B \wedge C$ のとき．

　a）　$\vdash \sim A \equiv \sim (B \wedge C)$

　b）　$\vdash \sim (B \wedge C) \equiv \sim B \vee \sim C$　　　トートロジーの特例

　c）　$\vdash \sim B \vee \sim C \equiv B^E \vee C^E$　　　帰納法の仮定と置換定理による

　d）　$\vdash B^E \vee C^E \equiv A^E$　　　　　　　　A^E の定義

　a）〜d）より $\vdash \sim A \equiv A^E$．

ⅲ）　A が $B \vee C$ のとき．ⅱ）と同様

ⅳ）　A が $\forall x\, B$ のとき．

　a）　$\vdash \sim A \equiv \sim \forall x\, B$

　b）　$\vdash \sim \forall x\, B \equiv \exists x \sim B$　　　　　定理6，3）

　c）　$\vdash \exists x \sim B \equiv \exists x\, B^E$　　　　　帰納法の仮定と置換定理による

　d）　$\vdash \exists x\, B^E \equiv A^E$　　　　　　　　A^E の定義

　a）〜d）より $\vdash \sim A \equiv A^E$．

ⅴ）　A が $\exists x\, B$ のとき．ⅳ）と同様　　　　　　　　　⏌

定理8　論理式 A において $\wedge$ を $\vee$ に，$\vee$ を $\wedge$ に，$\forall$ を $\exists$ に，$\exists$ を $\forall$ に置きかえたとき，そこに得られる論理式を「A の双対」と呼び，A^D と表わす．このとき，次の4つが成立する．

1) $\vdash A \Longrightarrow \vdash \sim (A^D)$

2) $\vdash \sim A \Longrightarrow \vdash A^D$

3) $\vdash A \supset B \Longrightarrow \vdash B^D \supset A^D$

4) $\vdash A \equiv B \Longrightarrow \vdash A^D \equiv B^D$

（双対定理）

証明 この定理もすでに命題算について確立されているが（§4, 定理5），ここでは $\models$ のかわりに $\vdash$ に関連して証明しなければならない.

1) 定理7により $\vdash \sim (A^D) \equiv (A^D)^E \cdots$① が言える. $(A^D)^E$ は D, E の定義により, A におけるすべての素論理式 $u_1, \cdots, u_k$ をそれぞれ $\sim u_1, \cdots, \sim u_k$ で置きかえた論理式を意味している. 他方, 仮定により $\vdash A$ であるから, 理論 S における A の証明 $A_1, A_2, \cdots, A_n (=A)$ が存在する. 今, この列の論理式のうちに現われる素論理式 $u_1, \cdots, u_k$ をすべて $\sim u_1, \cdots, \sim u_k$ で置きかえるとき, その結果得られる論理式の列は $(A^D)^E$ の証明になっている. したがって $\vdash (A^D)^E$ であり, ① により $\vdash \sim (A^D)$ となる.

2) 1)により $\vdash \sim ((\sim A)^D)$. $(\sim A)^D$ は $\sim (A^D)$ に等しく, したがって $\vdash \sim (\sim (A^D))$. $\vdash \sim (\sim (A^D)) \supset A^D$ （トートロジーの特例）により $\vdash A^D$.

3), 4) も, §4, 定理5の3), 4)の証明において $\models$ を $\vdash$ に読みかえれば, 同様に証明できる.   ⌐

例 §20の例4により

$$\vdash \forall x(A \wedge B) \equiv (\forall x\, A \wedge \forall x\, B)$$

これから双対定理により

$$\vdash \exists x(A \vee B) \equiv (\exists x\, A \vee \exists x\, B)$$

また§20の例1により

$$\vdash \forall x\, \forall y\, A \equiv \forall y\, \forall x\, A$$

これから双対定理により

$$\vdash \exists x\, \exists y\, A \equiv \exists y\, \exists x\, A$$

§ 22　等号をもつ理論

　各種の理論はそれぞれに固有の述語記号をもつが，なかには多くの理論で共通に用いられる述語もある．たとえば，個体の間の**相等性**（equality）を表わす等号 = はほとんどあらゆる理論のうちで用いられ，述語記号のなかでも最も基本的なものの1つと言える．そこで，本節では等号のもつ基本的な性質について考察してみよう．

　第1階の理論 S は次の4つの条件を満たすとき「等号をもつ理論」と呼ばれる．

　1　S は述語記号の1つとして P_1^2 をもつ．われわれは $P_1^2(t_1, t_2)$ を $t_1 = t_2$ と略記し，「=」を「等号」と呼ぶ．（$\sim P_1^2(t_1, t_2)$ を $t_1 \neq t_2$ と略記することもある．）

　2　$\vdash_S \forall x_1 (x_1 = x_1) \cdots$① が成立する．

　3　f_i^n を S の任意の関数記号とする．$z_1, \cdots, z_n$ を個体変項とし，$f_i^n(w_1, \cdots, w_n)$ は，$f_i^n(z_1, \cdots, z_n)$ から，個体変項 x の1つの現われを y で置きかえるとき得られるものとする（つまり，ある $k\,(1 \leqq k \leqq n)$ について z_k が x であり，それに応じて w_k が y となっており，他の $\ell\,(\neq k)$ については $w_k = z_k$ となっている）．このとき，

$$\vdash_S x = y \supset (f_i^n(z_1, \cdots, z_n) = f_i^n(w_1, \cdots, w_n)) \quad \cdots ②$$

が成立する．

　4　P_i^n を S の任意の述語記号とする．$z_1, \cdots, z_n$ を個体変項とし，$P_i^n(w_1, \cdots, w_n)$ は，$P_i^n(z_1, \cdots, z_n)$ から，個体変項 x の1つの現われを y で置きかえるとき得られるものとする．このとき，

$$\vdash_S x = y \supset (P_i^n(z_1, \cdots, z_n) \supset P_i^n(w_1, \cdots, w_n)) \quad \cdots ③$$

が成立する．

　定理1　S が等号をもつ理論であるなら，次のことが成立する．

　ⅰ）　$\vdash_S t = t$　（t は任意の項）

　ⅱ）　$\vdash_S x = y \supset y = x$

　ⅲ）　$\vdash_S x = y \supset (y = z \supset x = z)$

証明　ⅰ）上の条件 2 の ① から $\vdash_S \forall x_1(x_1 = x_1)$. したがって U_i により $\vdash_S t = t$.

ⅱ）上の条件 4 において P_i^n として P_1^2 をとり，$P_1^2(x, x)$ つまり $x = x$ に ③ を適用する．すると $\vdash_S x = y \supset (x = x \supset y = x)$. また ⅰ）により $\vdash_S x = x$. したがってトートロジー $((p_1 \supset (p_2 \supset p_3)) \supset (p_2 \supset (p_1 \supset p_3)))$ により $\vdash_S x = y \supset y = x$ が得られる.

ⅲ）上の条件 4 の ③ を $P_1^2(y, z)$, つまり $y = z$ に適用する（x と y とを交換する）. すると $\vdash_S y = x \supset (y = z \supset x = z)$ が得られる. また ⅱ）により $\vdash_S x = y \supset y = x$. したがって, トートロジー $(p_1 \supset p_2) \wedge (p_2 \supset p_3) \supset (p_1 \supset p_3)$ により, $\vdash_S x = y \supset (y = z \supset x = z)$ が得られる.　　　　┘

定理 1 は，等号の基本的な性質，**反射性**（ⅰ），**対称性**（ⅱ），**推移性**（ⅲ）が成立することを示している.

定理 2　理論 S が等号をもつ理論であるための上の 4 つの条件のうち，条件 3，4 は次の条件 5，6 と同値である.

5　f_i^n を S の任意の関数記号とするとき，
$$\vdash_S y_1 = z_1 \wedge \cdots \wedge y_n = z_n \supset (f_i^n(y_1, \cdots, y_n) = f_i^n(z_1, \cdots, z_n)) \quad \cdots ④$$
が成立する.

6　P_i^n を S の任意の述語記号とするとき，
$$\vdash_S y_1 = z_1 \wedge \cdots \wedge y_n = z_n \supset (P_i^n(y_1, \cdots, y_n) \supset P_i^n(z_1, \cdots, z_n)) \quad \cdots ⑤$$
が成立する.

証明　（条件 1 〜 4 $\Longrightarrow$ 条件 5）の証明. 3 の ② から
$$\vdash_S y_1 = z_1 \supset (f_i^n(y_1, y_2, \cdots, y_n) = f_i^n(z_1, y_2, \cdots, y_n))$$
$$\vdash_S y_2 = z_2 \supset (f_i^n(z_1, y_2, y_3, \cdots, y_n) = f_i^n(z_1, z_2, y_3, \cdots, y_n))$$
が成立する. 他方，定理 1，ⅲ）から
$$\vdash_S (f_i^n(y_1, y_2, \cdots, y_n) = f_i^n(z_1, y_2, \cdots, y_n)) \supset$$
$$((f_i^n(z_1, y_2, y_3, \cdots, y_n) = f_i^n(z_1, z_2, y_3, \cdots, y_n))$$
$$\supset (f_i^n(y_1, y_2, \cdots, y_n) = f_i^n(z_1, z_2, y_3, \cdots, y_n)))$$
が成り立つ.（定理 1 の ⅲ は，U_g と U_i を用いれば，x, y, z が任意の項のと

きも成り立つ.）したがって，これらから

$$\vdash_S y_1 = z_1 \wedge y_2 = z_2 \supset (f_i^n(y_1, y_2, \cdots, y_n) = f_i^n(z_1, z_2, y_3, \cdots, y_n))$$

が得られる．こうした論証をくり返し，5の④を得る.

　（条件1〜4 ⟹ 条件6）の証明．4の③から

$$\vdash_S y_1 = z_1 \supset (P_i^n(y_1, y_2, \cdots, y_n) \supset P_i^n(z_1, y_2, \cdots, y_n))$$

$$\vdash_S y_2 = z_2 \supset (P_i^n(z_1, y_2, \cdots, y_n) \supset P_i^n(z_1, z_2, y_3, \cdots, y_n))$$

が成立する．これとトートロジー

$$(p_1 \supset (p_2 \supset p_3)) \supset ((p_4 \supset (p_3 \supset p_5)) \supset ((p_1 \wedge p_4) \supset (p_2 \supset p_5)))$$

とから

$$\vdash_S y_1 = z_1 \wedge y_2 = z_2 \supset (P_i^n(y_1, y_2, \cdots, y_n) \supset P_i^n(z_1, z_2, y_3, \cdots, y_n))$$

が得られる．こうした論証をくり返し，6の⑤を得る.

　（条件1，2，5，6 ⟹ 条件3）の証明．5の④から U_g により，たとえば

$$\vdash_S \forall z_1 (y_1 = z_1 \wedge \cdots \wedge y_n = z_n \supset (f_i^n(y_1, \cdots, y_n) = f_i^n(z_1, \cdots, z_n)))$$

が成立する．これから，さらに U_i により

$$\vdash_S y_1 = y_1 \wedge y_2 = z_2 \wedge \cdots \wedge y_n = z_n \supset (f_i^n(y_1, \cdots, y_n) = f_i^n(y_1, z_2, \cdots, z_n))$$

が導かれる．他方，定理1のⅰ）より，$\vdash_S y_1 = y_1$ であるから

$$\vdash_S y_2 = z_2 \wedge \cdots \wedge y_n = z_n \supset (f_i^n(y_1, \cdots, y_n) = f_i^n(y_1, z_2, \cdots, z_n))$$

が得られる．こうした論証を反復することにより，最後には，ある k $(1 \leqq k \leqq n)$ 以外の ℓ については y_ℓ と z_ℓ とを一致させることができ，3の②を得る.

　（条件1，2，5，6 ⟹ 条件4）の証明．上の場合とほぼ同様に証明できる.

　　　　　　　　　　　　　　　　　　　　　　　　　　┘

　定理3　S を等号をもつ理論とし，x を任意の変項，t_{xx} を S の任意の項とする．また y を任意の変項とし，さらに t_{xy} を，t_{xx} における x のいくつかの現われ（すべての現われでなくてもよい）を y で置きかえるとき得られる項とする．このとき

$$\vdash_S x = y \supset t_{xx} = t_{xy}$$

　証明　t_{xx} に含まれる関数記号の数 m についての帰納法で証明する.

　ⅰ）　$m = 0$ の場合．t_{xx} は個体定項か個体変項である．t_{xx} が個体定項か x 以

外の個体変項である場合は定理の式は $x=y \supset t_{xx}=t_{xx}$ となり，これは証明可能となる（定理1，i により $\vdash_S t_{xx}=t_{xx}$）．また， t_{xx} が x の場合は定理の式は $x=y \supset x=y$ あるいは $x=y \supset x=x$ となり，いずれにしても証明可能となる．

ii） $m>0$ の場合． t_{xx} は $f_i^n(t_1, \cdots, t_n)$ のかたちをしている．このとき t_{xy} は $f_i^n(\bar{t}_1, \cdots, \bar{t}_n)$ となる．ただし， $\bar{t}_i(1 \leq i \leq n)$ は t_i のなかのいくつかの x を y で置きかえたものを表わす．帰納法の仮定により，

$$\vdash_S x=y \supset t_i=\bar{t}_i \quad (i=1, 2, \cdots, n)$$

が成立する．他方，定理2の④ から（ U_g と U_i により）

$$\vdash_S t_1=\bar{t}_1 \wedge \cdots \wedge t_n=\bar{t}_n \supset (f_i^n(t_1, \cdots, t_n)=f_i^n(\bar{t}_1, \cdots, \bar{t}_n))$$

が成り立つ．したがって，これらから

$$\vdash_S x=y \supset t_{xx}=t_{xy}$$

が得られる． ⌐

定理4 S を等号をもつ理論とし， x を任意の変項， A_{xx} を S の任意の論理式とする．また y を任意の変項とし， A_{xy} を， A_{xx} における x のいくつかの自由な現われ（すべての自由な現われでなくてもよい）を y で置きかえたとき得られる論理式とする．さらに， x が置きかえられる現われにおいて， y は x に対して自由であるとする．このとき

$$\vdash_S x=y \supset (A_{xx} \supset A_{xy})$$

証明 A_{xx} のうちに含まれる論理記号の個数 m についての帰納法で証明する．

1） $m=0$ の場合． A_{xx} は素論理式 $P_i^n(t_1, \cdots, t_n)$ である．このとき A_{xy} は $P_i^n(\bar{t}_1, \cdots, \bar{t}_n)$ となる．ただし， $\bar{t}_i(1 \leq i \leq n)$ は， t_i における x のいくつかの現われを y で置きかえたものを表わす．上の定理3により，

$$\vdash_S x=y \supset t_i=\bar{t}_i \quad (i=1, 2, \cdots, n)$$

が成り立つ．また定理2の⑤ から U_g と U_i により

$$\vdash_S t_1=\bar{t}_1 \wedge \cdots \wedge t_n=\bar{t}_n \supset (P_i^n(t_1, \cdots, t_n) \supset P_i^n(\bar{t}_1, \cdots, \bar{t}_n))$$

が成立する．したがって，この2つから

$$\vdash_S x=y \supset (P_i^n(t_1, \cdots, t_n) \supset P_i^n(\bar{t}_1, \cdots, \bar{t}_n))$$

つまり

$$\vdash_S x = y \supset (A_{xx} \supset A_{xy})$$

が得られる.

2)　$m > 0$ の場合.

ⅰ)　A_{xx} が $\sim B_{xx}$ の場合.　帰納法の仮定により $\vdash_S y = x \supset (B_{xy} \supset B_{xx})$ が成り立つ（B_{xx} は，B_{xy} におけるいくつかの y を x で置きかえることによって得られると言える）.　他方，定理 1, ⅱ により $\vdash_S x = y \supset y = x$.　また，トートロジーの特例化により $\vdash_S (B_{xy} \supset B_{xx}) \supset (\sim B_{xx} \supset \sim B_{xy})$.　これらとトートロジー $(p_1 \supset p_2) \supset ((p_2 \supset p_3) \supset (p_1 \supset p_3))$ とから，$\vdash_S x = y \supset (A_{xx} \supset A_{xy})$ が得られる.

ⅱ)　A_{xx} が $B_{xx} \supset C_{xx}$ の場合.　帰納法の仮定により $\vdash_S y = x \supset (B_{xy} \supset B_{xx})$.したがって，定理 1, ⅱ により，$\vdash_S x = y \supset (B_{xy} \supset B_{xx}) \cdots (\alpha)$.　また，帰納法の仮定により，$\vdash_S x = y \supset (C_{xx} \supset C_{xy}) \cdots (\beta)$.　他方，命題算により

$$B_{xy} \supset B_{xx}, C_{xx} \supset C_{xy}, B_{xx} \supset C_{xx}, B_{xy} \vdash_S C_{xy}$$

が成り立つ.　したがって演繹定理を 2 回用いて

$$B_{xy} \supset B_{xx}, C_{xx} \supset C_{xy} \vdash_S (B_{xx} \supset C_{xx}) \supset (B_{xy} \supset C_{xy})$$

が導かれる.　これと (α)，(β) から

$$x = y \vdash_S (B_{xx} \supset C_{xx}) \supset (B_{xy} \supset C_{xy})$$

が得られる.　よって $\vdash_S x = y \supset ((B_{xx} \supset C_{xx}) \supset (B_{xy} \supset C_{xy}))$，つまり $\vdash_S x = y \supset (A_{xx} \supset A_{xy})$ を得る.

ⅲ)　A_{xx} が $\forall z B_{xx}$ の場合.　帰納法の仮定により，$\vdash_S x = y \supset (B_{xx} \supset B_{xy}) \cdots (\alpha)$.　ところで，$z$ が x であるなら定理の式は $x = y \supset (A_{xx} \supset A_{xx})$ となり，これは証明可能となるから，z は x でないとする.　また y は，A_{xx} つまり $\forall z B_{xx}$ において x に対して自由であるから，z は y ではない.　したがって $x = y$ は z を含まないから，(α) に R_2 を適用し $\vdash_S x = y \supset \forall z (B_{xx} \supset B_{xy})$ を得る.　他方，§ 20 の例 2 により，$\vdash_S \forall z (B_{xx} \supset B_{xy}) \supset (\forall z B_{xx} \supset \forall z B_{xy})$ が成り立つ.　したがって，これらとトートロジー $(p_1 \supset p_2) \supset ((p_2 \supset p_3) \supset (p_1 \supset p_3))$ とから，$\vdash_S x = y \supset (\forall z B_{xx} \supset \forall z B_{xy})$ つまり $\vdash_S x = y \supset (A_{xx} \supset A_{xy})$ を得る.　　┛

定理 4 により，$=$ がもつ最も基本的な性質の 1 つ——つまり $=$ の関係により**置換**が可能になるという性質——が証明されたことになる.　以上のような等

号をもつ理論については種々の具体的なモデルを考えることができるが, われ
われは次章で自然数論という1つの典型的な例をとりあげることになる.

以上のような = の概念を用いて, 後でもしばしば使う**一意的存在**(unique
existence)の概念を定義しておこう.「$A(x)$ を満たすある x が存在し, しか
もただ1つ存在する」というような命題に対応する論理式を $\exists_1 x A(x)$ と表わ
し, 次のように定義する.

$$\exists_1 x A(x) \xleftrightarrow{\text{def.}} \exists x A(x) \wedge \forall x \forall y (A(x) \wedge A(y) \supset x=y)$$

　（ただし, y は $A(x)$ のなかに含まれていない変項とする.）

つまり, 前半の $\exists x A(x)$ が存在を表わし, 後半の $\forall x \forall y (A(x) \wedge A(y) \supset x$
$=y)$ が一意性を表わすわけである.

例　S を等号をもつ理論とし, 項 t が x を含まないとすれば, $\vdash_S \exists_1 x(t=x)$.

1	$t=t$	定理1の i
2	$\exists x(t=x)$	1, E_g
3	$x=t \supset (t=z \supset x=z)$	定理1の iii, U_g, U_i
4	$x=t \supset (t=y \supset x=y)$	3, U_g, U_i
5	$t=x \supset x=t$	定理1, ii, U_g, U_i
6	$t=x \supset (t=y \supset x=y)$	4, 5, トートロジー (p_1 $\supset p_2$) $\supset ((p_2 \supset p_3) \supset (p_1 \supset p_3))$
7	$t=x \wedge t=y \supset x=y$	6, トートロジー ($p_1 \supset (p_2 \supset p_3)) \supset (p_1 \wedge p_2 \supset p_3)$
8	$\forall x \forall y(t=x \wedge t=y \supset x=y)$	7, U_g
9	$\exists x(t=x) \wedge \forall x \forall y(t=x \wedge t=y \supset x=y)$	2, 8, トートロジー p_1 $\supset (p_2 \supset p_1 \wedge p_2)$
10	$\exists_1 x(t=x)$	9, $\exists_1$ の定義

Ⅱ-Ⅲ 解釈，モデル，完全性

§ 23 解 釈

われわれは上に述語算の体系として自然推論 NQ，公理系 LQ（ないしは第
1階の理論 S）をとりあげてきたが，これらの体系は形式的体系であり，シン
タクティカルな立場から構成されている．したがってそこに現われる諸概念は
単なる記号の列であり，それ自体としては意味をもたない．われわれが記号を
一定の仕方で解釈し意味づけるとき，はじめてそれらはある内容をもつことに
なる．そこで以下，述語算の体系をこうした意味論的ないしはモデル論的な立
場から考察してみる．

まず**解釈**（interpretation）の定義であるが，次の4つの事項が揃うとき，
第1階の理論 S に対して1つの解釈 Ω が定まると言う．

1) 1つの空でない集合 D をとり，これを解釈 Ω の**領域**（domain）と呼ぶ．

2) S の個体定項 $c_i\,(i=1,2,\cdots)$ に対してそれぞれ D の一定の要素 $\bar{c}_i\,(i=1,$
$2,\cdots)$ を対応づける．

3) S の関数記号 f_i^n の各々に $\bar{f}_i^n$ を対応づける．ただし各 $\bar{f}_i^n$ は，$\bar{f}_i^n:D^n\to$
D という D 上の n 変数の関数である．

4) S の述語記号 P_i^n の各々に $\bar{P}_i^n$ を対応づける．ただし各 $\bar{P}_i^n$ は，$\bar{P}_i^n\subset D^n$
というように，D の n 個の直積 D^n の部分集合である．D の要素 d_k の n 重対
$(d_1,d_2,\cdots,d_n)$ が $\bar{P}_i^n$ に属するか否かで n 項関係が定義されるから，各 $\bar{P}_i^n$ は
D の上の n 項述語を表わしている．（以下，$(d_1,d_2,\cdots,d_n)\in\bar{P}_i^n$ を $\bar{P}_i^n(d_1,d_2,$
$\cdots,d_n)$ と書くこともある．）

このように理論 S を解釈することは，1つの集合 D を選び，S における記
号や表現を D に関係づけ，D をもとにして理解することを意味する．（その際，
領域 D が異なれば無論解釈は相違するが，同じ集合 D を領域としていても，
上の 2)，3)，4) の対応づけが異なれば，解釈は違ったものになる．）こうして

1つの解釈 Ω が定まれば，あとは個体変項 x_i は集合 D の上を動くものとし，論理記号 $\sim$，$\supset$，$\forall$，$\exists$ は，それらの通常の意味に従って理解すればよい．つまり，その結果，自由変項を含まない論理式は真か偽である（D に関する）ある定まった命題を表わし，自由変項を含む論理式は，自由変項に対する D のある値については真となり，他の値については偽となるような（D に関する）ある関係を表わすことになる．

例1 述語記号 P_1^2 を解釈するために領域として人間の集合をとり，$P_1^2(y, z)$ を「y は z の子である」という関係として解釈する．つまり $\bar{P}_1^2$ を，$\{(y, z)\mid y$ は z の子である$\}$ という集合とする．このとき $\exists x_1 P_1^2(x_1, x_2)$ は，「x_2 は子供をもつ」という一項関係（性質）を表わしている．また $\forall x_2 \exists x_1 P_1^2(x_1, x_2)$ は「すべての人間は子供をもつ」という偽なる命題を表わす．

以上のように1つの解釈 Ω が与えられれば，そこから自然に論理式についての真偽という概念が得られるが，この過程は厳密には次のように構成される．

今，1つの解釈 Ω が与えられたとし，その領域を D とする．D の要素で作られる可算列

$$\sigma = (e_1, e_2, e_3, \cdots) \ (e_i \in D)$$

を Ω の点列（sequens）と呼び，すべての点列の集合を M とおく．われわれは，論理式の自由変項に D の要素を代入するときその論理式が真となる（満たされる）ということを，こうした点列の概念を用いて定義したいが，まず1つの関数を導入する．つまり，任意の点列 $\sigma = (e_1, e_2, \cdots)$ に対して，理論 S における項の集合から D への関数 σ^* を次のように定義する．

1) もし t が個体変項 x_i であるなら，$\sigma^*(t)$ を e_i（つまり σ の i 番目の成分）とする．

2) もし t が個体定項 c_i であるなら，$\sigma^*(t)$ を $\bar{c}_i$（つまり c_i の D における解釈）とする．

3) もし t が $f_i^n(t_1, t_2, \cdots, t_n)$（$t_i$ は項）であるなら，$\sigma^*(t)$，つまり $\sigma^*(f_i^n(t_1, t_2, \cdots, t_n))$ を

$$\bar{f}_i^n(\sigma^*(t_1), \sigma^*(t_2), \cdots, \sigma^*(t_n))$$

で定義する（$\bar{f_i^n}$ は f_i^n の D における解釈）.

このように σ^* は項 t に D の要素を対応させる関数を表わしており，$\sigma^*(t)$ は，大まかに言えば，t における各個体変項 x_i に σ の i 番目の成分（つまり D の要素）を代入したときに t が D においてとる値を表わしている．たとえば項 $f_1^2(f_2^2(x_2, c_1), x_4)$ に対して解釈の領域 D として自然数の集合をとり，$\bar{f_1^2}$ として乗法を，$\bar{f_2^2}$ として加法を，$\bar{c_1}$ として 3 を各々とるとする．このとき点列 σ を $(5, 4, 7, 9, 1, \cdots)$ とすれば，

$$\sigma^*(f_1^2(f_2^2(x_2, c_1), x_4)) = \bar{f_1^2}(\bar{f_2^2}(4, 3), 9) = (4+3) \times 9 = 63$$

となる.

こうして点列 σ を論理式に代入すれば，それに応じて論理式の真偽が定まることになるが，解釈 Ω のもとで点列 σ が論理式 A を**満たす**（satisfy）ということを $\Omega, \sigma \models A$ と書き，それを次のように帰納的に定義する.

1）　A が素論理式 $P_i^n(t_1, \cdots, t_n)$ の場合.

$\Omega, \sigma \models P_i^n(t_1, \cdots, t_n) \xleftrightarrow{\text{def.}} (\sigma^*(t_1), \cdots, \sigma^*(t_n)) \in \bar{P_i^n}$ が成り立つ.

これは，σ を代入したときの $t_1, \cdots, t_n$ の（D での）値が，P_i^n の（D での）解釈である n 項関係 $\bar{P_i^n}$ を満たしていることを意味する.

2）　A が $\sim B$ の場合.

$\Omega, \sigma \models \sim B \xleftrightarrow{\text{def.}} \Omega, \sigma \models B$ が成り立たない.

（以下，これを $\Omega, \sigma \not\models B$ と書く.）

3）　A が $B \supset C$ の場合.

$\Omega, \sigma \models B \supset C \xleftrightarrow{\text{def.}} \Omega, \sigma \not\models B$ か，または $\Omega, \sigma \models C$.

略記号の $\wedge$ と $\vee$ についても次のように定義する.

4）　A が $B \wedge C$ の場合.

$\Omega, \sigma \models B \wedge C \xleftrightarrow{\text{def.}} \Omega, \sigma \models B$ で，かつ $\Omega, \sigma \models C$.

5）　A が $B \vee C$ の場合.

$\Omega, \sigma \models B \vee C \xleftrightarrow{\text{def.}} \Omega, \sigma \models B$ か，あるいは $\Omega, \sigma \models C$.

6）　A が $\forall x_i B$ の場合.

$\Omega, \sigma \models \forall x_i B \xleftrightarrow{\text{def.}} D$ のすべての要素 a について，$\Omega, \sigma(i, a) \models B$.

ただし $\sigma(i, a)$ は，$\sigma = (e_1, \cdots, e_{i-1}, e_i, e_{i+1}, \cdots)$ の i 番目の成分 e_i を a で置きかえるとき得られる点列 $(e_1, \cdots, e_{i-1}, a, e_{i+1}, \cdots)$ を表わす．したがって上の定義は，B の x_i に代入される σ の i 番目の成分をどのように動かしても常に B が成り立つことを意味しており，$\forall x_i\, B$ の通常の解釈に一致している．

略記号の ∃ についても次のように定義する．

7)　A が $\exists x\, B$ の場合.

$$\Omega, \sigma \models \exists x_i\, B \stackrel{\text{def.}}{\longleftrightarrow} D \text{ のある要素 } a \text{ が存在し，} \Omega, \sigma(i, a) \models B.$$

以上で「満たす」という概念が定義されたが，解釈 Ω のすべての点列 σ に対して $\Omega, \sigma \models A$ が成り立つとき，論理式 A は（解釈 Ω のもとで）真である（true）といい，$\Omega \models A$ と表わす．一方，どのような σ に対しても $\Omega, \sigma \not\models A$ であるとき，A は（解釈 Ω のもとで）偽である（false）といい，それを $\Omega \not\models A$ と書く．さらに，論理式の集合 Γ があり，Γ に属するすべての論理式が解釈 Ω のもとで真であるとき，Ω を Γ のモデルと呼ぶ．

そこで，こうした定義をもとにして以下のような諸命題が導かれる．

定理1　ⅰ）　$\Omega \models \sim\! A$ なら $\Omega \not\models A$ であり，逆も言える．

ⅱ）　$\Omega \models A$ かつ $\Omega \models \sim\! A$ とはならない．

ⅲ）　$\Omega, \sigma \models A$ で $\Omega, \sigma \models A \supset B$ であるなら，$\Omega, \sigma \models B$.

ⅳ）　$\Omega \models A$ で $\Omega \models A \supset B$ であるなら，$\Omega \models B$.

ⅴ）　$\Omega \models A$ なら $\Omega \models \forall x_i\, A$ であり，逆も言える．

ⅵ）　$\Omega \models A$ なら A の閉包（closure）は Ω のもとで真であり，逆も言える．（A の自由変項を $x_{j_1}, x_{j_2}, \cdots, x_{j_k}$ とするとき，論理式 $\forall x_{j_1} \forall x_{j_2} \cdots \forall x_{j_k} A$ を A の閉包と呼ぶ．）

証明　ⅰ）　$\Omega \models \sim\! A$ は，すべての σ について $\Omega, \sigma \models \sim\! A$ が成り立つことを意味する．また，このことは，すべての σ について $\Omega, \sigma \not\models A$ であることと同値である．さらに，このことは $\Omega \not\models A$ であることと同値である．

ⅱ）　$\Omega \models \sim\! A$ とすれば ⅰ）により $\Omega \not\models A$ となる．したがって $\Omega \models A$ ではない．

ⅲ）　$\Omega, \sigma \models A \supset B$ であるなら，定義により $\Omega, \sigma \not\models A$ であるか，あるいは $\Omega,$

$\sigma \models B$ である. 仮定により $\Omega, \sigma \models A$ であるから, $\Omega, \sigma \models B$.

iv)　仮定により任意の σ について $\Omega, \sigma \models A$ と $\Omega, \sigma \models A \supset B$ が成り立つ. したがって iii)により, 任意の σ について $\Omega, \sigma \models B$ が成り立つ. よって $\Omega \models B$.

v)　任意の σ について $\Omega, \sigma \models A$ であるなら, 任意の σ と任意の $a(\in D)$ について $\Omega, \sigma(i, a) \models A$ が成り立つ. したがって $\Omega \models A$ なら, $\Omega \models \forall x_i A$ が言える. 逆に, 任意の σ と任意の $a(\in D)$ について $\Omega, \sigma(i, a) \models A$ が成り立つなら, 任意の σ について $\Omega, \sigma \models A$ が言える. したがって, $\Omega \models \forall x_i A$ なら $\Omega \models A$.

vi)　v)を連続して用いればよい.　　　　　　　　　　　┛

定理 2　t を項とし, t における変項は x_{i_1}, x_{i_2}, $\cdots$, x_{i_k} のなかにあるとする. また Ω の 2 つの点列 $\sigma_1 = (e_1, e_2, \cdots)$ と $\sigma_2 = (e'_1, e'_2, \cdots)$ について, $e_{i_j} = e'_{i_j} (j=1, 2, \cdots, k)$ が成り立つとする. このとき $\sigma_1^*(t) = \sigma_2^*(t)$.

証明　t に現われる関数記号の個数 m についての帰納法により示す.

1)　$m=0$ の場合. t が個体定項 c_i のときは, $\sigma_1^*(t) = \bar{c}_i = \sigma_2^*(t)$. t が変項 x_{i_j} のときは, $\sigma_1^*(t) = e_{i_j} = e'_{i_j} = \sigma_2^*(t)$.

2)　$m>0$ の場合. t が $f_i^n(t_1, \cdots, t_n)$ のとき

$$\begin{aligned}
\sigma_1^*(f_i^n(t_1, \cdots, t_n)) &= \bar{f}_i^n(\sigma_1^*(t_1), \cdots, \sigma_1^*(t_n)) \\
&= \bar{f}_i^n(\sigma_2^*(t_1), \cdots, \sigma_2^*(t_n)) \quad \text{(帰納法の仮定)} \\
&= \sigma_2^*(f_i^n(t_1, \cdots, t_n))
\end{aligned}$$
┛

定理 3　A を論理式とし, A の自由変項は x_{i_1}, x_{i_2}, $\cdots$, x_{i_k} のなかにあるとする. また Ω の 2 つの点列 σ_1 と σ_2 について, 定理 2 と同じことが成立するとする. このとき

$$\Omega, \sigma_1 \models A \Longleftrightarrow \Omega, \sigma_2 \models A$$

証明　A に含まれる論理記号の個数 m についての帰納法により証明する.

1)　$m=0$ の場合. A は素論理式 $P_\ell^n(t_1, \cdots, t_n)$ となる.

$$\begin{aligned}
\Omega, \sigma_1 \models P_\ell^n(t_1, \cdots, t_n) &\Longleftrightarrow (\sigma_1^*(t_1), \cdots, \sigma_1^*(t_n)) \in \bar{P}_i^n \\
&\Longleftrightarrow (\sigma_2^*(t_1), \cdots, \sigma_2^*(t_n)) \in \bar{P}_i^n \quad \text{(定理 2)} \\
&\Longleftrightarrow \Omega, \sigma_2 \models P_\ell^n(t_1, \cdots, t_n)
\end{aligned}$$

2) $m>0$ の場合.

ⅰ) A が $\sim B$ の場合.

$$\Omega, \sigma_1 \models \sim B \Longleftrightarrow \Omega, \sigma_1 \not\models B$$
$$\Longleftrightarrow \Omega, \sigma_2 \not\models B \quad （帰納法の仮定）$$
$$\Longleftrightarrow \Omega, \sigma_2 \models \sim B$$

ⅱ) A が $B \supset C$ の場合.

$$\Omega, \sigma_1 \models B \supset C \Longleftrightarrow \Omega, \sigma_1 \not\models B \text{ か } \Omega, \sigma_1 \models C$$
$$\Longleftrightarrow \Omega, \sigma_2 \not\models B \text{ か } \Omega, \sigma_2 \models C \quad （帰納法の仮定）$$
$$\Longleftrightarrow \Omega, \sigma_2 \models B \supset C$$

ⅲ) A が $\forall x_i B$ の場合.

$\Omega, \sigma_1 \models \forall x_i B$ であるなら，任意の $a(\in D)$ に対して $\Omega, \sigma_1(i, a) \models B$ が成り立つ. 他方，定理の仮定により，$\sigma_1(i, a)$ と $\sigma_2(i, a)$ の i_j 番目 ($j=1, \cdots, k$) の成分は一致し，また i 番目の成分も同じ a であるから一致する. (i は i_j のうちの1つと重なる場合もある.) したがって帰納法の仮定により $\Omega, \sigma_2(i, a) \models B$ が成り立つ. a は D の任意の要素であったから $\Omega, \sigma_2 \models \forall x_i B$ が得られる. 逆も同様. ⌟

定理3は後にも利用されるが，ここでは次の定理を証明しておく.

定理4 論理式 A が自由変項を含まないとすれば（自由変項を含まない論理式を**閉論理式**（closed formula）と呼ぶ），$\Omega \models A$ か $\Omega \models \sim A$ のいずれか一方が成立する.

証明 A は自由変項を含まないから，すべての点列が定理3の仮定を満足する. また，点列 σ について $\Omega, \sigma \models A$ か $\Omega, \sigma \not\models A$ のいずれか一方が成り立つ. したがって定理3により，$\Omega \models A$ か $\Omega \not\models A$ のいずれか一方が成立する. よって定理1のⅰ)により，$\Omega \models A$ か $\Omega \models \sim A$ のいずれか一方が成立する. ⌟

§24 恒 真 式

前節では「満たす」,「真」,「モデル」といった基本的な概念が定義されたが，本節ではさらに**恒真**（valid）という概念をとりあげる. 論理式 A がどのよう

な解釈 Ω に対しても常に真（$\Omega \vDash A$）となるなら，A を「恒真式」と呼び，$\vDash A$ と表わす．また，ある解釈 Ω が存在し，A が Ω の少なくとも 1 つの点列によって満たされるなら，A は**充足可能**（satisfiable）であると言う．さらに，A がすべての解釈 Ω に対して常に偽（$\Omega \nvDash A$）であるなら，A を**矛盾式**（contradiction）と呼ぶ．

命題算における「トートロジー」の概念がそうであったように，上の「恒真式」という概念は「論理的に真」ということを意味論的な立場から定義するものである．他方，先の自然推論の述語算 NQ，そして述語算の公理系 LQ では，「論理的に真」ということが構文論的な立場から考察されてきた．そして，この 2 つの立場は，結局，同値であることが判明する．そこで本節ではさしあたり，論理式 A が公理系 LQ で「証明可能」であるなら，A は恒真式であるという側面を示したい．そのためにまず次の 2 つの定理を証明する．

定理 1 Ω を 1 つの解釈とし，t と u を項とする．t のなかのすべての x_i を u で置きかえたとき得られる項を t' とする．また $\sigma = (e_1, e_2, \cdots)$ を Ω の 1 つの点列とし，σ_1 を $\sigma(i, \sigma^*(u))$ とする．このとき $\sigma^*(t') = \sigma_1^*(t)$．

証明 t に現われる関数記号の個数 m についての帰納法で示す．

1) $m = 0$ の場合．

ⅰ) t が個体定項 c_j のとき．
$$\sigma^*(t') = \sigma^*(t) = \sigma^*(c_j) = \bar{c}_j = \sigma_1^*(c_j) = \sigma_1^*(t)$$

ⅱ) t が個体変項 $x_j (j \neq i)$ のとき．
$$\sigma^*(t') = \sigma^*(t) = \sigma^*(x_j) = e_j = \sigma_1^*(x_j) = \sigma_1^*(t)$$

ⅲ) t が個体変項 x_i のとき．
$$\sigma^*(t') = \sigma^*(u) = \sigma_1^*(x_i) = \sigma_1^*(t).$$

2) $m > 0$ の場合．t は $f_j^n(t_1, \cdots, t_n)$ というかたちをしている．
$$\sigma^*(t') = \sigma^*(f_j^n(t_1, \cdots, t_n)')$$
$$= \sigma^*(f_j^n(t_1', \cdots, t_n'))$$
$$= \bar{f}_j^n(\sigma^*(t_1'), \cdots, \sigma^*(t_n'))$$
$$= \bar{f}_j^n(\sigma_1^*(t_1), \cdots, \sigma_1^*(t_n)) \quad \text{(帰納法の仮定)}$$

$$= \sigma_1{}^*(f_j^n(t_1, \cdots, t_n))$$
$$= \sigma_1{}^*(t) \qquad\qquad \lrcorner$$

定理2　項 t は論理式 $A(x_i)$ において x_i に対して自由であるとする．また，$\sigma=(e_1, e_2, \cdots)$ を解釈 Ω の1つの点列とし，σ_1 を $\sigma(i, \sigma^*(t))$ とする．このとき

$$\Omega, \sigma \vDash A(t) \Longleftrightarrow \Omega, \sigma_1 \vDash A(x_i)$$

証明　A に含まれる論理記号の個数 m についての帰納法で証明する．

1)　$m=0$ の場合．$A(x_i)$ は素論理式 $P_j^n(t_1, \cdots, t_n)$ である．項 $t_k(k=1, \cdots, n)$ に含まれる x_i をすべて t で置きかえたものを t_k' とすれば，$A(t)$ は $P_j^n(t_1', \cdots, t_n')$ となる．

$$\begin{aligned}
\Omega, \sigma \vDash A(t) &\Longleftrightarrow \Omega, \sigma \vDash P_j^n(t_1', \cdots, t_n')\\
&\Longleftrightarrow (\sigma^*(t_1'), \cdots, \sigma^*(t_n'))\in \bar{P}_j^n\\
&\Longleftrightarrow (\sigma_1{}^*(t_1), \cdots, \sigma_1{}^*(t_n))\in \bar{P}_j^n \quad（定理1）\\
&\Longleftrightarrow \Omega, \sigma_1 \vDash P_j^n(t_1, \cdots, t_n)\\
&\Longleftrightarrow \Omega, \sigma_1 \vDash A(x_i)
\end{aligned}$$

2)　$m>0$ の場合．

ⅰ）　$A(x_i)$ が $\sim B(x_i)$ のとき．$A(t)$ は $\sim B(t)$ である．また，t は $B(x_i)$ において x_i に対して自由であるから，$B(x_i)$ に帰納法の仮定が適用できる．

$$\begin{aligned}
\Omega, \sigma \vDash A(t) &\Longleftrightarrow \Omega, \sigma \vDash \sim B(t)\\
&\Longleftrightarrow \Omega, \sigma \nvDash B(t)\\
&\Longleftrightarrow \Omega, \sigma_1 \nvDash B(x_i) \quad（帰納法の仮定）\\
&\Longleftrightarrow \Omega, \sigma_1 \vDash \sim B(x_i)\\
&\Longleftrightarrow \Omega, \sigma_1 \vDash A(x_i)
\end{aligned}$$

ⅱ）　$A(x_i)$ が $B(x_i)\supset C(x_i)$ のとき．t は $B(x_i)$ ならびに $C(x_i)$ において，x_i に対して自由である．

$$\begin{aligned}
\Omega, \sigma \vDash A(t) &\Longleftrightarrow \Omega, \sigma \vDash B(t)\supset C(t)\\
&\Longleftrightarrow \Omega, \sigma \nvDash B(t) \text{ か，} \Omega, \sigma \vDash C(t)\\
&\Longleftrightarrow \Omega, \sigma_1 \nvDash B(x_i) \text{ か，} \Omega, \sigma_1 \vDash C(x_i) \quad（帰納法の仮定）
\end{aligned}$$

$$\Longleftrightarrow \Omega, \sigma_1 \models B(x_i) \supset C(x_i)$$

$$\Longleftrightarrow \Omega, \sigma_1 \models A(x_i)$$

iii) $A(x_i)$ が $\forall x_j B(x_i)$ のとき.

α) $A(x_i)$ が x_i を自由変項として含まないとき. このとき $A(t)$ は $A(x_i)$ と等しい. 他方, σ と σ_1 は i 番目の成分が異なるのみであるから, §23, 定理 3 により, $\Omega, \sigma \models A(x_i) \Longleftrightarrow \Omega, \sigma_1 \models A(x_i)$. したがって, $\Omega, \sigma \models A(t)$ $\Longleftrightarrow \Omega, \sigma_1 \models A(x_i)$.

β) $A(x_i)$ が x_i を自由変項として含むとき. このとき $\forall x_j B(x_i)$ において $j \neq i$. また $A(t)$ は $\forall x_j B(t)$ となり, t は $B(x_i)$ において x_i に対して自由である. そこで Ω の領域 D の任意の要素 a に対して以下のことが言える. まず, 帰納法の仮定により,

$$\Omega, \sigma(j, a) \models B(t) \Longleftrightarrow \Omega, \sigma(j, a)\,(i, \sigma(j, a)^*(t)) \models B(x_i) \qquad \text{(イ)}$$

が成り立つ. 他方, t は $A(x_i)$ $(= \forall x_j B(x_i))$ において x_i に対して自由であるから, t は x_j を含まない. したがって, §23, 定理2により

$$\sigma(j, a)^*(t) = \sigma^*(t)$$

が言える. よって(イ)から

$$\Omega, \sigma(j, a) \models B(t) \Longleftrightarrow \Omega, \sigma(j, a)\,(i, \sigma^*(t)) \models B(x_i) \qquad \text{(ロ)}$$

ところで $\sigma(j, a)\,(i, \sigma^*(t))$ は, 点列 σ の第 j 番目の成分を a に変え, さらに第 i 番目の成分を $\sigma^*(t)$ に変えたものを表わすが, これは $j \neq i$ の場合は, 先に第 i 番目を $\sigma^*(t)$ に変え, 次に第 j 番目を a に変えたもの, つまり $\sigma(i, \sigma^*(t))\,(j, a)$ と等しい. したがって(ロ)を書きかえ

$$\Omega, \sigma(j, a) \models B(t) \Longleftrightarrow \Omega, \sigma(i, \sigma^*(t))\,(j, a) \models B(x_i) \qquad \text{(ハ)}$$

を得る. (ハ)は D の任意の要素 a について成り立つから次の結果を得る.

$$\Omega, \sigma \models A(t) \Longleftrightarrow \Omega, \sigma \models \forall x_j B(t)$$

$$\Longleftrightarrow \text{任意の } a \text{ について } \Omega, \sigma(j, a) \models B(t)$$

$$\Longleftrightarrow \text{任意の } a \text{ について } \Omega, \sigma(i, \sigma^*(t))\,(j, a) \models B(x_i)$$

$$\Longleftrightarrow \Omega, \sigma(i, \sigma^*(t)) \models \forall x_j B(x_i)$$

$$\Longleftrightarrow \Omega, \sigma_1 \models A(x_i)$$

この定理 2 を用い，次の定理 3 が証明できる．

定理 3 述語算 LQ の公理は恒真式である．

証明 1) L_1 の場合．任意の解釈 Ω と任意の点列 σ に対して

$$\Omega, \sigma \models A \supset (B \supset A) \qquad \text{(i)}$$

が成り立つことを言えばよい．「満たす」の定義により，$\Omega, \sigma \not\models A$ であれば (i) が成り立つ．他方，$\Omega, \sigma \models A$ であれば $\Omega, \sigma \models B \supset A$．したがって (i) が成り立つ．

2) L_2 の場合．背理法で示す．$(A \supset (B \supset C)) \supset ((A \supset B) \supset (A \supset C))$ が恒真式でないとする．このとき，ある解釈 Ω とある点列 σ が存在して，σ はこの論理式を満たさない．したがって定義により

$$\Omega, \sigma \models A \supset (B \supset C) \cdots \text{(i)} \quad \text{ならびに} \quad \Omega, \sigma \not\models (A \supset B) \supset (A \supset C) \cdots \text{(ii)}$$

の 2 つが成り立つ．(ii) から $\Omega, \sigma \models A \supset B \cdots$(iii) と $\Omega, \sigma \not\models A \supset C \cdots$(iv) が得られ，さらに (iv) から $\Omega, \sigma \models A \cdots$(v) と $\Omega, \sigma \not\models C \cdots$(vi) が得られる．そこで (i) と (v) から $\Omega, \sigma \models B \supset C \cdots$(vii) が成り立ち，また (iii) と (v) から $\Omega, \sigma \models B \cdots$(viii) が成り立つ．したがって，(vii) と (viii) から $\Omega, \sigma \models C$ が得られるが，これは (vi) と矛盾する．

3) L_3 の場合．2) と同様．

4) L_4 の場合．上の定理 2 を用いる．$\forall x_i A(x_i) \supset A(t)$ について，任意の Ω と任意の σ をとり，$\Omega, \sigma \models \forall x_i A(x_i)$ のときには，$\Omega, \sigma \models A(t)$ であることを示せばよい．$\Omega, \sigma \models \forall x_i A(x_i)$ であるから，領域 D の任意の要素 a に対して $\Omega, \sigma(i, a) \models A(x_i)$ が成り立つ．とくに $\sigma^*(t) \in D$ であるから，$\Omega, \sigma(i, \sigma^*(t)) \models A(x_i) \cdots$(i) が成り立つ．$L_4$ には，項 t は A において x_i に対して自由であるという条件が付されているから，上の定理 2 を用いて，(i) から $\Omega, \sigma \models A(t)$ を得る． ⌟

定理 4 述語算 LQ の推論規則は，恒真であるという性質を保存する．

証明 1) R_1 の場合．§23，定理 1，iv）により，任意の Ω について，$\Omega \models A$ でかつ $\Omega \models A \supset B$ であるなら，$\Omega \models B$ となる．したがって，R_1 の A，$A \supset B \rightarrow B$ において，A ならびに $A \supset B$ が恒真式であるなら，B も恒真式となる．

2) R_2 の場合．R_2 は $C \supset A \rightarrow C \supset \forall x_i A$ であるから，$C \supset A$ が恒真式である

なら，$C \supset \forall x_i A$ も恒真式となることを示せばよい．また，そのためには，任意の Ω と任意の σ をとり，$\Omega, \sigma \models C$ であるなら，$\Omega, \sigma \models \forall x_i A$ となることを言えばよい．そこで C に現われる自由変項を $x_{m_1}, x_{m_2}, \cdots, x_{m_k}$ とすれば，R_2 の付帯条件により C は x_i を自由変項としては含まないから，i は $m_j (j=1, 2, \cdots, k)$ とは異なる．したがって解釈の領域 D の任意の要素 a について，σ と $\sigma(i, a)$ とは第 m_j 番目 $(j=1, 2, \cdots, k)$ の成分が一致する．よって§23，定理3により，

$$\Omega, \sigma \models C \Longleftrightarrow \Omega, \sigma(i, a) \models C \qquad \text{(i)}$$

が成立する．他方，$C \supset A$ が恒真式であるという仮定により

$$\Omega, \sigma(i, a) \models C \Longrightarrow \Omega, \sigma(i, a) \models A \qquad \text{(ii)}$$

が言える．したがって，(i) と (ii) より

$$\Omega, \sigma \models C \Longrightarrow \Omega, \sigma(i, a) \models A$$

が成立するが，これは任意の $a(\in D)$ について言えるから

$$\Omega, \sigma \models C \Longrightarrow \Omega, \sigma \models \forall x_i A$$

を得る． ⌟

定理5 論理式 A が LQ で証明可能であるなら，A は恒真式である．

証明 定理3と定理4から明らか． ⌟

こうして目標の定理に至ったが，その応用として次の定理を得る．

定理6 述語算 LQ は無矛盾である．

証明 もし論理式 A と $\sim A$ とが同時に LQ で証明可能であるとすれば，定理5によりこれらは恒真式となる．しかし，§23，定理1，ii) によれば，$\Omega \models A$ かつ $\Omega \models \sim A$ となることはない． ⌟

第1階の理論 S について，S の公理のモデル（つまり，S の公理のすべてがそのもとで真となるような解釈）を，S のモデルと呼ぶ．定理4の証明によれば，理論 S の推論規則 R_1 と R_2 は，ある解釈 Ω のもとで真であるという性質を保存する．したがって，S の定理はすべて，S のモデルのもとで真となる．逆に，S のすべての定理のモデルは無論 S の公理のモデルでもある．したがって，S のすべての定理に対するモデルを S のモデルとして定義してもよい．

そこで，これらのことから次の定理が得られる．

定理7 もし理論 S のモデルが存在すれば，S は無矛盾である．

証明 もし論理式 A と $\sim A$ とが S の定理であれば，上のことから A と $\sim A$ とはいずれも S のモデル Ω のもとで真となる．しかし，§23，定理1，ⅱ）によれば，このことは不可能である． ⏌

§25 無矛盾性とモデルの存在

前節では，LQ の定理はすべて恒真式であることが示されたが，われわれはさらにその逆が成立することを示したい．つまり，命題算の場合と同様に述語算についても，すべての恒真式は LQ で証明可能であるという**完全性**（completeness）の定理が成立する．ところで，この定理はさらに「モデルの存在定理」と呼ばれる，より一般的な定理からその系として導かれる．つまり，前節の定理7で，第1階の理論 S について，S のモデルが存在すれば，S は無矛盾であることが示されたが，逆に，S が無矛盾であれば，S はモデルをもつということが証明される．そこで本節では，この定理を L. Henkin による方法で証明することにする．まず，いくつかの予備定理を用意しよう．

定理1 S を第1階の理論，Ω をその解釈とするとき，論理式 A とその閉包 A' との間に次の関係が成り立つ．

　ⅰ） $\vdash_S A \Longleftrightarrow \vdash_S A'$

　ⅱ） $\Omega \vDash A \Longleftrightarrow \Omega \vDash A'$

　ⅲ） $\vDash A \Longleftrightarrow \vDash A'$

証明 ⅰ） A の自由変項を $y_1, y_2, \cdots, y_k$ とするとき，A' は $\forall y_1 \forall y_2 \cdots \forall y_k A$ となる．U_g を k 回用いれば $\vdash_S A \Longrightarrow \vdash_S A'$ が得られる．また，§20，例3によれば $\vdash_S A' \Longrightarrow \vdash_S A$ が成立する．

　ⅱ） これは §23，定理1，ⅵ）としてすでに得られている．

　ⅲ） 恒真性 $\vDash$ の定義とⅱ）とから明らか． ⏌

定理1によれば，論理式 A とその閉包とは，証明可能性ならびに恒真性という点について同値となる．

定理2　理論 S における表現（S の記号の有限列）の集合は可算である.

証明　はじめに S の記号の1つ1つに次のような自然数を対応させる.

(	)	,	$\sim$	$\supset$	$\forall$	x_i	c_i	f_i^n	P_i^n
3	5	7	9	11	13	$7+8i$	$9+8i$	$11+8\times2^n\times3^i$	$13+8\times2^n\times3^i$

そこで表現 $d_1d_2\cdots d_k$ が与えられ，各記号 d_i には自然数 d_i' が対応しているとする. このとき表現 $d_1d_2\cdots d_k$ に自然数 $2^{d_1'}\times3^{d_2'}\times\cdots\times P_k^{d_k'}$（$P_k$ は k 番目の素数）を対応させれば，素因数分解の一意性により，表現の集合から自然数の集合のなかへの1対1の対応が存在することになる. したがって S における表現の集合は可算である.　⏌

定理2によれば，表現の集合の部分集合である「項」の集合や「論理式」の集合等も可算となる.

定理3　理論 S の閉論理式 $\sim A$ が S で証明可能ではないとする. また，S に A を新たに公理として付加したとき得られる理論を S' とする. このとき S' は無矛盾である.

証明　S' が矛盾的であると仮定し，ある論理式 B に対して $\vdash_{S'}B$ であり，かつ $\vdash_{S'}\sim B$ であるとする. ところでトートロジーの特例化により $\vdash_{S'}B\supset(\sim B\supset\sim A)$（§19, 定理1）. したがって $\vdash_{S'}\sim A$ が得られるが，これは理論 S に移せば $A\vdash_S\sim A$ と書くことができる. A は閉論理式であるからこれに演繹定理が適用でき，$\vdash_S A\supset\sim A$ が成立する. 他方，トートロジーの特例化により $\vdash_S(A\supset\sim A)\supset\sim A$ が成り立つ. したがって $\vdash_S\sim A$. しかし，これは定理の前提と矛盾する.　⏌

定理3で A と $\sim A$ とを互いに置きかえても同じことが成立する. これは，定理の証明で A と $\sim A$ とを置きかえればよい.

理論 S の任意の閉論理式 A について，常に $\vdash_S A$ か $\vdash_S\sim A$ のいずれかが成立するとき，S は γ-**完全**（γ-complete）であると言う. 他の完全性の概念と混同される恐れがないかぎり，以下これを単に**完全**と言う.

理論 S と同じ記号をもつ理論 S' があり，S の定理がすべて S' の定理であるとき，S' は S の**拡大**（extension）であると言う.

こうした完全と拡大という概念をめぐって次の重要な定理が成立する.

定理4　S を無矛盾な理論とするとき，S の無矛盾で完全な拡大が存在する.

証明　定理2により S の閉論理式の集合は可算であり，それを枚挙したものを $A_1, A_2, A_3, \cdots$ とする. これをもとにして理論の列 $T_0, T_1, T_2, \cdots$ を以下のように定義する. まず T_0 を S とする. 次に T_n まで定義されたとして，T_{n+1} を次のように定める. つまり A_{n+1} について，$\vdash_{T_n} \sim A_{n+1}$ であれば $T_{n+1} = T_n$ とする. 他方，$\vdash_{T_n} \sim A_{n+1}$ でなければ，T_n に A_{n+1} を公理として付加したとき得られる理論を T_{n+1} とする.

そこで，各 T_i のすべての公理を公理とする理論を考え，それを T とする. 各 n について T_{n+1} は T_n の拡大となっており，T はすべての T_i の拡大である. したがってまた T はとくに $S (= T_0)$ の拡大になっている.

次に，T が無矛盾であることを示す. そのためには，すべての T_i が無矛盾であることを示せば十分である. なぜなら，T が矛盾するとすれば，その矛盾の証明 $C_1, C_2, \cdots, C_k (= C \wedge \sim C)$ が存在するが，このなかには有限個の公理しか含まれない. したがって，n を十分大きくとれば，この矛盾の証明はある T_n での証明となる. そこで，すべての T_i が無矛盾であることを帰納法で証明する. まず T_0 は S であり，定理の仮定により無矛盾. 次に T_i を無矛盾とする. このとき $T_{i+1} = T_i$ であるなら，T_{i+1} は無矛盾. 他方，$T_{i+1} \neq T_i$ であるなら，T_{i+1} の定義により $\sim A_{i+1}$ は T_i で証明可能ではない. したがって定理3により，T_{i+1} は無矛盾である.

次に，T が完全であることを示そう. A を S の任意の閉論理式とする. すると A は最初の閉論理式の列 $A_1, A_2, A_3, \cdots$ のうちのいずれかと一致し，ある m に対して $A = A_{m+1}$ となる. そこで，$\vdash_{T_m} \sim A_{m+1}$ であるか，あるいは $\vdash_{T_m} \sim A_{m+1}$ でなければ，A_{m+1} は T_{m+1} の公理となるから，$\vdash_{T_{m+1}} A_{m+1}$ である. 言いかえれば，$\vdash_T \sim A_{m+1}$ であるか，あるいは $\vdash_T A_{m+1}$ であるかである. A_{m+1} つまり A は S の，したがって T の任意の閉論理式を表わしているから，T は完全である.

以上により，T は S の無矛盾で完全な拡大となっている.　　┛

　さて，「第1階の理論 S が無矛盾であるなら，S のモデルが存在する」という目標の定理の証明にとりかかるが，そのためにはさらにいくつかの予備的なステップが必要となる.

　まず，定理のとおり S を無矛盾な第1階の理論とする．理論 S で用いられていない新しい可算個の記号 $a_1, a_2, a_3, \cdots$ を導入し，これを個体定項として S の記号に付加した理論を考える．この理論を S_0 とするとき，S_0 の公理は S の公理と，新しい個体定項 a_i を含む論理的公理とを合わせたものになっている．（S_0 は S より記号が増えているから S の拡大とは言えないが，S の公理は S_0 の公理のうちに含まれている．したがって，のちに S_0 のモデルを考えるとき，それは同時に S のモデルともなる．）そこで S_0 について次のことが成り立つ．

　定理5　理論 S_0 は無矛盾である．

　証明　S_0 が矛盾的であると仮定すれば，S_0 における矛盾の証明
$$C_1, C_2, \cdots, C_m (= C \wedge \sim C)$$
が存在する．そこで，この証明のうちに現われる新しい個体定項 a_i のすべてを，この証明に含まれない適当な個体変項に置きかえる．すると，もとの証明における公理はそのまま公理となり，推論規則もそのまま成り立ち，最後の論理式 C_m も $B \wedge \sim B$ というある矛盾を表わす式になる．しかも新しい証明には記号 $a_i (i = 1, 2, \cdots)$ は含まれない．したがって，この証明は S における矛盾の証明となるが，それは S の無矛盾性に背反する．よって S_0 は無矛盾である．
　　　　　　　　　　　　　　　　　　　　　　　　　　　　　　⏌

　次に，S_0 から出発して理論 S_n ならびに理論 S_∞ を以下のように定義する．

　まず，S_0 の論理式のなかから高々1つの自由変項をもつ式を選び出し，それを
$$G_1(x_{i_1}), \ G_2(x_{i_2}), \ \cdots, \ G_k(x_{i_k}), \ \cdots$$
とおく．（x_{i_k} は G_k の自由変項を表わし，もし G_k が自由変項を含まなければ x_{i_k} を x_1 とする．）こうした論理式の枚挙が可能であることは定理2から明らかである．次に，新しい個体定項から成る列 $a_{j_1}, a_{j_2}, a_{j_3}, \cdots$ を以下の要領で定める．つまり，a_{j_k} として，論理式 $G_1(x_{i_1}), G_2(x_{i_2}), \cdots, G_k(x_{i_k})$ のうちに含ま

れておらず，かつ $a_{j_1}, a_{j_2}, \cdots, a_{j_{k-1}}$ のうちのいずれとも異なっているような新し
い個体定項を選ぶことにする．そこで

$$\sim \forall x_{i_k} G_k(x_{i_k}) \supset \sim G_k(a_{j_k}) \qquad (E_k)$$

という論理式を考える．そして S_n を，理論 S_0 に論理式 $E_1, E_2, \cdots, E_n$ を新し
い公理としてつけ加えたとき得られる理論とする．そしてさらに，S_0 にすべ
ての E_i を公理として付加したときに得られる理論を S_∞ としよう．このとき
S_∞ について次のことが成立する．

定理6 理論 S_∞ は無矛盾である．

証明 S_∞ における任意の証明は有限個の E_i しか含まないから，n を十分大
きくとれば，その証明はある S_n における証明となる．したがって S_∞ が矛盾
的であるとすれば，その矛盾の証明はある S_n における矛盾の証明となり，S_n
も矛盾的となる．よって S_∞ の無矛盾性を示すためには，すべての S_i が無矛
盾であることを示せばよい．これを帰納法により証明する．定理5により S_0
は無矛盾である．次に，S_{n-1} が無矛盾なら S_n も無矛盾であることを示そう．
S_n が矛盾的であるとする．するとトートロジー $\sim p_1 \supset (p_1 \supset p_2)$ の特例化によ
り S_n では任意の論理式が証明可能となり，とくに $\vdash_{S_n} \sim E_n$ となる．これを理
論 S_{n-1} に移せば $E_n \vdash_{S_{n-1}} \sim E_n$ と書くことができる．E_n は閉論理式であるから
演繹定理が適用でき，$\vdash_{S_{n-1}} E_n \supset \sim E_n$ を得る．他方，トートロジー $(p_1 \supset \sim p_1)$
$\supset \sim p_1$ の特例化により，$\vdash_{S_{n-1}} (E_n \supset \sim E_n) \supset \sim E_n$．したがって $\vdash_{S_{n-1}} \sim E_n$，つ
まり $\vdash_{S_{n-1}} \sim (\sim \forall x_{i_n} G_n(x_{i_n}) \supset \sim G_n(a_{j_n}))\cdots(1)$ を得る．トートロジー $\sim (p_1 \supset$
$p_2) \supset (p_1 \wedge \sim p_2)$ の特例化により (1) からまず $\vdash_{S_{n-1}} \sim \forall x_{i_n} G_n(x_{i_n}) \wedge \sim \sim G_n(a_{j_n})$
が結果する．これからさらに，$\vdash_{S_{n-1}} \sim \forall x_{i_n} G_n(x_{i_n})\cdots(2)$ と $\vdash_{S_{n-1}} \sim \sim G_n(a_{j_n})$，
つまり $\vdash_{S_{n-1}} G_n(a_{j_n})\cdots(3)$ が得られる．そこで (3) の証明に現われない個体変項
x_m を選び，この証明のうちに出現する a_{j_n} をすべて x_m で置きかえたものを考
える．その際，a_{j_n} は先の定義によって $E_1, E_2, \cdots, E_{n-1}$ のうちに含まれて
おらず，したがって $E_1, E_2, \cdots, E_{n-1}$ はこの置きかえによって影響を受けな
い．よって $G_n(x_m)$ は S_{n-1} で証明可能となり $\vdash_{S_{n-1}} G_n(x_m)$．これから演繹規則
U_g により $\vdash_{S_{n-1}} \forall x_m G_n(x_m)$ を得る．他方，$G_n(x_{i_n})$ と $G_n(x_m)$ とは similar で

あるから，§21，定理 1 により，これからさらに $\vdash_{S_{n-1}} \forall x_{i_n} G_n(x_{i_n})$ を得る．し
かし，先の(2)によれば $\vdash_{S_{n-1}} \sim \forall x_{i_n} G_n(x_{i_n})$ であり，理論 S_{n-1} は矛盾的となる．
こうして，S_n は矛盾的であるという最初の仮定から，S_{n-1} も矛盾的であると
いう結果が導かれる．したがって，S_{n-1} が無矛盾であるなら，S_n も無矛盾で
あり，帰納法が完成する． 」

　こうして理論 S_0，S_∞ はそれぞれ無矛盾であることが示されたが，定理 4 に
よれば，さらにそうした S_∞ の無矛盾で完全な拡大が存在する．それを T とお
こう．S_∞ は S_0 の拡大であり，T は S_∞ の拡大であるから，理論 T は結局 S_0
の無矛盾で完全な拡大と言える．

　そこでこの T について，次のような 1 つの解釈 Ω を構成する．まず解釈の
領域 D として理論 S_0 の**閉項**（つまり個体変項を含まない項）の集合をとる．
（S_0 と T とは同じ記号をもつから，S_0 の閉項は T の閉項でもある．）次に，c
を T の個体定項とするとき，c の解釈 $\bar{c}$ を c 自体とする．c は S_0 の閉項である
から D の要素となり，この解釈は成り立つ．第 3 に f_i^n を T の関数記号とする
とき，f_i^n の解釈 $\bar{f}_i^n$ を $\bar{f}_i^n(t_1, \cdots, t_n) = f_i^n(t_1, \cdots, t_n)$ として定める．（ここで $t_1, \cdots,$
t_n は S_0 の閉項とする．）$f_i^n(t_1, \cdots, t_n)$ は S_0 の閉項であるから，$\bar{f}_i^n : D^n \to D$ と
なり，この解釈も成立する．そして第 4 に P_i^n を T の述語記号とするとき，P_i^n
の解釈 $\bar{P}_i^n$ を

$$(t_1, \cdots, t_n) \in \bar{P}_i^n \Longleftrightarrow \vdash_T P_i^n(t_1, \cdots, t_n)$$

で定義する．（$t_1, \cdots, t_n$ は S_0 の閉項を表わし，この定義によって $\bar{P}_i^n$ は D^n の
ある部分集合となる．）こうして解釈 Ω が定められたが，以下，この Ω が T
のモデルとなることを示そう．まず，次の補助的な定理を証明する．

　定理7　上の解釈 Ω について，σ を Ω の任意の点列とし，t を T の任意の
閉項とするとき，$\sigma^*(t) = t$ が成り立つ．

　証明　t に含まれる関数記号の個数 ℓ についての帰納法で証明する．

　1)　$\ell = 0$ の場合．t はある個体定項 c であり，したがって $\sigma^*(t) = \sigma^*(c) = \bar{c}$
$= c = t$ となる．

　2)　$\ell > 0$ の場合．$t = f_i^n(t_i, \cdots, t_n)$ であり，t が閉項であるから，$t_1, \cdots, t_n$ も

閉項となる.

$$\sigma^*(t) = \sigma^*(f_i^n(t_1, \cdots, t_n))$$
$$= \bar{f}_i^n(\sigma^*(t_1), \cdots, \sigma^*(t_n))$$
$$= \bar{f}_i^n(t_1, \cdots, t_n) \quad (帰納法の仮定)$$
$$= f_i^n(t_1, \cdots, t_n) \quad (\Omega における \bar{f}_i^n の定義)$$
$$= t \qquad\qquad ⌟$$

定理 8 上の解釈 Ω は T のモデルである.

証明 Ω が T のモデルであることを示すためには,T のすべての定理が Ω のもとで真となることを示せばよい.したがって,任意の論理式 A について

$$\Omega \models A \Longleftrightarrow \vdash_T A \qquad (1)$$

が成り立つことを示せば十分である.他方,定理 1 により,A とその閉包 A' との間に,$\vdash_T A \Longleftrightarrow \vdash_T A'$ ならびに $\models A \Longleftrightarrow \models A'$ という関係が成り立つから,結局,任意の閉論理式 A について (1) が成り立つことを証明すればよい.そこで A に含まれる論理記号の個数 ℓ についての帰納法で証明する.

$\ell = 0$ の場合.A は素論理式 $P_i^n(t_1, \cdots, t_n)$ であって,しかも閉論理式であるから,項 $t_1, \cdots, t_n$ は閉項となる.したがって

$$\Omega \models P_i^n(t_1, \cdots, t_n) \Longleftrightarrow すべての \sigma について \Omega, \sigma \models P_i^n(t_1, \cdots, t_n)$$
$$\Longleftrightarrow すべての \sigma について (\sigma^*(t_1), \cdots, \sigma^*(t_n)) \in \bar{P}_i^n$$
$$\Longleftrightarrow (t_1, \cdots, t_n) \in \bar{P}_i^n \quad (定理 7)$$
$$\Longleftrightarrow \vdash_T P_i^n(t_1, \cdots, t_n) \quad (\bar{P}_i^n の定義)$$

$\ell > 0$ の場合.次の 3 つのケースに分けられる.

1) A が $\sim B$ の場合.A が閉論理式であるから,B も閉論理式となる.まず $\Omega \models A$,つまり $\Omega \models \sim B$ とすれば,§23,定理 1,ⅰ) により $\Omega \not\models B$ となる.したがって帰納法の仮定により $\vdash_T B$ ではない.他方,B は閉論理式であり,かつ T は完全であるから,$\vdash_T \sim B$ つまり $\vdash_T A$ を得る.逆に,$\vdash_T A$ つまり $\vdash_T \sim B$ とすれば,T は無矛盾であるから $\vdash_T B$ ではない.したがって帰納法の仮定により $\Omega \models B$ ではない.よって §23,定理 4 により $\Omega \models \sim B$,つまり $\Omega \models A$ を得る.

2) A が $B \supset C$ の場合. A が閉論理式であるから, B ならびに C も閉論理式である. まず $\vdash_T A \Longrightarrow \Omega \models A$ を証明する. そのために $\Omega \not\models A$, つまり $\Omega \not\models B \supset C$ と仮定する. すると, $\Omega \models B$ かつ $\Omega \not\models C$ となる. したがって, 帰納法の仮定により $\vdash_T B$ であり, かつ $\vdash_T C$ ではない. 一方, T は完全であるから, $\vdash_T C$ でなければ $\vdash_T \sim C$ となる. 他方, トートロジーの特例化により, $\vdash_T B \supset (\sim C \supset \sim (B \supset C))$ が成り立ち, したがってこれらから $\vdash_T \sim (B \supset C)$ つまり $\vdash_T \sim A$ が導かれる. さらに T は無矛盾であるから $\vdash_T A$ ではないという結果を得る. 次に, $\Omega \models A \Longrightarrow \vdash_T A$ を証明する. もし $\vdash_T A$ ではないとすれば, T の完全性により $\vdash_T \sim A$, つまり $\vdash_T \sim (B \supset C)$ が言える. 他方, トートロジーの特例化により $\vdash_T \sim (B \supset C) \supset B$ と $\vdash_T \sim (B \supset C) \supset \sim C$ が成り立ち, したがってこれらから $\vdash_T B$ と $\vdash_T \sim C$ が結果する. よって帰納法の仮定により, まず $\Omega \models B$ が得られる. また, $\vdash_T \sim C$ から T の無矛盾性により $\vdash_T C$ ではないことになり, $\Omega \not\models C$ が得られる. したがって, これらをあわせて $\Omega \not\models B \supset C$, つまり $\Omega \not\models A$ という結果を得る.

3) A が $\forall x_r B$ の場合. A が閉論理式であるから B は高々1つの自由変項を含む論理式であり, したがって B は先の $G_k(x_{i_k})$ の列のなかのある1つの式 $G_m(x_{i_m})$ である. そこで2つのサブ・ケースが考えられる.

ⅰ) x_r が x_{i_m} でない場合. この場合は B は閉論理式となり, したがって B に帰納法の仮定が適用できる. つまり $\Omega \models B \Longleftrightarrow \vdash_T B$ を仮定することができる. 他方, $\Omega \models \forall x_r B \Longleftrightarrow \Omega \models B$ ならびに $\vdash_T \forall x_r B \Longleftrightarrow \vdash_T B$ が言えるから, $\Omega \models A \Longleftrightarrow \vdash_T A$ を得る.

ⅱ) x_r が x_{i_m} である場合. A は $\forall x_{i_m} G_m(x_{i_m})$ となる. まず, $\Omega \models A \Longrightarrow \vdash_T A$ を証明する. そのために $\vdash_T A$ ではないと仮定する. すると, T の完全性により $\vdash_T \sim A$, つまり $\vdash_T \sim \forall x_{i_m} G_m(x_{i_m})$ が言える. 他方, 先の論理式 E_k について $\vdash_T E_m$ が成り立つから, $\vdash_T \sim G_m(a_{j_m}) \cdots (1)$ が得られる. そこでもし $\Omega \models A$, つまり $\Omega \models \forall x_{i_m} G_m(x_{i_m})$ が成り立つとすれば, §24, 定理3の L_4 の場合の証明により $\Omega \models G_m(a_{j_m})$ が成り立つ. $G_m(a_{j_m})$ は閉論理式であり, 帰納法の仮定が適用できるから, これから $\vdash_T G_m(a_{j_m})$ が得られる. しかし, これ

は(1)と矛盾し，T の無矛盾性に反する．したがって $\vdash_T A$ でなければ，$\Omega \models A$ ではなく，これから $\Omega \models A \Longrightarrow \vdash_T A$ が言える．

次に，$\vdash_T A \Longrightarrow \Omega \models A$ を示すために，$\Omega \models A$ ではないと仮定する．すると，Ω のある点列 σ が存在して，$\Omega, \sigma \not\models \forall x_{i_m} G_m(x_{i_m})$ となる．$\forall$ についての「満たす」の定義を考えれば，これからさらに，領域 D のある要素 t（t はつまり閉項）が存在して，$\Omega, \sigma(i_m, t) \not\models G_m(x_{i_m}) \cdots (2)$ となると言える．他方，定理7により $\sigma^*(t) = t$ であるから，(2)を $\Omega, \sigma(i_m, \sigma^*(t)) \not\models G_m(x_{i_m}) \cdots (3)$ と書きかえることができる．また，t は $G_m(x_{i_m})$ において x_{i_m} に対して自由であるから，§24，定理2により，(3)から $\Omega, \sigma \not\models G_m(t) \cdots (4)$ が得られる．そこでもし，$\vdash_T A$ つまり $\vdash_T \forall x_{i_m} G_m(x_{i_m})$ であるとすれば，公理 L_4 により $\vdash_T G_m(t)$ となる．$G_m(t)$ は閉論理式であるから帰納法の仮定が適用でき，これから $\Omega \models G_m(t)$ が得られる．しかし，これは先の(4)に矛盾する．以上により，もし $\Omega \models A$ でなければ $\vdash_T A$ ではなく，これから $\vdash_T A \Longrightarrow \Omega \models A$ を得る．　┛

さて，以上のようにして解釈 Ω は理論 T のモデルであることが示された．T は理論 S_0 の拡大であり，S_0 の定理はすべて T の定理であるから，Ω はまた S_0 のモデルでもある．さらにわれわれがそこから出発した理論 S であるが，S の定理はすべて S_0 の定理であり，したがって Ω は結局 S のモデルとなる．ところで Ω の領域 D は S_0 の閉項の集合であるが，これは定理2によれば可算集合である．そして，このように領域が可算個の要素から成るモデルを可算モデルと呼ぶ．こうして，われわれの目標であった「モデルの存在定理」は次のようなかたちで得られる．

定理9　第1階の理論 S が無矛盾であるなら，S の可算モデルが存在する．

§26 完全性定理

上のモデルの存在定理から種々の重要な結果が得られるが，まず述語算の完全性定理を証明しよう．

定理1　第1階の理論 S の論理式 A が恒真式であるなら，A は S で証明可能である．（$\models A \Longrightarrow \vdash_S A$）

 証明 A' を A の閉包とするとき,§25,定理1により $\vdash_S A \Longleftrightarrow \vdash_S A'$ ならびに $\models A \Longleftrightarrow \models A'$ が成り立つから,一般に A を閉論理式として定理を証明してもよい.そこで A を恒真な閉論理式とし,仮に A が S で証明可能でないとする.このとき,S に $\sim A$ を公理としてつけ加えて得られる理論を S_1 とすれば,S_1 は§25,定理3により無矛盾となる.したがって,§25,定理9により S_1 のあるモデル Ω が存在する.$\sim A$ は S_1 の公理であるから,S_1 のモデル Ω のもとで真となる.他方,A は恒真式であり,どのような解釈のもとでも真となるから,Ω のもとでも真となる.したがって,$\Omega \models A$ かつ $\Omega \models \sim A$ となるが,§23,定理1,ⅱ)によれば,これはありえない.よって A は S で証明可能となる. ⏌

 定理2 第1階の述語算 LQ ではすべての恒真式は LQ の定理となり,逆に LQ のすべての定理は恒真式となる.($\models A \Longleftrightarrow \vdash_{LQ} A$)

 証明 述語算 LQ は無論,第1階の理論であり,したがって定理1により $\models A \Longrightarrow \vdash_{LQ} A$ が言える.また§24,定理5により $\vdash_{LQ} A \Longrightarrow \models A$ も成り立つ. ⏌

 こうして述語算の完全性定理(Gödelの完全性定理[*])が得られたが,この定理によれば,形式的体系にもとづく証明可能性という概念と,解釈を基礎におく恒真性という概念とは互いに同値であることになる.つまり,構文論的ないしは証明論的な述語算の体系と,意味論的ないしはモデル論的なそれとは相互に同等となり,われわれが上にとりあげてきた自然推論 NQ,公理系 LQ,恒真式の体系という3つの述語算も結局は同じものに帰することになる.ところで,こうしたシンタクティカルな立場とセマンティカルな立場との同値性は,一般的な理論 S でも次のようなかたちで成立する.

 定理3 第1階の理論 S について次のことが成り立つ.(2の Γ は S の論理式の集合とする.)

---

[*] 述語算の完全性定理は K. Gödel, *Die Vollständigkeit der Axiome des logischen Funktionenkalküls* (1930) においてはじめて証明されたが,既述のようにここでは Henkin の定理を介して証明している.

1) A は S のすべてのモデルのもとで真である $\Longleftrightarrow A$ は S の定理である.

2) S の任意のモデルにおいて,Γ のすべての論理式を満たす点列はみな,また A を満たす $\Longleftrightarrow \Gamma \vdash_S A$.

証明 1)($\Longleftarrow$)についてはすでに §24(p. 103)で示されている.($\Longrightarrow$)の証明.§25,定理1により,A を閉論理式としてもよい.A が S の定理ではないと仮定する.すると,S に $\sim A$ を公理としてつけ加えて得られる理論 S_1 は無矛盾となる(§25,定理3).したがって,モデルの存在定理により,S_1 のモデル Ω が存在するが,$\sim A$ は S_1 の公理であるから $\sim A$ は Ω のもとで真となる.一方,§23,定理4により,$\sim A$ が Ω のもとで真であれば,A は Ω のもとで真ではない.しかも,S_1 のモデルである Ω は S のモデルでもある.したがって,これは,A が S のすべてのモデルのもとで真であるという前提に反する.

2)($\Longleftarrow$)は明らか.($\Longrightarrow$)の証明.S に Γ のすべての論理式を公理としてつけ加えたときに得られる理論を S_1 とする.前提により A は S_1 のすべてのモデルのもとで真となる.したがって,1)により A は S_1 の定理である.よって S_1 の構成から $\Gamma \vdash_S A$ となる. ┘

続いてモデルの存在定理から導かれるいくつかの基本的な定理を挙げよう.

定理4 第1階の理論 S がモデルをもてば,それは可算モデルをもつ.

(Löwenheim-Skolem の定理)

証明 §24,定理7により,S がモデルをもてば,S は無矛盾である.他方,モデルの存在定理により,S が無矛盾であるなら,S は可算モデルをもつ. ┘

定理5 理論 S の固有公理のなかから任意の有限個の公理を選出するとき,それらが常にモデルをもつとする.このとき S はモデルをもつ.

(compactness の定理)

証明 S のモデルが存在しないと仮定する.すると,モデルの存在定理により S は矛盾することになる.したがって,ある論理式 A が存在して $A \wedge \sim A$ が S で証明可能となるが,$A \wedge \sim A$ の証明は S の有限個の固有公理しか含まず,これらの公理と論理的公理から成る理論 T で $A \wedge \sim A$ が導かれることになる.

他方, 定理の前提によりこれらの公理はモデルをもち, したがって T は無矛盾である (§24, 定理7). よって背理が生ずる. ┛

定理6 理論 S は完全である ⟺ S の1つのモデルのもとで真となる閉論理式は, S のすべてのモデルのもとで真となる.

証明 (⟹) の証明. 対偶を示す. 閉論理式 A は S のモデル Ω のもとで真であるが, 他のモデル Ω' では真でないとする. このとき, 定理3により A は S で証明可能でない. 他方, A は Ω のもとで真であるから, $\sim A$ は Ω のもとで真ではない. よって $\sim A$ も S で証明可能ではなく, S は完全ではない.

(⟸) の証明. S が矛盾的であればすべての論理式は証明可能となり, したがって S は完全である. そこで S を無矛盾とすれば, モデルの存在定理により S のモデル Ω が存在する. A を任意の閉論理式とすれば, §23, 定理4により, $\Omega \models A$ か $\Omega \models \sim A$ のいずれかが成立する. したがって定理の前提により, A か $\sim A$ のいずれかが S のすべてのモデルで真となり, 定理3により結局 A か $\sim A$ のいずれかが S で証明可能となる. よって S は完全である. ┛

結びに, 「等号をもつ理論」(§22) のモデルについて一瞥しておこう. S を等号をもつ理論とし, Ω (領域 D) を S のモデルとする. 述語記号 = の Ω における解釈を $K(\subset D^2)$ とするとき, = の本来の意味に従えば K は D における同一性の関係 ($K = \{(a, a) \mid a \in D\}$) となっているはずである. そして, そうしたモデルを S の**正規モデル** (normal model) と呼ぶ. しかし, = は §22 の定理1を満たすような述語であり, したがってその解釈 K は一般には D における同値関係であるにすぎない. つまり, K は必ずしも同一性の関係であるとはかぎらない. しかし, S がモデルをもつなら, そこから S の正規モデルが構成されるのである.

定理7 等号をもつ理論 S がモデルをもつなら, S は正規モデルをもつ.

証明 S のモデルを Ω (領域 D) とし, = の解釈を K とする. K は同値関係であるから, K による D の類別を考え, その同値類の集合を D' とおく. また D の要素 a が属する同値類を $[a]$ と表わす. そこで, この D' を領域として, S の新しい解釈 Ω' を以下のように定める.

ⅰ) 述語記号 P_i^n の Ω における解釈を $\bar{P}_i^n$ とするとき, P_i^n の Ω' における解釈 $\widehat{P}_i^n$ を次のように定義する.

$$(\lfloor a_1 \rfloor, \cdots, \lfloor a_n \rfloor) \in \widehat{P}_i^n \overset{\text{def.}}{\longleftrightarrow} (a_1, \cdots, a_n) \in \bar{P}_i^n$$

この定義が代表要素 a_i の選び方に関係なく定まることは, §22, 定理2, ⑤ の

$$\vdash_S y_1 = z_1 \wedge \cdots \wedge y_n = z_n \supset (P_i^n(y_1, \cdots, y_n) \equiv P_i^n(z_1, \cdots, z_n))$$

から保証される.

ⅱ) 関数記号 f_i^n の Ω における解釈を $\bar{f}_i^n$ とするとき, f_i^n の Ω' における解釈 $\widehat{f}_i^n$ を次のように定義する.

$$\widehat{f}_i^n(\lfloor a_1 \rfloor, \cdots, \lfloor a_n \rfloor) = \lfloor \bar{f}_i^n(a_1, \cdots, a_n) \rfloor$$

§22, 定理2, ④ の

$$\vdash_S y_1 = z_1 \wedge \cdots \wedge y_n = z_n \supset (f_i^n(y_1, \cdots, y_n) = f_i^n(z_1, \cdots, z_n))$$

から, この定義も代表要素 a_i の選び方に依存しないことが分かる.

ⅲ) 個体定項 c_i の Ω における解釈を $\bar{c}_i$ とするとき, c_i の Ω' における解釈 $\widehat{c}_i$ を $\lfloor \bar{c}_i \rfloor$ で定義する.

以上により解釈 Ω' が定義されたが, この Ω' が S の正規モデルであることが次のように示される. まず, Ω の点列 $\sigma = (a_1, a_2, \cdots)$ に Ω' の点列 $\sigma' = (\lfloor a_1 \rfloor, \lfloor a_2 \rfloor, \cdots)$ を対応させるとき

$$\Omega, \sigma \vDash A \Longleftrightarrow \Omega', \sigma' \vDash A$$

が成立する. (これは, A に含まれる論理記号の数 k についての帰納法で容易に示される.) したがって Ω' は S のモデルとなる. 他方, この Ω' における解釈を K' とする. ⅰ) の定義により $(\lfloor a_1 \rfloor, \lfloor a_2 \rfloor) \in K'$ は $(a_1, a_2) \in K$ を意味する. つまり $\lfloor a_1 \rfloor = \lfloor a_2 \rfloor$ であり, K' は領域 D' における同一性の関係となっている. したがって, Ω' は S の正規モデルである. 」

定理8 等号をもつ理論 S が無矛盾であるなら, S は可算ないしは有限の正規モデルをもつ.

証明 モデルの存在定理により S は可算集合 D を領域とするモデル Ω をもつ. 定理7のように, D を同値関係により類別し, 同値類の集合 D' を考えれ

ば，D' を領域とする S の正規モデル $\varOmega'$ を作ることができる．D における同値類の集合 D' は D と同じ，ないしは D より小なる濃度をもつから，$\varOmega'$ は S の可算ないしは有限の正規モデルである．　　　　　　　　　　　　　┘

第Ⅲ章 形 式 的 数 論

　論理学の重要な応用の1つとして，それを用いて数学の諸理論を形式化するというこ
とがある．そこで，本章では数論（自然数論）という1つの具体的な理論をとりあげ，
それを形式的な体系として展開することを試みる．なお，本章からいわゆる数学基礎論
の領域に入るが，自然数論は第Ⅳ章の帰納的関数の理論，さらには第Ⅴ章の Gödel の不
完全性定理に対しても基礎的な役割を果たすことになる．

§ 27　形式的数論 *Z*

　自然数論は数学の諸理論のなかでも最も基礎的なものの1つであるが，それ
を1つの公理体系として展開しようとしたものに著名な Peano の公理系があ
る．Peano の公理は次の5つから成っている．

N_1　0は自然数である．

N_2　x が自然数であるなら，x' も自然数である．（′は「後者 successor」を
　　　表わす関数であり，x' は内容的には「x の次の自然数」を表わす．）

N_3　$x'=0$ を満たすような自然数 x は存在しない．

N_4　$x'=y'$ であるなら，$x=y$ である．

N_5　$P(x)$ を自然数 x に関する命題とする．このとき，$P(0)$ が成り立ち，
　　　かつ，任意の自然数 x について $P(x)$ が成り立つとき $P(x')$ も成り立
　　　つなら，$P(x)$ はすべての自然数 x について成り立つ．（帰納法の公理）

　Peano は，これらの5つの公理から出発して，自然数がもつ様々な性質を体
系的に導出しようとしたわけである．しかし，このPeano の公理系も厳密に見
ればいまだ十全なものとは言えない．たとえば，そこでは，5つの公理以外に
様々な手段（たとえば集合論的な概念や定理）が暗黙のうちに用いられており，
種々の概念が自明のものとして利用されている．また，そこで用いられる論理

的な推論も十分に明確なかたちで提示されているとは言えない．そこで，こうした点を補いながら，自然数論をさらに完全な形式的体系として構成することが要求されるわけである．

われわれは前章で，様々な理論を第 1 階の述語論理を用いて形式化する体系を考え，それを「第 1 階の理論」と名づけた（§18）．そこで以下，自然数論を第 1 階の理論 Z として構成してみよう．§18 で見たように，Z を定義するためには，まず Z に固有の個体定項，関数記号，述語記号を指定し，さらに Z の固有公理を定めればよい．（Z では無論このほかに，個体変項（$x_1, x_2, \cdots$），論理記号（$\sim, \supset, \forall$），コンマ，括弧等の記号が使われ，さらに論理的公理（L_1, L_2, L_3, L_4）と推論規則（R_1, R_2）が用いられるが，これらは各理論で共通に使用される装置である．§18 を参照．）

　1　**Z の個体定項**　Z はただ 1 つの個体定項 c_1 をもつ．これを通例に従って 0 と書く．

　2　**Z の関数記号**　Z は f_1^1, f_1^2, f_2^2 という 3 つの関数記号をもつ．$f_1^1(t)$ を t' と書く．（t' は通常「t の次の自然数」と解釈される．）また $f_1^2(s, t)$ を $s+t$ と書き，さらに $f_2^2(s, t)$ を $s \cdot t$ と書く．

　3　**Z の述語記号**　Z はただ 1 つの述語記号 P_1^2 をもつ．$P_1^2(s, t)$ を通例に従って $s=t$ と書く．また，$\sim(s=t)$ を $s \neq t$ と略記することがある．

　4　**Z の固有公理**　Z の固有公理は次のとおりである．

　$Z_1.$　$x_1 = x_2 \supset (x_1 = x_3 \supset x_2 = x_3)$

　$Z_2.$　$x_1 = x_2 \supset x_1' = x_2'$

　$Z_3.$　$\sim(0 = x_1')$

　$Z_4.$　$x_1' = x_2' \supset x_1 = x_2$

　$Z_5.$　$x_1 + 0 = x_1$

　$Z_6.$　$x_1 + x_2' = (x_1 + x_2)'$

　$Z_7.$　$x_1 \cdot 0 = 0$

　$Z_8.$　$x_1 \cdot x_2' = x_1 \cdot x_2 + x_1$

　$Z_9.$　$A(x)$ を Z の任意の論理式とするとき，

$$A(0) \supset (\forall x (A(x) \supset A(x')) \supset \forall x A(x))$$

　ちなみに，これらの公理を先の Peano の公理と比較してみると以下のこと
が言える．Z_1 と Z_2 は等号についての性質を与える公理であるが，Peano の場
合には自明なものとして前提されており，したがって公理としては立てられて
いない．逆に，Peano の N_1 と N_2 の公理は，Z では，個体定項 0 と関数記号
′ の導入によって代替されている．Z_3 と Z_4 はそれぞれ N_3 と N_4 に対応してい
る．Z_5 と Z_6 は加法を定義する公理であり，Z_7 と Z_8 は乗法を定義する公理で
あるが，いずれも Peano の公理にはない．それらは，Peano の場合には，集
合論を利用して導かれることになる．最後の Z_9 は帰納法の公理であるが，Z_1
から Z_8 までの公理がそれぞれ特定の論理式であるのに対し，これはシェーマ
で与えられている．つまり，Z_9 のような型をもつ論理式がすべて公理である
ことになる．Z_9 と N_5 との関係については次の点が注意されなければならない．
つまり，N_5 の場合には，自然数についての性質 $P(x)$ は自然数の部分集合と
1 対 1 に対応し，したがってそうした性質 $P(x)$ の集合は非可算（$2^{\aleph_0}$）の濃
度をもつ．それに対して Z_9 の場合には，Z の論理式 $A(x)$ の集合は可算であ
る（§ 25，定理 2 を参照）．したがって，同じ帰納法でも，N_5 は非可算個の性
質に関係し，Z_9 は可算個の論理式にかかわっているわけである．

　さて，以上により自然数論が第 1 階の理論 Z として定義され，1 つの形式
的体系として構成された．そこで以下，われわれは，自然数がもつ諸性質をこ
うした形式的体系 Z における定理（証明可能な論理式）として導出してゆき
たい．通常の数論で得られる様々な結果が，ここではそれらの内容的な意味づ
けに依存することなく純粋に形式的なかたちで導出されるわけである．ちなみ
に，Z における証明の例を挙げておく．

　例　論理式 $x_1 = x_1$ は Z の定理であり，その証明は次のとおりである．

1　$x_1 = x_2 \supset (x_1 = x_3 \supset x_2 = x_3)$　　　　　　　　　　　　　　Z_1

2　$(x_1 = x_2 \supset (x_1 = x_3 \supset x_2 = x_3)) \supset ((0 = 0 \supset (0 = 0 \supset 0 = 0)) \supset$
　　$(x_1 = x_2 \supset (x_1 = x_3 \supset x_2 = x_3)))$　　　　　　　　　　L_1

3　$(0 = 0 \supset (0 = 0 \supset 0 = 0)) \supset (x_1 = x_2 \supset (x_1 = x_3 \supset x_2 = x_3))$　　1, 2, R_1

4 　$(0=0 \supset (0=0 \supset 0=0)) \supset \forall x_3 (x_1=x_2 \supset (x_1=x_3 \supset x_2=x_3))$ 　　3, R_2

5 　$(0=0 \supset (0=0 \supset 0=0)) \supset \forall x_2 \forall x_3 (x_1=x_2 \supset (x_1=x_3 \supset x_2=x_3))$ 　4, R_2

6 　$(0=0 \supset (0=0 \supset 0=0)) \supset \forall x_1 \forall x_2 \forall x_3 (x_1=x_2 \supset (x_1=x_3 \supset x_2=x_3))$ 　5, R_2

7 　$0=0 \supset (0=0 \supset 0=0)$ 　　　　　　　　　　　　　　　　L_1

8 　$\forall x_1 \forall x_2 \forall x_3 (x_1=x_2 \supset (x_1=x_3 \supset x_2=x_3))$ 　　　　6, 7, R_1

9 　$\forall x_1 \forall x_2 \forall x_3 (x_1=x_2 \supset (x_1=x_3 \supset x_2=x_3)) \supset$

　　　$\forall x_2 \forall x_3 (x_1+0=x_2 \supset (x_1+0=x_3 \supset x_2=x_3))$ 　　　L_4

10 　$\forall x_2 \forall x_3 (x_1+0=x_2 \supset (x_1+0=x_3 \supset x_2=x_3))$ 　　　8, 9, R_1

11 　$\forall x_2 \forall x_3 (x_1+0=x_2 \supset (x_1+0=x_3 \supset x_2=x_3)) \supset$

　　　$\forall x_3 (x_1+0=x_1 \supset (x_1+0=x_3 \supset x_1=x_3))$ 　　　　L_4

12 　$\forall x_3 (x_1+0=x_1 \supset (x_1+0=x_3 \supset x_1=x_3))$ 　　　　10, 11, R_1

13 　$\forall x_3 (x_1+0=x_1 \supset (x_1+0=x_3 \supset x_1=x_3)) \supset$

　　　$(x_1+0=x_1 \supset (x_1+0=x_1 \supset x_1=x_1))$ 　　　　　L_4

14 　$x_1+0=x_1 \supset (x_1+0=x_1 \supset x_1=x_1)$ 　　　　　12, 13, R_1

15 　$x_1+0=x_1$ 　　　　　　　　　　　　　　　　　　　　Z_5

16 　$x_1+0=x_1 \supset x_1=x_1$ 　　　　　　　　　　　　　　14, 15, R_1

17 　$x_1=x_1$ 　　　　　　　　　　　　　　　　　　　　　15, 16, R_1

（このように，論理式 $x_1=x_1$ の Z における正式な，定義どおりの証明は17個の論理式から成る．しかし，Z は第1階の理論であるから，当然，第Ⅱ章で確立された諸規則〔演繹定理（§19），規則 U_g, U_i, E_g, E_i（§20），等々〕が利用できる．これによれば $x_1=x_1$ は次のように導出される．

1 　$x_1=x_2 \supset (x_1=x_3 \supset x_2=x_3)$ 　　　　　　　　　Z_1

2 　$\forall x_1 (x_1=x_2 \supset (x_1=x_3 \supset x_2=x_3))$ 　　　　　1, U_g

3 　$x_1+0=x_2 \supset (x_1+0=x_3 \supset x_2=x_3)$ 　　　　　　2, U_i

4 　$\forall x_2 (x_1+0=x_2 \supset (x_1+0=x_3 \supset x_2=x_3))$ 　　　3, U_g

5 　$x_1+0=x_1 \supset (x_1+0=x_3 \supset x_1=x_3)$ 　　　　　　4, U_i

6 　$\forall x_3 (x_1+0=x_1 \supset (x_1+0=x_3 \supset x_1=x_3))$ 　　　5, U_g

7 　$x_1+0=x_1 \supset (x_1+0=x_1 \supset x_1=x_1)$ 　　　　　　6, U_i

8	$x_1+0=x_1$	Z_5
9	$x_1+0=x_1 \supset x_1=x_1$	7, 8, R_1
10	$x_1=x_1$	8, 9, R_1)

§28 *Z* の 定 理 — その 1 —

この節では，等号（＝），後者関数（ʹ），加法（＋），ならびに乗法（・）がもつ基本的な諸性質を *Z* における定理として導出する．まず公理から直接に得られる定理を挙げよう．

定理 1　t_1, t_2, t_3 を *Z* の任意の項とするとき，次の論理式は *Z* の定理である．

1　$t_1=t_2 \supset (t_1=t_3 \supset t_2=t_3)$

2　$t_1=t_2 \supset t_1'=t_2'$

3　$\sim (0=t_1)$

4　$t_1'=t_2' \supset t_1=t_2$

5　$t_1+0=t_1$

6　$t_1+t_2'=(t_1+t_2)'$

7　$t_1 \cdot 0=0$

8　$t_1 \cdot t_2'=t_1 \cdot t_2+t_1$

証明　これらは公理の $Z_1 \sim Z_8$ から

$$A(y_1, \cdots, y_n) \vdash A(t_1, \cdots, t_n)$$

という規則を用いて得られる．ただし，項 $t_1, \cdots, t_n$ は，それぞれ個体変項 $y_1, \cdots, y_n$ に対して自由であるとする．この規則自体は次のように証明される．まず $A(y_1, \cdots, y_n)$ から U_g を n 回用いて $\forall y_1 \cdots \forall y_n A(y_1, \cdots, y_n) \cdots ①$ を得る．次に，もし $t_1, \cdots, t_n$ が $y_1, \cdots, y_n$ を含まなければ，U_i を n 回用いて ① から $A(t_1, \cdots, t_n)$ を得る．もしそうでなければ，$y_1, \cdots, y_n$ とは異なり，また $A(y_1, \cdots, y_n)$ ならびに $t_1, \cdots, t_n$ には含まれていないような n 個の個体変項 $w_1, \cdots, w_n$ を選ぶ．そうすれば

$$\forall y_1 \cdots \forall y_n A(y_1, \cdots, y_n) \vdash (w_1, \cdots, w_n) \vdash$$

$$\forall w_1 \cdots \forall w_n A(w_1, \cdots, w_n) \vdash A(t_1, \cdots, t_n)$$

が言える.　　　　　　　　　　　　　　　　　　　　　　　　　　┛

定理2　t_1, t_2, t_3 を Z の項とするとき，次の論理式は Z の定理である.

1	$t_1 = t_1$	（反射性）
2	$t_1 = t_2 \supset t_2 = t_1$	（対称性）
3	$t_1 = t_2 \supset (t_2 = t_3 \supset t_1 = t_3)$	（推移性）
4	$t_2 = t_1 \supset (t_3 = t_1 \supset t_2 = t_3)$	（= の性質）

証明　1　これは前節の末尾の例から明らかであるが，次のように証明される.

i	$t_1 + 0 = t_1 \supset (t_1 + 0 = t_1 \supset t_1 = t_1)$	定理1の1
ii	$t_1 + 0 = t_1$	定理1の5
iii	$t_1 + 0 = t_1 \supset t_1 = t_1$	i，ii，R_1
iv	$t_1 = t_1$	ii，iii，R_1

2

i	$t_1 = t_2 \supset (t_1 = t_1 \supset t_2 = t_1)$	定理1の1
ii	$t_1 = t_1 \supset (t_1 = t_2 \supset t_2 = t_1)$	i，トートロジー
iii	$t_1 = t_1$	定理2の1
iv	$t_1 = t_2 \supset t_2 = t_1$	ii，iii，R_1

3

i	$t_1 = t_2 \supset t_2 = t_1$	定理2の2
ii	$t_2 = t_1 \supset (t_2 = t_3 \supset t_1 = t_3)$	定理1の1
iii	$t_1 = t_2 \supset (t_2 = t_3 \supset t_1 = t_3)$	i，ii，トートロジー

4

i	$t_2 = t_1 \supset (t_1 = t_3 \supset t_2 = t_3)$	定理2の3
ii	$t_1 = t_3 \supset (t_2 = t_1 \supset t_2 = t_3)$	i，トートロジー
iii	$t_3 = t_1 \supset t_1 = t_3$	定理2の2
iv	$t_3 = t_1 \supset (t_2 = t_1 \supset t_2 = t_3)$	ii，iii，トートロジー
v	$t_2 = t_1 \supset (t_3 = t_1 \supset t_2 = t_3)$	iv，トートロジー　┛

定理3 t_1, t_2, t_3 を *Z* の項とするとき，次の論理式は *Z* の定理である.

1 $t_1=t_2 \supset t_1+t_3=t_2+t_3$ （加法の置換性）

2 $t_1=0+t_1$

3 $t_1'+t_2=(t_1+t_2)'$

4 $t_1+t_2=t_2+t_1$ （加法の交換律）

5 $t_1=t_2 \supset t_3+t_1=t_3+t_2$ （加法の置換性）

6 $(t_1+t_2)+t_3=t_1+(t_2+t_3)$ （加法の結合律）

証明 1 これは帰納法の公理 Z_9 を用いる. Z_9 によれば，$\vdash A(0)$ と $\vdash \forall x(A(x) \supset A(x'))$ とを示せば $\vdash \forall x A(x)$ が得られる.（Z_9 に R_1 を2回適用する. また，$\vdash \forall x(A(x) \supset A(x'))$ を示すためには，U_9 により $\vdash A(x) \supset A(x')$ を示せばよい. したがって以下，Z_9 をこのかたちで用いる.）今，x, y, z を個体変項とし，

$$y=z \supset y+x=z+x$$

を $A(x)$ とおく.

a） まず $\vdash A(0)$，つまり $\vdash y=z \supset y+0=z+0$ を示す.

i $\quad y=z$ 仮定

ii $\quad y+0=y$ 定理1の5

iii $\quad z+0=z$ 定理1の5

iv $\quad y+0=z$ i，ii，定理2の3

v $\quad y+0=z+0$ iii，iv，定理2の4

vi $\quad y=z \supset y+0=z+0$ i～v，演繹定理

b） 次に $\vdash A(x) \supset A(x')$，つまり

$$\vdash (y=z \supset y+x=z+x) \supset (y=z \supset y+x'=z+x')$$

を示す.

i $\quad y=z$ 仮定

ii $\quad y=z \supset y+x=z+x$ 仮定

iii $\quad y+x'=(y+x)'$ 定理1の6

iv $\quad z+x'=(z+x)'$ 定理1の6

v $y+x=z+x$ i，ii，R_1

vi $y+x=z+x\supset(y+x)'=(z+x)'$ 定理1の2

vii $(y+x)'=(z+x)'$ v，vi，R_1

viii $y+x'=(z+x)'$ iii，vii，定理2の3

ix $y+x'=z+x'$ iv，viii，定理2の4

x $y=z,\ y=z\supset y+x=z+x\vdash y+x'=z+x'$ i～ix

xi $\vdash(y=z\supset y+x=z+x)\supset(y=z\supset y+x'=z+x')$ x，演繹定理

a），b）から Z_9 の帰納法により $\vdash\forall xA(x)$，つまり $\vdash\forall x(y=z\supset y+x=z+x)$ が得られる．これからさらに U_g と U_i により $\vdash t_1=t_2\supset t_1+t_3=t_2+t_3$ を得る．

2 $x=0+x$ を $A(x)$ とおき，Z_9 の帰納法を用いる．

a） $\vdash A(0)$ つまり $\vdash 0=0+0$ を示す．

i $0+0=0$ 定理1の5

ii $0=0+0$ i，定理2の2

b） $\vdash A(x)\supset A(x')$ つまり $\vdash x=0+x\supset x'=0+x'$ を示す．

i $x=0+x$ 仮定

ii $x'=(0+x)'$ i，定理1の2

iii $0+x'=(0+x)'$ 定理1の5

iv $x'=0+x'$ ii，iii，定理2の4

v $x=0+x\vdash x'=0+x'$ i～iv

vi $\vdash x=0+x\supset x'=0+x'$

a），b）から Z_9 により $\vdash\forall x(x=0+x)$ が得られる．よって U_i により $\vdash t_1=0+t_1$.

3 $x'+y=(x+y)'$ を $A(y)$ とおき，Z_9 を用いる．

a） $\vdash A(0)$ を示す．

i $x+0=x$ 定理1の5

ii $(x+0)'=x'$ i，定理1の2

iii $x'+0=x'$ 定理1の5

iv　$x'+0=(x+0)'$　　　　　　　　　　　　　　ii，iii，定理2の4

b）　$\vdash A(y) \supset A(y')$ を示す.

i　$x'+y=(x+y)'$　　　　　　　　　　　　　　仮定

ii　$(x'+y)'=(x+y)''$　　　　　　　　　　　　i，定理1の2

iii　$x'+y'=(x'+y)'$　　　　　　　　　　　　　定理1の6

iv　$x'+y'=(x+y)''$　　　　　　　　　　　　　ii，iii，定理2の3

v　$x+y'=(x+y)'$　　　　　　　　　　　　　　定理1の6

vi　$(x+y')'=(x+y)''$　　　　　　　　　　　　v，定理1の2

vii　$x'+y'=(x+y')'$　　　　　　　　　　　　　iv，vi，定理2の4

viii　$x'+y=(x+y)'\vdash x'+y'=(x+y')'$　　　　i ～ vii

ix　$\vdash x'+y=(x+y)' \supset (x'+y'=(x+y')')$　　viii，演繹定理

a），b）から Z_9 により $\vdash \forall y(x'+y=(x+y)')$. したがって U_g と U_i により $\vdash t_1'+t_2=(t_1+t_2)'$.

4　$x+y=y+x$ を $A(y)$ とおき，Z_9 の帰納法を用いる. その際，2，3を利用する.

5

i　$t_1=t_2$　　　　　　　　　　　　　　　　　仮定

ii　$t_1=t_2 \supset t_1+t_3=t_2+t_3$　　　　　　　　定理3の1

iii　$t_1+t_3=t_2+t_3$　　　　　　　　　　　　　i，ii，R_1

iv　$t_1+t_3=t_3+t_1$　　　　　　　　　　　　　定理3の4

v　$t_3+t_1=t_2+t_3$　　　　　　　　　　　　　iii，iv，定理1の1

vi　$t_2+t_3=t_3+t_2$　　　　　　　　　　　　　定理3の4

vii　$t_3+t_1=t_3+t_2$　　　　　　　　　　　　　v，vi，定理2の3

viii　$t_1=t_2 \vdash t_3+t_1=t_3+t_2$　　　　　　　i ～ vii

ix　$\vdash t_1=t_2 \supset t_3+t_1=t_3+t_2$　　　　　viii，演繹定理

6　$(x+y)+z=x+(y+z)$ を $A(z)$ とおき，Z_9 の帰納法を用いる.　　⏌

定理4　t_1, t_2, t_3 を Z の項とするとき，次の論理式は Z の定理である.

1　$t_1=t_2 \supset t_1 \cdot t_3=t_2 \cdot t_3$　　　　　　　　　　　（乗法の置換性）

2 $0 \cdot t_1 = 0$

3 $t_1' \cdot t_2 = t_1 \cdot t_2 + t_2$

4 $t_1 \cdot t_2 = t_2 \cdot t_1$ （乗法の交換律）

5 $t_1 = t_2 \supset t_3 \cdot t_1 = t_3 \cdot t_2$ （乗法の置換性）

証明 1 $x = y \supset x \cdot z = y \cdot z$ を $A(z)$ とおき，Z_9 を用いる．

a) $\vdash A(0)$，つまり $\vdash x = y \supset x \cdot 0 = y \cdot 0$ を示す．

i	$x \cdot 0 = 0$	定理 1 の 7
ii	$y \cdot 0 = 0$	定理 1 の 7
iii	$x \cdot 0 = y \cdot 0$	i，ii，定理 2 の 4
iv	$x \cdot 0 = y \cdot 0 \supset (x = y \supset x \cdot 0 = y \cdot 0)$	L_1
v	$x = y \supset x \cdot 0 = y \cdot 0$	iii，iv，R_1

b) $\vdash A(z) \supset A(z')$，つまり $\vdash (x = y \supset x \cdot z = y \cdot z) \supset (x = y \supset x \cdot z' = y \cdot z')$ を示す．

i	$x = y$	仮定
ii	$x = y \supset x \cdot z = y \cdot z$	仮定
iii	$x \cdot z = y \cdot z$	i，ii，R_1
iv	$x \cdot z + x = y \cdot z + x$	iii，定理 3 の 1
v	$y \cdot z + x = y \cdot z + y$	i，定理 3 の 5
vi	$x \cdot z + x = y \cdot z + y$	iv，v，定理 2 の 3
vii	$x \cdot z' = x \cdot z + x$	定理 1 の 8
viii	$x \cdot z' = y \cdot z + y$	vi，vii，定理 2 の 3
ix	$y \cdot z' = y \cdot z + y$	定理 1 の 8
x	$x \cdot z' = y \cdot z'$	viii，ix，定理 2 の 4
xi	$x = y, x = y \supset x \cdot z = y \cdot z \vdash x \cdot z' = y \cdot z'$	i ～ x
xii	$\vdash (x = y \supset x \cdot z = y \cdot z) \supset (x = y \supset x \cdot z' = y \cdot z')$	xi，演繹定理

a)，b)から Z_9 により $\vdash \forall z(x = y \supset x \cdot z = y \cdot z)$ が得られ，さらに U_g，U_i により $\vdash t_1 = t_2 \supset t_1 \cdot t_3 = t_2 \cdot t_3$ が得られる．

2 $0 \cdot x = 0$ を $A(x)$ とおき，Z_9 を用いる．

a)　⊢$A(0)$ の証明

i　$0 \cdot 0 = 0$　　　　　　　　　　　　　　　定理 1 の 7

b)　⊢$A(x) \supset A(x')$ の証明

i　$0 \cdot x = 0$　　　　　　　　　　　　　　　仮定

ii　$0 \cdot x + 0 = 0 + 0$　　　　　　　　　　　i ，定理 3 の 1

iii　$0 = 0 + 0$　　　　　　　　　　　　　　　定理 3 の 2

iv　$0 \cdot x + 0 = 0$　　　　　　　　　　　　ii ，iii ，定理 2 の 4

v　$0 \cdot x' = 0 \cdot x + 0$　　　　　　　　　　定理 1 の 8

vi　$0 \cdot x' = 0$　　　　　　　　　　　　　iv ，v ，定理 2 の 3

vii　$0 \cdot x = 0 \vdash 0 \cdot x' = 0$　　　　　　　　i ～ vi

viii　⊢$0 \cdot x = 0 \supset 0 \cdot x' = 0$　　　　　　vii ，演繹定理

a)，b)から Z_9 により ⊢$\forall x(0 \cdot x = 0)$．したがって U_i により ⊢$0 \cdot t_1 = 0$．

3　$x' \cdot y = x \cdot y + y$ を $A(y)$ とおき，Z_9 を適用する．

4　$x \cdot y = y \cdot x$ を $A(y)$ とおき，Z_9 を用いる．その際，上の 2，3 を利用する．

5

i　$t_1 = t_2$　　　　　　　　　　　　　　　仮定

ii　$t_1 = t_2 \supset t_1 \cdot t_3 = t_2 \cdot t_3$　　　　　　　定理 4 の 1

iii　$t_1 \cdot t_3 = t_2 \cdot t_3$　　　　　　　　　　i ，ii ，R_1

iv　$t_3 \cdot t_1 = t_1 \cdot t_3$　　　　　　　　　　定理 4 の 4

v　$t_3 \cdot t_1 = t_2 \cdot t_3$　　　　　　　　　　iii ，iv ，定理 2 の 3

vi　$t_2 \cdot t_3 = t_3 \cdot t_2$　　　　　　　　　　定理 4 の 4

vii　$t_3 \cdot t_1 = t_3 \cdot t_2$　　　　　　　　　　v ，vi ，定理 2 の 3

viii　$t_1 = t_2 \vdash t_3 \cdot t_1 = t_3 \cdot t_2$　　　　　　i ～ vii

ix　⊢$t_1 = t_2 \supset t_3 \cdot t_1 = t_3 \cdot t_2$　　　　　viii ，演繹定理　　┛

定理 5　Z は §22 の意味で，等号をもつ理論である．したがって Z では $=$ に関する置換の法則

$$\vdash x = y \supset (A_{xx} \supset A_{xy})$$

が成り立つ．ただし，A_{xx} は Z の任意の論理式を表わし，A_{xy} は，A_{xx} におけ

る変項 x のいくつかの自由な現われを変項 y で置きかえたとき得られる論理式を表わすものとする。また，x が置きかえられる現われにおいて，y は x に対して自由であるとする。

証明 Z が §22 の冒頭の4つの条件を満たすことを確かめればよい。1は明らか。2は定理2の1により成り立つ。3は，定理1の2，定理3の1，5，定理4の1，5等により成り立つ。4は定理1の1，定理2の3により成立する。また，置換の法則が成り立つことは §22 の定理4により言える。　　┛

定理6 t_1, t_2, t_3 を Z の項とするとき，次の論理式は Z の定理である。

1	$t_1 \cdot (t_2 + t_3) = t_1 \cdot t_2 + t_1 \cdot t_3$	（分配律）
2	$(t_2 + t_3) \cdot t_1 = t_2 \cdot t_1 + t_3 \cdot t_1$	（分配律）
3	$(t_1 \cdot t_2) \cdot t_3 = t_1 \cdot (t_2 \cdot t_3)$	（乗法の結合律）
4	$t_1 + t_3 = t_2 + t_3 \supset t_1 = t_2$	

証明 1　$x \cdot (y + z) = x \cdot y + x \cdot z$ を $A(z)$ とおき，Z_9 の帰納法を用いる。

a ）　$\vdash A(0)$ の証明

i	$y + 0 = y$	定理1の5
ii	$x \cdot (y + 0) = x \cdot y$	i，定理4の5
iii	$x \cdot y + 0 = x \cdot y$	定理1の5
iv	$x \cdot (y + 0) = x \cdot y + 0$	ii，iii，定理2の4
v	$x \cdot 0 = 0$	定理1の7
vi	$x \cdot y + x \cdot 0 = x \cdot y + 0$	v，定理3の5
vii	$x \cdot (y + 0) = x \cdot y + x \cdot 0$	iv，v，定理2の4

b ）　$\vdash A(z) \supset A(z')$ の証明

i	$x \cdot (y + z) = x \cdot y + x \cdot z$	仮定
ii	$x \cdot (y + z) + x = (x \cdot y + x \cdot z) + x$	i，定理3の1
iii	$(x \cdot y + x \cdot z) + x = x \cdot y + (x \cdot z + x)$	定理3の6
iv	$x \cdot (y + z) + x = x \cdot y + (x \cdot z + x)$	ii，iii，定理2の3
v	$x \cdot z' = x \cdot z + x$	定理1の8
vi	$x \cdot y + x \cdot z' = x \cdot y + (x \cdot z + x)$	v，定理3の5

vii $x\cdot(y+z)+x=x\cdot y+x\cdot z'$ iv, vi, 定理2の4

viii $y+z'=(y+z)'$ 定理1の6

ix $x\cdot(y+z')=x\cdot(y+z)'$ viii, 定理4の5

x $x\cdot(y+z)'=x\cdot(y+z)+x$ 定理1の8

xi $x\cdot(y+z')=x\cdot(y+z)+x$ ix, x, 定理2の3

xii $x\cdot(y+z')=x\cdot y+x\cdot z'$ vii, xi, 定理2の3

xiii $x\cdot(y+z)=x\cdot y+x\cdot z\vdash x\cdot(y+z')=x\cdot y+x\cdot z'$ i〜xii

xiv $\vdash x\cdot(y+z)=x\cdot y+x\cdot z\supset x\cdot(y+z')=x\cdot y+x\cdot z'$ xiii, 演繹定理

a), b)から Z_9, U_g, U_i により $\vdash t_1\cdot(t_2+t_3)=t_1\cdot t_2+t_1\cdot t_3$ が得られる.

2 1から, 定理4の4の乗法の交換律を用いて導かれる.

3 $(x\cdot y)\cdot z=x\cdot(y\cdot z)$ を $A(z)$ とおき, Z_9 の帰納法を用いる.

4 $x+z=y+z\supset x=y$ を $A(z)$ とおき, Z_9 を用いる. 」

定理7 t_1, t_2, t_3 を Z の項とするとき, 次の論理式は Z の定理である.

1 $t_1\neq0\supset\exists x(t_1=x')$

2 $t_1+t_2=0\supset t_1=0\wedge t_2=0$

3 $t_1\neq0\supset(t_2\cdot t_1=0\supset t_2=0)$

4 $t_3\neq0\supset(t_1\cdot t_3=t_2\cdot t_3\supset t_1=t_2)$

証明 1 $y\neq0\supset\exists x(y=x')$ を $A(y)$ とおいて, Z_9 を用いる.

a) $\vdash A(0)$ の証明

i $0=0$ 定理2の1

ii $0\neq0\supset\exists x(0=x')$ i, トートロジー

b) $\vdash A(y)\supset A(y')$ の証明

i $y'=y'$ 定理2の1

ii $\exists x(y'=x')$ i, E_g

iii $y'\neq0\supset\exists x(y'=x')$ ii, L_1

iv $(y\neq0\supset\exists x(y=x))\supset(y'\neq0\supset\exists x(y'=x'))$ iii, L_1

a), b)と Z_9, U_i により1を得る.

2 $x+y=0\supset x=0\wedge y=0$ を $A(y)$ とおき, Z_9 を用いる.

a） $\vdash A(0)$ の証明

i	$x+0=0$	仮定
ii	$x+0=x$	定理1の5
iii	$x=0$	i，定理1の1
iv	$0=0$	定理2の1
v	$x=0 \wedge 0=0$	iii，iv，トートロジー
vi	$x+0=0 \vdash x=0 \wedge 0=0$	i～v
vii	$\vdash x+0=0 \supset x=0 \wedge 0=0$	vi，演繹定理

b） $\vdash A(y) \supset A(y')$ の証明

i	$x+y'=(x+y)'$	定理1の6
ii	$(x+y)' \neq 0$	定理1の3，2の2
iii	$x+y' \neq 0$	i，ii，定理1の1，トートロジー
iv	$x+y'=0 \supset x=0 \wedge y'=0$	iii，トートロジー $\sim p_1 \supset (p_1 \supset p_2)$
v	$(x+y=0 \supset x=0 \wedge y=0) \supset (x+y'=0 \supset x=0 \wedge y'=0)$	iv，L_1

3　$x \neq 0 \supset (y \cdot x=0 \supset y=0)$ を $A(y)$ とおき，L_9 を用いる．

4　$\forall x(z \neq 0 \supset (x \cdot z=y \cdot z \supset x=y))$ を $A(y)$ とおき，Z_9 を用いる．　　　┛

§ 29　Z の 定 理—その2—

前節に続いて本節では数詞や大小関係の概念を導入し，それについての性質を証明する．また後半では，商と剰余の一意的存在，最小数の原理，累積帰納法といった初等数論における基本的な定理や方法をとりあげ，それらが Z でも成立することを証明する．

Z における項 $0, 0', 0'', 0''', \cdots$ は通常の自然数 $0, 1, 2, 3, \cdots$ に対応するものであるが，これを**数詞**（numeral）と呼び，$0, \bar{1}, \bar{2}, \bar{3}, \cdots$ と表わす．つまり，0 のあとに n 個の′をつけた数詞を $\bar{n}$ と表わすわけである（$\bar{0}$ は 0 と書く）．数詞については，まず次のような基本的な性質が成立する．

定理1　t_1, t_2 を Z の項とするとき，次の論理式は Z の定理である．

1　$t_1+\bar{1}=t_1'$

2　$t_1 \cdot \overline{1} = t_1$

3　$t_1 \cdot \overline{2} = t_1 + t_1, \quad t_1 \cdot \overline{3} = t_1 + t_1 + t_1, \quad \cdots$

4　$t_1 + t_2 = \overline{1} \supset (t_1 = 0 \wedge t_2 = \overline{1}) \vee (t_1 = \overline{1} \wedge t_2 = 0)$

5　$t_1 \cdot t_2 = \overline{1} \supset (t_1 = \overline{1} \wedge t_2 = \overline{1})$

証明　1

i　$t_1 + 0 = t_1$　　　　　　　　　　　§28 定理 1 の 5

ii　$(t_1 + 0)' = t_1'$　　　　　　　　　i ，§28 定理 1 の 2

iii　$t_1 + 0' = (t_1 + 0)'$　　　　　　　§28 定理 1 の 6

iv　$t_1 + 0' = t_1'$　　　　　　　　　ii ，iii，§28 定理 2 の 3

v　$t_1 + \overline{1} = t_1'$

2

i　$t_1 \cdot 0 = 0$　　　　　　　　　　§28 定理 1 の 7

ii　$t_1 \cdot 0 + t_1 = 0 + t_1$　　　　　i ，§28 定理 3 の 1

iii　$t_1 \cdot 0' = t_1 \cdot 0 + t_1$　　　　　§28 定理 1 の 8

iv　$t_1 \cdot 0' = 0 + t_1$　　　　　　　ii ，iii，§28 定理 2 の 3

v　$0 + t_1 = t_1$　　　　　　　　　§28 定理 3 の 2 ， 2 の 1

vi　$t_1 \cdot 0' = t_1$　　　　　　　　　iv ，v ，§28 定理 2 の 3

vii　$t_1 \cdot \overline{1} = t_1$

3

i　$t_1 \cdot \overline{1} = t_1$　　　　　　　　　1

ii　$t_1 \cdot \overline{1} + t_1 = t_1 + t_1$　　　　i ，§28 定理 3 の 1

iii　$t_1 \cdot \overline{1}' = t_1 \cdot \overline{1} + t_1$　　　　§28 定理 1 の 8

iv　$t_1 \cdot \overline{1}' = t_1 + t_1$　　　　　ii ，iii，§28 定理 2 の 3

v　$t_1 \cdot \overline{2} = t_1 + t_1$

4　$x + y = \overline{1} \supset ((x = 0 \wedge y = \overline{1}) \vee (x = \overline{1} \wedge y = 0))$ を $A(y)$ とおき，Z_9 の帰納法を用いる．

　a ）　$\vdash A(0)$ の証明

　i　$x + 0 = \overline{1}$　　　　　　　　　　仮定

ii	$x+0=x$	§28 定理1の5
iii	$x=\bar{1}$	i，ii，§28 定理1の1
iv	$0=0$	§28 定理2の1
v	$x=\bar{1}\wedge 0=0$	iii，iv，トートロジー
vi	$(x=0\wedge 0=\bar{1})\vee(x=\bar{1}\wedge 0=0)$	v，トートロジー
vii	$x+0=\bar{1}\supset((x=0\wedge 0=\bar{1})\vee(x=\bar{1}\wedge 0=0))$	vi，トートロジー

b ）　$\vdash A(y)\supset A(y')$ の証明

i	$x+y'=\bar{1}$	仮定
ii	$y+\bar{1}=y'$	1
iii	$x+(y+\bar{1})=x+y'$	ii，§28 定理3の5
iv	$x+(y+\bar{1})=\bar{1}$	i，iii，§28 定理2の3
v	$(x+y)+\bar{1}=x+(y+\bar{1})$	§28 定理3の6
vi	$(x+y)+\bar{1}=\bar{1}$	iv，v，§28 定理2の3
vii	$\bar{1}=0+\bar{1}$	§28 定理3の2
viii	$(x+y)+\bar{1}=0+\bar{1}$	vi，vii，§28 定理2の3
ix	$x+y=0$	viii，§28 定理6の4
x	$x=0\wedge y=0$	ix，§28 定理7の2
xi	$x=0\wedge y'=\bar{1}$	x，§28 定理1の2，トートロジー
xii	$(x=0\wedge y'=\bar{1})\vee(x=\bar{1}\wedge y'=0)$	xi，トートロジー
xiii	$x+y'=\bar{1}\supset((x=0\wedge y'=\bar{1})\vee(x=\bar{1}\wedge y'=0))$	i～xii，演繹定理
xiv	$(x+y=\bar{1}\supset((x=0\wedge y=\bar{1})\vee(x=\bar{1}\wedge y=0)))\supset$	
	$\quad(x+y'=\bar{1}\supset((x=0\wedge y'=\bar{1})\vee(x=\bar{1}\wedge y'=0)))$	xiii，L_1

a ），b ）から Z_9，U_g，U_i により 4 を得る.

5　$x\cdot y=\bar{1}\supset(x=\bar{1}\wedge y=\bar{1})$ を $A(y)$ とおき，Z_9 を用いる.　　┛

定理2　任意の自然数 a, b に対して，次のことが成り立つ.

i　もし a≠b であるなら，$\vdash \bar{a}\neq\bar{b}$

ii　$\vdash \overline{a+b}=\bar{a}+\bar{b}$

iii　$\vdash \overline{a\cdot b}=\bar{a}\cdot\bar{b}$

証明 i a≠b であるから，a<b か b<a のいずれかであるが，仮に a<b とする．このとき $\overline{a}=\overline{b}$ であると仮定する．$\overline{a}=\overline{b}$ は

$$0\overset{\overset{\text{a個}}{\frown}}{''\cdots'}=0\overset{\overset{\text{b個}}{\frown}}{'''\cdots'}$$

を略記したものである．そこで，これに§28定理1の4を a 回適用すれば

$$0=0\overset{\overset{\text{b-a個}}{\frown}}{''\cdots'}\quad\cdots\text{①}$$

が得られる．b−a−1≧0 であるから，$\overline{b-a-1}$ を t とおけば，① は $0=t'$ と書ける．他方，§28定理1の3によれば $0\neq t'$ であるから，$0=t'\land 0\neq t'$ が得られる．これは $\overline{a}=\overline{b}$ を仮定して得られたものであるから，演繹定理により ⊢ $\overline{a}=\overline{b}\supset(0=t'\land 0\neq t')$ が言える．したがって，トートロジー $(p_1\supset(p_2\land\sim p_2))\supset\sim p_1$ により ⊢$\overline{a}\neq\overline{b}$ が導かれる．b<a の場合も同様である．

ii b に関する通常の帰納法で証明する．（Z_9 が *Z* の内部の，形式化された帰納法であるのに対し，これは *Z* に関するメタ言語の次元での帰納法と言える．）

$\alpha)$ b=0 の場合．$\overline{a+0}$ は $\overline{a}$ であり，§28定理2の1により ⊢$\overline{a+0}=\overline{a}$ である．他方，§28定理1の5により ⊢$\overline{a}+\overline{0}=\overline{a}$．したがって§28定理2の4により ⊢$\overline{a+0}=\overline{a}+\overline{0}$．

$\beta)$ ⊢$\overline{a+b}=\overline{a}+\overline{b}$ とする（帰納法の仮定）．これから§28定理1の2により ⊢$\overline{(a+b)}'=(\overline{a+b})'$．他方，⊢$\overline{a}+(\overline{b})'=(\overline{a}+\overline{b})'$．（§28定理1の6）．したがって，⊢$\overline{(a+b)}'=\overline{a}+(\overline{b})'$．（§28定理2の4）．ところで数詞の定義により $\overline{(a+b)}'$ は $\overline{a+(b+1)}$ であり，$(\overline{b})'$ は $\overline{b+1}$ である．よって，⊢$\overline{a+(b+1)}=\overline{a}+\overline{(b+1)}$ が得られる．

iii ii と同様に証明できる．   ⌐

次に，形式的体系 *Z* のなかへ大小関係を導入しよう．

t_1, t_2 を *Z* の項とするとき，

a) $t_1<t_2$ は $\exists y(y\neq 0\land t_1+y=t_2)$ を表わす．

b) $t_1\leqq t_2$ は $t_1<t_2\lor t_1=t_2$ を表わす．

c) $t_1>t_2$ は $t_2<t_1$ を表わす．

d） $t_1 \geqq t_2$ は $t_2 \leqq t_1$ を表わす.

ただし，a の定義においては，y は，t_1 ならびに t_2 のうちに現われない最初の個体変項（x_i の i の最小のもの）であるとする.（この条件は，たとえば

$$x < y \Longleftrightarrow \exists y (y \neq 0 \wedge x + y = y)$$

というような場合を回避するためのものである.）

定理3 $\vdash (t_1 \leqq t_2) \equiv \exists y (t_1 + y = t_2)$ が成り立つ.（ただし個体変項 y は，上の定義 a に付された条件を満たすものとする.）

証明 1 $\vdash (t_1 \leqq t_2) \supset \exists y (t_1 + y = t_2)$ の証明. $t_1 \leqq t_2$ の定義から，$\vdash \exists y (y \neq 0 \wedge t_1 + y = t_2) \supset \exists y (t_1 + y = t_2)$ と $\vdash t_1 = t_2 \supset \exists y (t_1 + y = t_2)$ の 2 つを証明すればよい.

α）

i	$\exists y (y \neq 0 \wedge t_1 + y = t_2)$	仮定
ii	$b \neq 0 \wedge t_1 + b = t_2$	i，選出規則 CH（§20 参照）
iii	$t_1 + b = t_2$	ii より
iv	$\exists y (t_1 + y = t_2)$	iii，E_g
v	$\vdash \exists y (y \neq 0 \wedge t_1 + y = t_2) \supset \exists y (t_1 + y = t_2)$	i ～iv，演繹定理

β）

i	$t_1 = t_2$	仮定
ii	$t_1 + 0 = t_1$	§28 定理1の5
iii	$t_1 + 0 = t_2$	§28 定理2の3
iv	$\exists y (t_1 + y = t_2)$	iii，E_g
v	$\vdash t_1 = t_2 \supset \exists y (t_1 + y = t_2)$	i ～iv，演繹定理

2 $\vdash \exists y (t_1 + y = t_2) \supset (t_1 \leqq t_2)$ の証明.

i	$\exists y (t_1 + y = t_2)$	仮定
ii	$t_1 + b = t_2$	i，選出規則 CH
iii	$(b \neq 0 \wedge t_1 + b = t_2) \vee (b = 0 \wedge t_1 + b = t_2)$	ii，トートロジー $p_1 \supset$ $((p_2 \wedge p_1) \vee (p_2 \wedge p_1))$
iv	$\exists y ((y \neq 0 \wedge t_1 + y = t_2) \vee (y = 0 \wedge t_1 + y = t_2))$	iii，E_g

v　$\exists y(y \neq 0 \wedge t_1 + y = t_2) \vee \exists y(y = 0 \wedge t_1 + y = t_2)$　　　§ 21 の末尾の例を参照

vi　$t_1 < t_2 \vee t_1 = t_2$　　　　　　　　　　　　　　v，定義

vii　$t_1 \leqq t_2$　　　　　　　　　　　　　　　　　vi，定義

viii　$\vdash \exists y(t_1 + y = t_2) \supset t_1 \leqq t_2$　　　　　　i ～ vii，演繹定理　　⌟

定理 4　t_1, t_2, t_3 を *Z* の項とするとき，次の論理式は *Z* の定理である.

1　$0 < t_1'$　　　　　　　　　　　　2　$t_1 < t_1'$

3　$\sim (t_1 < 0)$　　　　　　　　　　4　$\sim (t_1 < t_1)$

5　$t_1 \leqq t_1$　　　　　　　　　　　　6　$0 \leqq t_1$

7　$0 < \bar{1},\ \bar{1} < \bar{2},\ \bar{2} < \bar{3},\ \cdots$　　8　$t_1 \leqq t_2 \equiv t_1 < t_2'$

9　$t_1 < t_2 \equiv t_1' \leqq t_2$　　　　　　10　$t_1 < t_2 \supset \sim (t_2 < t_1)$

11　$t_1 < t_2 \supset (t_2 < t_3 \supset t_1 < t_3)$　　12　$t_1 \leqq t_2 \supset (t_2 < t_3 \supset t_1 < t_3)$

13　$t_1 < t_2 \supset (t_2 \leqq t_3 \supset t_1 < t_3)$　　14　$t_1 \leqq t_2 \supset (t_2 \leqq t_3 \supset t_1 \leqq t_3)$

15　$t_1 \leqq t_2 \wedge t_2 \leqq t_1 \supset t_1 = t_2$　　16　$t_1 = t_2 \vee t_1 < t_2 \vee t_2 < t_1$

17　$t_1 \leqq t_2 \vee t_2 \leqq t_1$　　　　　　18　$t_1 \neq 0 \equiv t_1 > 0$

証明　$<$，$\leqq$ の定義にもどして考えればいずれもほぼ同様に示すことができるので，若干の例を証明するにとどめる.

1

i　$t_1' \neq 0$　　　　　　　　　　§ 28 定理 1 の 3，2 の 2

ii　$0 + t_1' = t_1'$　　　　　　　　§ 28 定理 3 の 2，2 の 2

iii　$t_1' \neq 0 \wedge 0 + t_1' = t_1'$　　　　i，ii，トートロジー

iv　$\exists y(y \neq 0 \wedge 0 + y = t_1')$　　　iii，E_g

v　$0 < t_1'$　　　　　　　　　　iv，定義

2

i　$\bar{1} \neq 0$　　　　　　　　　　§ 28 定理 1 の 3，2 の 2

ii　$t_1 + \bar{1} = t_1'$　　　　　　　定理 1 の 1

iii　$\bar{1} \neq 0 \wedge t_1 + \bar{1} = t_1'$　　　i，ii，トートロジー

iv　$\exists y(y \neq 0 \wedge t_1 + y = t_1')$　　iii，E_g

v　$t_1 < t_1'$　　　　　　　　　　iv，定義

3

ⅰ	$t_1 < 0$	仮定
ⅱ	$\exists y(y \neq 0 \wedge t_1 + y = 0)$	ⅰ, 定義
ⅲ	$b \neq 0 \wedge t_1 + b = 0$	ⅱ, 選出規則 CH
ⅳ	$t_1 + b = 0$	ⅲ, トートロジー
ⅴ	$t_1 = 0 \wedge b = 0$	ⅳ, §28 定理 7 の 2
ⅵ	$b = 0$	ⅴ, トートロジー
ⅶ	$b \neq 0$	ⅲ, トートロジー
ⅷ	$b = 0 \wedge b \neq 0$	ⅵ, ⅶ, トートロジー
ⅸ	$\sim(t_1 < 0)$	ⅰ〜ⅷ, 演繹定理, トートロジー

6 定理 3 により $\vdash t_1 \leqq t_2$ を示すためには $\exists y(t_1 + y = t_2)$ を示せばよい.

ⅰ	$0 + t_1 = t_1$	§28 定理 3 の 2, 2 の 2
ⅱ	$\exists y(0 + y = t_1)$	ⅰ, E_g
ⅲ	$0 \leqq t_1$	ⅱ より

7 2 の $t_1 < t_1'$ から明らか.

8 $\vdash t_1 \leqq t_2 \supset t_1 < t_2'$ の証明.

ⅰ	$t_1 \leqq t_2$	仮定
ⅱ	$\exists y(t_1 + y = t_2)$	ⅰ, 定理 3
ⅲ	$t_1 + b = t_2$	ⅱ, 選出規則 CH
ⅳ	$(t_1 + b)' = t_2'$	ⅲ, §28 定理 1 の 2
ⅴ	$t_1 + b' = (t_1 + b)'$	§28 定理 1 の 6
ⅵ	$t_1 + b' = t_2'$	ⅳ, ⅴ, §28 定理 2 の 3
ⅶ	$b' \neq 0$	§28 定理 1 の 3, 2 の 2
ⅷ	$b' \neq 0 \wedge t_1 + b' = t_2'$	ⅵ, ⅶ, トートロジー
ⅸ	$\exists y(y \neq 0 \wedge t_1 + y = t_2')$	ⅷ, E_g
ⅹ	$t_1 < t_2'$	ⅸ, 定義
ⅺ	$t_1 \leqq t_2 \supset t_1 < t_2'$	ⅰ〜ⅹ, 演繹定理

$\vdash t_1 < t_2' \supset t_1 \leqq t_2$ を示すためには, 上の ⅰ〜ⅹ を逆にたどればよい.

16 $x=y\vee x<y\vee y<x$ を $A(y)$ とおき，Z_9 の帰納法を用いる.

a ） $\vdash A(0)$ つまり $\vdash x=0\vee x<0\vee 0<x$ の証明.

i $0\leqq x$ 6

ii $x=0\vee 0<x$ i ，定義

iii $x=0\vee 0<x\vee x<0$ ii ，トートロジー

b ） $\vdash A(y)\supset A(y')$

i $x=y\vee x<y$ 仮定

ii $x\leqq y$ i ，定義

iii $x<y'$ ii ，8

iv $x<y'\vee x=y'\vee y'<x$ 　$(A(y'))$ iii ，トートロジー

v $\vdash (x=y\vee x<y)\supset A(y')$ i ～iv ，演繹定理

vi $y<x$ 仮定

vii $y'\leqq x$ vi ，9

viii $y'=x\vee y'<x$ vii ，定義

ix $y'=x\vee y'<x\vee x<y'$ viii ，トートロジー

x $\vdash (y<x)\supset A(y')$ vi ～ix ，演繹定理

xi $\vdash (x=y\vee x<y\vee y<x)\supset A(y')$ つまり $\vdash A(y)\supset A(y')$

          v ，x ，トートロジー $((p_1\supset p_3)\wedge(p_2\supset p_3))\supset((p_1\vee p_2)\supset p_3)$

a ），b ）から Z_9, U_g, U_i により16が得られる.

17, 18は16より明らか.   ┛

定理5 t_1, t_2, t_3 を Z の項とするとき，次の論理式は Z の定理である.

1 $t_1+t_2\geqq t_1$

2 $t_2\neq 0\supset t_1+t_2>t_1$

3 $t_2\neq 0\supset t_1\cdot t_2\geqq t_1$

4 $t_1\neq 0\supset(t_2>\overline{1}\supset t_1\cdot t_2>t_1)$

5 $t_1>0\supset(t_2>0\supset t_1\cdot t_2>0)$

6 $t_1<t_2\equiv t_1+t_3<t_2+t_3$

7 $t_1\leqq t_2\equiv t_1+t_3\leqq t_2+t_3$

8　$t_1\neq0\supset(t_2<t_3\equiv t_2\cdot t_1<t_3\cdot t_1)$

9　$t_1\neq0\supset(t_2\leqq t_3\equiv t_2\cdot t_1\leqq t_3\cdot t_1)$

証明　最初の3つを証明する．他もほとんど同様に証明できる．

1

i　$t_1+t_2=t_1+t_2$　　　　　　　　　　　　§28 定理2の1

ii　$\exists y(t_1+y=t_1+t_2)$　　　　　　　　i，E_g

iii　$t_1\leqq t_1+t_2$　　　　　　　　　　　　ii，定理3

2

i　$t_2\neq0$　　　　　　　　　　　　　　　仮定

ii　$t_1+t_2=t_1+t_2$　　　　　　　　　　　§28 定理2の1

iii　$t_2\neq0\wedge t_1+t_2=t_1+t_2$　　　　　i，ii，トートロジー

iv　$\exists y(y\neq0\wedge t_1+y=t_1+t_2)$　　　iii，E_g

v　$t_1<t_1+t_2$　　　　　　　　　　　　iv，定義

vi　$t_2\neq0\supset t_1+t_2>t_1$　　　　　　　i～v，演繹定理

3

i　$t_2\neq0$　　　　　　　　　　　　　　　仮定

ii　$\exists y(t_2=y')$　　　　　　　　　　　i，§28 定理7の1

iii　$t_2=b'$　　　　　　　　　　　　　　ii，選出規則 CH

iv　$t_1\cdot b'=t_1\cdot b+t_1$　　　　　　　　§28 定理1の8

v　$t_1\cdot t_2=t_1\cdot b'$　　　　　　　　　iii，§28 定理4の5

vi　$t_1\cdot t_2=t_1\cdot b+t_1$　　　　　　　iv，v，§28 定理2の3

vii　$t_1\cdot b+t_1=t_1\cdot t_2$　　　　　　　vi，§28 定理2の2

viii　$t_1+t_1\cdot b=t_1\cdot t_2$　　　　　　　vii，§28 定理3の4

ix　$\exists y(t_1+y=t_1\cdot t_2)$　　　　　　　viii，E_g

x　$t_1\leqq t_1\cdot t_2$　　　　　　　　　　　ix，定義

xi　$t_2\neq0\supset t_1\cdot t_2\geqq t_1$　　　　　i～x，演繹定理　　　⏌

数詞と大小関係に関する次の定理はのちにも用いる重要なものである．

定理6　任意の自然数 n（3，4の場合は $n>0$）と任意の論理式 A に対して

次のことが成り立つ.

1 $\vdash x=0 \vee \cdots \vee x=\bar{n} \equiv x \leqq \bar{n}$

2 $\vdash A(0) \wedge A(\bar{1}) \wedge \cdots \wedge A(\bar{n}) \equiv \forall x(x \leqq \bar{n} \supset A(x))$

3 $\vdash x=0 \vee \cdots \vee x=\overline{n-1} \equiv x < \bar{n}$

4 $\vdash A(0) \wedge A(\bar{1}) \wedge \cdots \wedge A(\overline{n-1}) \equiv \forall x(x < \bar{n} \supset A(x))$

証明 1 n についての通常の帰納法で証明する.

a $n=0$ の場合. $\vdash x=0 \equiv x \leqq 0$ が証明すべきことであるが,$\vdash x=0 \supset x \leqq 0$ は $x \leqq 0$ の定義から明らか. 他方,$\vdash \sim(x<0)$(定理4の3)であるから,$x \leqq 0$ からは $x=0$ が導かれ,したがって $\vdash x \leqq 0 \supset x=0$ が得られる.

b 帰納法の仮定として $\vdash x=0 \vee \cdots \vee x=\bar{n} \equiv x \leqq \bar{n}$ を仮定する.

α $\vdash x=0 \vee \cdots \vee x=\bar{n} \vee x=\overline{n+1} \supset x \leqq \overline{n+1}$ の証明.

i	$x=0 \vee \cdots \vee x=\bar{n}$	仮定
ii	$x=0 \vee \cdots \vee x=\bar{n} \supset x \leqq \bar{n}$	帰納法の仮定
iii	$x \leqq \bar{n} \supset x \leqq \overline{n+1}$	$\bar{n} < \overline{n+1}$(定理4の7)と定理4の12から
iv	$x=0 \vee \cdots \vee x=\bar{n} \supset x \leqq \overline{n+1}$	i〜iiiから
v	$x=\overline{n+1} \supset x \leqq \overline{n+1}$	
vi	$x=0 \vee \cdots \vee x=\bar{n} \vee x=\overline{n+1} \supset x \leqq \overline{n+1}$	iv,vから

β $\vdash x \leqq \overline{n+1} \supset x=0 \vee \cdots \vee x=\bar{n} \vee x=\overline{n+1}$ の証明.

i	$x \leqq \overline{n+1}$	仮定
ii	$x=\overline{n+1} \vee x < \overline{n+1}$	i の定義
iii	$x=\overline{n+1} \supset x=0 \vee \cdots \vee x=\bar{n} \vee x=\overline{n+1}$	トートロジー
iv	$x < \overline{n+1} \supset x \leqq \bar{n}$	定理4の8
v	$x < \overline{n+1} \supset x=0 \vee \cdots \vee x=\bar{n}$	ivと帰納法の仮定より
vi	$x < \overline{n+1} \supset x=0 \vee \cdots \vee x=\bar{n} \vee x=\overline{n+1}$	v,トートロジー
vii	$x \leqq \overline{n+1} \supset x=0 \vee \cdots \vee x=\overline{n+1}$	i,ii,iii,viから

α と β とから $\vdash x=0 \vee \cdots \vee x=\overline{n+1} \equiv x \leqq \overline{n+1}$ が得られる.

2

a $A(0) \wedge A(\bar{1}) \wedge \cdots \wedge A(\bar{n}) \supset \forall x(x \leqq \bar{n} \supset A(x))$ の証明.

i　$A(0) \wedge A(\bar{1}) \wedge \cdots \wedge A(\bar{n})$　　　　　　　　　　　仮定

ii　$x \leqq \bar{n}$　　　　　　　　　　　　　　　　　　　　　　仮定

iii　$x=0 \vee x=\bar{1} \vee \cdots \vee x=\bar{n}$　　　　　　　　　ii から 1 により

iv　$(A(0) \wedge A(\bar{1}) \wedge \cdots \wedge A(\bar{n})) \wedge (x=0 \vee x=\bar{1} \vee \cdots \vee x=\bar{n})$　i , iii より

v　$(A(0) \wedge x=0) \vee (A(\bar{1}) \wedge x=\bar{1}) \vee \cdots \vee (A(\bar{n}) \wedge x=\bar{n})$　iv, トートロジー

vi　$A(x) \vee A(x) \vee \cdots \vee A(x)$　　　　　§28 定理 5 の置換の法則により一般

　　　　　　　　　　　　　　　　　　　　　に $A(\bar{m}) \wedge x=\bar{m} \supset A(x)$ であるから

vii　$A(x)$　　　　　　　　　　　　　　　　vi, トートロジー

viii　$A(0) \wedge A(\bar{1}) \wedge \cdots \wedge A(\bar{n}),\ x \leqq \bar{n} \vdash A(x)$　　　i ～vii, 演繹定理

ix　$A(0) \wedge A(\bar{1}) \wedge \cdots \wedge A(\bar{n}) \vdash (x \leqq \bar{n} \supset A(x))$　　viii より

x　$A(0) \wedge A(\bar{1}) \wedge \cdots \wedge A(\bar{n}) \vdash \forall x(x \leqq \bar{n} \supset A(x))$　　ix, U_g

xi　$\vdash A(0) \wedge A(\bar{1}) \wedge \cdots \wedge A(\bar{n}) \supset \forall x(x \leqq \bar{n} \supset A(x))$　　x より

b　$\forall x(x \leqq \bar{n} \supset A(x)) \supset A(0) \wedge A(\bar{1}) \wedge \cdots \wedge A(\bar{n})$ の証明.

　$\forall x(x \leqq \bar{n} \supset A(x))$ から U_i により $\bar{k} \leqq \bar{n} \supset A(\bar{k})$ が導かれる. したがって, $k \leqq n$ なる k に対して $A(\bar{k})$ が導かれ, $A(0) \wedge A(\bar{1}) \wedge \cdots \wedge A(\bar{n})$ が得られる.

　以上 a, b から $\vdash A(0) \wedge A(\bar{1}) \wedge \cdots \wedge A(\bar{n}) \equiv \forall x(x \leqq \bar{n} \supset A(x))$ が成り立つ.

　3　1 により $\vdash x=0 \vee \cdots \vee x=\overline{n-1} \equiv x \leqq \overline{n-1}$. また定理 4 の 8 により $\vdash x \leqq \overline{n-1} \equiv x < \bar{n}$. したがって 3 を得る.

　4　2 により $\vdash A(0) \wedge A(\bar{1}) \wedge \cdots \wedge A(\overline{n-1}) \equiv \forall x(x \leqq \overline{n-1} \supset A(x))$. 定理 4 の 8 により $\vdash x \leqq \overline{n-1} \equiv x < \bar{n}$ であるから, §21 定理 4 の置換の法則により 4 を得る.　　┘

　任意の自然数 n と 0 でない自然数 m が与えられたとき, $n=qm+r$ であり, かつ $r<m$ であるような自然数 $q,\ r$ が存在し, しかも 1 組のみ存在する. 「商と剰余の一意性」と呼ばれるこの性質は初等数論で重要なものであるが, これを Z の定理として証明してみよう.

　定理 7　次の論理式は Z の定理である.

$$y \neq 0 \supset \exists_1 u \exists_1 v(x=y \cdot u + v \wedge v < y)$$

（$\exists_1$ については §22 を参照）

証明 1で存在を示し，2で一意性を証明する.

1 $y\neq0\supset\exists u\exists v\ (x=y\cdot u+v\wedge v<y)$ を $A(x)$ としてとり，Z_9 の帰納法を用いる.

a $\vdash A(0)$ の証明.

i	$y\neq0$	仮定
ii	$0<y$	ⅰ，定理4の18
iii	$0=y\cdot0$	§28定理1の7
iv	$0=y\cdot0+0$	ⅲ，§28定理5
v	$0=y\cdot0+0\wedge0<y$	ⅱ，ⅳより
vi	$\exists u\exists v(0=y\cdot u+v\wedge v<y)$	ⅴ，E_q
vii	$y\neq0\supset\exists u\exists v(0=y\cdot u+v\wedge v<y)$	ⅰ〜ⅵ，演繹定理

b $\vdash A(x)\supset A(x')$ の証明.

i	$y\neq0\supset\exists u\exists v(x=y\cdot u+v\wedge v<y)$	仮定
ii	$y\neq0$	仮定
iii	$\exists u\exists v(x=y\cdot u+v\wedge v<y)$	ⅰ，ⅱ，R_1
iv	$x=y\cdot b\mid c\wedge c<y$	ⅲ，選出規則 *CH*
v	$c<y$	ⅳより
vi	$c'\leqq y$	定理4の9
vii	$c'<y\vee c'=y$	ⅵの定義
viii	$x=y\cdot b+c$	ⅳより
ix	$x'=y\cdot b+c'$	ⅷ，§28定理1の6
x	$c'<y\supset(x'=y\cdot b+c'\wedge c'<y)$	ⅸより
xi	$c'<y\supset\exists u\exists v(x'=y\cdot u+v\wedge v<y)$	ⅹより
xii	$c'=y\supset x'=y\cdot b+y$	ⅸ，置換
xiii	$y=y\cdot\bar1$	定理1の2
xiv	$c'=y\supset x'=y\cdot b+y\cdot\bar1$	ⅻ，ⅹⅲ，置換
xv	$c'=y\supset x'=y\cdot(b+\bar1)+0$	ⅹⅳ，§28定理6の1，1の5
xvi	$c'=y\supset(x'=y\cdot(b+\bar1)+0\wedge0<y)$	ⅹⅴ，§28定理1の3，§29

定理 4 の 3

xⅶ $c'=y \supset \exists u \exists v(x'=y \cdot u+v \wedge v<y)$ 　　xⅵ より

xⅷ $\exists u \exists v(x'=y \cdot u+v \wedge v<y)$ 　　ⅶ，ⅺ，xⅶ より

ⅹⅸ $(y \neq 0 \supset \exists u \exists v(x=y \cdot u+v \wedge v<y)) \supset$

$(y \neq 0 \supset \exists u \exists v(x'=y \cdot u+v \wedge v<y))$ 　　ⅰ～xⅷ，演繹定理

a，b から Z_9 により $\vdash A(x)$ が証明される.

2　u, v の一意性の証明. $y \neq 0$ とし，

$$x=y \cdot u_1+v_1 \wedge v_1<y, \quad x=y \cdot u_2+v_2 \wedge v_2<y$$

の 2 つが成立するとする. 定理 4 の16により，$u_1=u_2$ か $u_1<u_2$ か $u_2<u_1$ かの
いずれかである. 今，$u_1<u_2$ とする. このとき定義により，ある $t(\neq 0)$ が存
在して $u_2=u_1+t$ となる. したがって，

$$y \cdot u_1+v_1=x=y \cdot u_2+v_2=y \cdot (u_1+t)+v_2=y \cdot u_1+y \cdot t+v_2$$

となる. よって，§28 定理 6 の 4 により $v_1=y \cdot t+v_2$ となる. 他方，$t \neq 0$ であ
るから，定理 5 の 3 により $y \leqq y \cdot t$ であり，したがって $y \leqq y \cdot t+v_2=v_1$ となる.
しかしこれは $v_1<y$ に矛盾する. よって $u_1<u_2$ ではない. 同様に $u_2<u_1$ でも
なく，結局 $u_1=u_2$ となる. そして，$u_1=u_2$ であれば，はじめの 2 式と §28 定
理 6 の 4 により $v_1=v_2$ となる.　　　　　　　　　　　　　　　　　┛

　初等数論で用いられる証明の手段としては無論，数学的帰納法が代表的なも
のであるが，そのほかにもいくつかの方法がある. たとえば「性質 P を満た
す自然数が存在すれば，そうした自然数のなかには最小のものが存在する」と
いう**最小数の原理**（Least-number Principle）はしばしば用いられる重要な証
明法であるが，これを Z のなかで形式的に表現すれば，

$$\exists x A(x) \supset \exists y(A(y) \wedge \forall z(z<y \supset \sim A(z)))$$

という論理式で表わされる. あるいはまた，数学的帰納法のより強いかたちの
ものとして**累積帰納法**（course of values induction）が用いられるが，これは
Z のなかでは

$$\forall x(\forall y(y<x \supset A(y)) \supset A(x)) \supset \forall x A(x)$$

という論理式で表現される. そこで，これらの論理式が Z の定理であること

を示し，それによってこれらの証明法が *Z* においても利用できることを示そう．まず最小数の原理から証明したいが，そのためには次の補助定理が必要となる．

定理8　x, y, z を互いに異なる個体変項とし，y, z は *A* の自由変項ではないとすれば，次の論理式は *Z* の定理である．

$$\exists y(y<x \wedge A(y) \wedge \forall z(z<y \supset \sim A(z))) \vee \forall y(y<x \supset \sim A(y))$$

証明　与えられた論理式の $\vee$ の左の部分論理式を $D(x)$，右の部分論理式を $E(x)$ とおき，全体を $D(x) \vee E(x)$ とする．Z_9 の帰納法で証明しよう．

1　$\vdash D(0) \vee E(0)$ の証明．

定理4の3により $\vdash \sim(y<0)$．トートロジーの $\sim p_1 \supset (p_1 \supset p_2)$ により $\vdash y <0 \supset \sim A(y)$．$U_9$ により $\vdash \forall y(y<0 \supset \sim A(y))$ が得られ，したがって $\vdash E(0)$．よって $\vdash D(0) \vee E(0)$．

2　$\vdash (D(x) \vee E(x)) \supset (D(x') \vee E(x'))$ の証明．

$D(x)$ と $E(x)$ のいずれを仮定しても $D(x') \vee E(x')$ が導かれることを示せばよい．

i　$D(x)$ を仮定した場合．選出規則 *CH* により $b<x \wedge A(b) \wedge \forall z(z<b \supset \sim A(z))$．$b<x$ から $x<x'$（定理4の2）と定理4の11により $b<x'$．したがって $b<x' \wedge A(b) \wedge \forall z(z<b \supset \sim A(z))$．よって E_9 により $\exists y(y<x' \wedge A(y) \wedge \forall z(z<y \supset \sim A(z)))$．すなわち $D(x')$ が得られ，ゆえに $D(x') \vee E(x')$ が得られる．

ii　$E(x)$ を仮定した場合．$\vdash A(x) \vee \sim A(x)$ を用いてこのケースをさらに，$E(x) \wedge A(x)$ を仮定した場合と $E(x) \wedge \sim A(x)$ を仮定した場合に分ける．

a　$E(x) \wedge A(x)$ を仮定した場合．$x<x'$ と $A(x)$ と $E(x)$ から $x<x' \wedge A(x) \wedge \forall y(y<x \supset \sim A(y))$ が得られ，したがって E_9 により $\exists u(u<x' \wedge A(u) \wedge \forall y(y<u \supset \sim A(y)))$ が導かれる．よって変項を変えれば $D(x')$ が得られ，さらに $D(x') \vee E(x')$ が得られる．

b　$E(x) \wedge \sim A(x)$ を仮定した場合．まず，$E(x)$ から U_i により $y<x \supset \sim A(y)$ … ① が導かれる．他方，§28 定理5の置換の法則により $\vdash (x=y)$

$\supset(\sim A(x)\supset\sim A(y))$ が成り立つが，$\sim A(x)$ が仮定されているから，$x=y\supset$ $\sim A(y)$ が得られる．したがって，これと ① とから $y\leqq x\supset\sim A(y)$ が導かれる．さらに定理4の8から $y\leqq x\equiv y<x'$ であるから，$y<x'\supset\sim A(y)$ が得られる．よって $\forall y(y<x'\supset\sim A(y))$ つまり $E(x')$ が導かれ，$D(x')\lor E(x')$ が結果する． ⌟

定理8を用いて次の最小数の原理を証明することができる．

定理9 次の論理式は Z の定理である．

$$\exists xA(x)\supset\exists y(A(y)\land\forall z(z<y\supset\sim A(z)))$$

証明 $\exists xA(x)$ を仮定する．選択規則 CH により $A(b)$ を得る．他方，上の定理8により $\vdash D(b')\lor E(b')$ が成り立つ．もし $E(b')$ であるとすれば，$\forall y(y<b'\supset\sim A(y))$ であり，これから U_i により $b<b'\supset\sim A(b)$ が引き出される．よって $\vdash b<b'$ により $\sim A(b)$ が導かれるが，これは上の $A(b)$ と矛盾する．したがって $D(b')$ となる．$D(b')$ は

$$\exists y(y<b'\land A(y)\land\forall z(z<y\supset\sim A(z)))$$

であるから，これから $\exists y(A(y)\land\forall z(z<y\supset\sim A(z)))$ が導かれる．したがって最初の仮定にもどり，演繹定理により $\exists xA(x)\supset\exists y(A(y)\land\forall z(z<y\supset\sim A(z)))$ を得る．

もう1つの累積帰納法であるが，これは次のように最小数の原理の系として得られる．

定理10 次の論理式は Z の定理である．

$$\forall x(\forall y(y<x\supset A(y))\supset A(x))\supset\forall xA(x)$$

証明

1	$\sim\forall xA(x)$	仮定
2	$\exists x\sim A(x)$	1 より
3	$\exists x\sim A(x)\supset\exists x(\sim A(x)\land\forall y(y<x\supset A(y)))$	定理9
4	$\exists x(\sim A(x)\land\forall y(y<x\supset A(y)))$	2，3，R_1
5	$\sim\forall x\sim(\sim A(x)\land\forall y(y<x\supset A(y)))$	4 より
6	$\sim\forall x(A(x)\lor\sim\forall y(y<x\supset A(y)))$	5 より

7 $\sim \forall x(\forall y(y<x \supset A(y)) \supset A(x))$ 6 より

8 $\sim \forall x A(x) \supset \sim \forall x(\forall y(y<x \supset A(y)) \supset A(x))$ 1～7，演繹定理

9 $\forall x(\forall y(y<x \supset A(y)) \supset A(x)) \supset \forall x A(x)$ 8，トートロジー   ┛

さて以上，前節から本節にかけて自然数に関する諸性質を形式的体系 Z の定理として証明してきたが，実際の導出についてはこのあたりでとどめておこう．いずれにしても，このように続けてゆけば，通常の初等数論に現われる諸概念や諸定理については，それらをすべて Z のなかで形式化し，証明できるものと考えられる．しかし，Z が全体として，どのような表現能力をもち，どの程度の導出能力をもつかといった点については，今の段階ではまだ明らかではない．われわれはこのあと，帰納的関数の理論や不完全性定理をとりあげ，こうした問題をさらに深く考察してゆくことになる．

§30 数論的関係と関数の表現可能性

われわれはこれまで形式化された数論を考察してきたが，ここで再び通常の直観的な数論の立場にもどり，通常の数論的関係ないしは数論的関数を，形式的体系 Z のなかで表現することを考えよう．以下で**数論的関数**（number theoretic function），あるいは単に**関数**と言うときは，通常の自然数を表わすいくつかの独立変数をもち，値としても通常の自然数をとるような関数を意味するものとする．また，**数論的関係**（number theoretic relation），あるいは単に**関係**と言うときも，通常の自然数の間の関係を指すものとする．たとえば，$x+y$，$x \cdot y+z$ はそれぞれ 2 変数と 3 変数の数論的関数であり，また $x<y$，$x+y=z$ は各々 2 変数と 3 変数の数論的関係を表わしている．ちなみにこの例では，等号（＝），不等号（＜），加法（＋），乗法（・）等は通常の直観的な数論における記号として用いられているが，それらはまた上の形式的数論 Z における記号でもある．したがって，それらは 2 つの異なる体系の記号として本来は厳格に区別されなければならないが，以下では，混同の恐れのないかぎり，2 つの体系で共通に用いることにする．

$R(x_1, \cdots, x_n)$ を 1 つの数論的関係とする．今，n 個の自由変項をもつ Z の論

理式 $A(x_1, \cdots, x_n)$ が存在し，任意の自然数 $q_1, \cdots, q_n$ に対して次の条件 a)，b) が成り立つとき，R $(x_1, \cdots, x_n)$ は Z において**数値別に表現可能**（numeralwise expressible）であると言う．

　　a) 　もし R $(q_1, \cdots, q_n)$ が真であるなら，$\vdash_Z A(\overline{q_1}, \cdots, \overline{q_n})$

　　b) 　もし R $(q_1, \cdots, q_n)$ が偽であるなら，$\vdash_Z \sim A(\overline{q_1}, \cdots, \overline{q_n})$

　今後，数値別に表現可能であるということを単に**表現可能**であると言う．

例1　関係 $x_1 = x_2$ は Z において論理式 $x_1 = x_2$ により表現可能である．

　実際，もし $q_1 = q_2$ であれば，$\overline{q_1}$ と $\overline{q_2}$ とは同じ項であり，§28定理2の1により $\vdash_Z \overline{q_1} = \overline{q_2}$ となる．したがって条件 a) が成り立つ．他方，もし $q_1 \neq q_2$ であれば，§29定理2の i により $\vdash_Z \sim (\overline{q_1} = \overline{q_2})$ となる．よって条件 b) も成り立つ．

例2　関係 $x_1 < x_2$ は Z において論理式 $x_1 < x_2$ により表現可能である．

　もし $q_1 < q_2$ であるとすれば，$q_2 = q_1 + r$ であるような 0 でない自然数 r が存在する．したがって，§29定理2の ii により $\vdash_Z \overline{q_2} = \overline{q_1} + \overline{r}$ が成り立つ．また $r > 0$ であるから，§28定理1の3により $\vdash_Z \overline{r} \neq 0$ となる．これらから
$$\vdash_Z \exists y\,(y \neq 0 \wedge \overline{q_2} = \overline{q_1} + y)$$
が成り立ち，したがって $\vdash_Z \overline{q_1} < \overline{q_2}$ が得られる．（以上，条件 a)）．他方，$q_1 < q_2$ ではないとすれば $q_2 = q_1$ か $q_2 < q_1$ かである．$q_2 = q_1$ とすれば $\vdash_Z \overline{q_2} = \overline{q_1}$ であり，$q_2 < q_1$ とすれば今と同様に $\vdash_Z \overline{q_2} < \overline{q_1}$ である．したがって，いずれにしても $\vdash_Z \overline{q_2} \leq \overline{q_1}$ となり，よって，§29定理4の4と10により $\vdash_Z \sim (\overline{q_1} < \overline{q_2})$ となる．（以上，条件 b)）．

例3　関係 $x_1 + x_2 = x_3$ は Z において論理式 $x_1 + x_2 = x_3$ により表現可能である．

　$q_1 + q_2 = q_3$ とすれば，§29定理2の ii 等により $\vdash_Z \overline{q_1} + \overline{q_2} = \overline{q_3}$ となる．また $q_1 + q_2 \neq q_3$ とすれば，同様に $\vdash_Z \sim (\overline{q_1} + \overline{q_2} = \overline{q_3})$ となる．

　f $(x_1, \cdots, x_n)$ を数論的関数とする．今，自由変項 $x_1, \cdots, x_n, x_{n+1}$ をもつ Z の論理式 $A(x_1, \cdots, x_n, x_{n+1})$ が存在し，任意の自然数 $q_1, \cdots, q_n, q_{n+1}$ に対して次の条件 α)，β) が成り立つとき，f $(x_1, \cdots, x_n)$ は Z において**数値別に表現可能**

（numeralwise representable）であると言う.

　　α)　　もし $f(q_1, \cdots, q_n) = q_{n+1}$ であるなら，$\vdash_Z A(\overline{q_1}, \cdots, \overline{q_n}, \overline{q_{n+1}})$

　　β)　　$\vdash_Z \exists_1 x_{n+1} A(\overline{q_1}, \cdots, \overline{q_n}, x_{n+1})$　（関数値の一意性を表わす）

　以後，数値別に表現可能ということを単に**表現可能**と言う. また，条件 β)
のかわりに

　　β')　　$\vdash_Z \exists_1 x_{n+1} A(x_1, \cdots, x_n, x_{n+1})$

が成り立つとき，関数 f は Z において**強い意味で表現可能**であると言う. もし
β') が成り立てば U_g と U_i により β) が得られ，したがって強い意味で表現可
能な関数は表現可能な関数ともなる.

　例4　後者関数 $S(x_1) = x_1 + 1$ は Z において論理式 $x_1' = x_2$ により（強い意味
で）表現可能である.

　実際，$S(q_1) = q_2$ であるなら，$q_1 + 1 = q_2$ である. したがって $\overline{q_2}$ は $\overline{q_1 + 1}$ で
あり，さらに $\overline{q_1 + 1}$ は $(\overline{q_1})'$ であるから $\overline{q_2}$ は $(\overline{q_1})'$ である. よって $\vdash_Z (\overline{q_1})' =$
$\overline{q_2}$ が成り立ち，α) が成立する. 他方，§22 末尾の例から $\vdash_Z \exists_1 x(t = x)$（$t$ は
x を含まない項）が成り立つから，$\vdash_Z \exists_1 x_2(x_1' = x_2)$ が言える. したがって，
β') が成立する.

　例5　関数 $x_1 + x_2$ は Z において論理式 $x_1 + x_2 = x_3$ により（強い意味で）表
現可能である. また関数 $x_1 \cdot x_2$ も論理式 $x_1 \cdot x_2 = x_3$ により（強い意味で）表現
可能である.

　$x_1 + x_2$ の場合. 例3 により $q_1 + q_2 = q_3$ であれば $\vdash_Z \overline{q_1} + \overline{q_2} = \overline{q_3}$ となり，α)
が成立する. また例4と同様にして $\vdash_Z \exists_1 x_3(x_1 + x_2 = x_3)$ が言え，β') が成り
立つ. $x_1 \cdot x_2$ の場合. $q_1 \cdot q_2 = q_3$ であれば，§29 定理2の iii 等により $\vdash_Z \overline{q_1} \cdot \overline{q_2}$
$= \overline{q_3}$ が言え，α) が成立する. また，$\vdash_Z \exists_1 x_3(x_1 \cdot x_2 = x_3)$ であり，β') が成り
立つ.

　例6　定数関数 $C_q^n(x_1, \cdots, x_n) = q$（q は定数）は Z において論理式

$$x_1 = x_1 \wedge x_2 = x_2 \wedge \cdots \wedge x_n = x_n \wedge x_{n+1} = \overline{q} \qquad ①$$

により（強い意味で）表現可能である.

　実際，$C_q^n(q_1, \cdots, q_n) = q_{n+1}$ であるなら，$q_{n+1} = q$ である. したがって

$$\vdash_Z \overline{q}_1 = \overline{q}_1 \wedge \overline{q}_2 = \overline{q}_2 \wedge \cdots \wedge \overline{q}_n = \overline{q}_n \wedge \overline{q}_{n+1} = \overline{q}$$

が成り立ち，α) が言える．また ① を $A(x_1, \cdots, x_n, x_{n+1})$ とおくとき，$\vdash_Z$ $\exists x_{n+1} A(x_1, \cdots, x_n, x_{n+1})$ が言えることは明らかである．他方，$A(x_1, \cdots, x_n, y)$ と $A(x_1, \cdots, x_n, z)$ から $y = \overline{q}$ ならびに $z = \overline{q}$ が導かれ，したがって $y = z$ が導かれる．よって x_{n+1} の一意性も成立し，β') が言える．

例 7 射影関数 $E_i^n(x_1, \cdots, x_n) = x_i$ は Z において論理式

$$x_1 = x_1 \wedge x_2 = x_2 \wedge \cdots \wedge x_n = x_n \wedge x_{n+1} = x_i$$

により（強い意味で）表現可能である．

もし $E_i^n(q_1, \cdots, q_n) = q_{n+1}$ であるなら，$q_{n+1} = q_i$ であり，したがって

$$\vdash_Z \overline{q}_1 = \overline{q}_1 \wedge \overline{q}_2 = \overline{q}_2 \wedge \cdots \wedge \overline{q}_n = \overline{q}_n \wedge \overline{q}_{n+1} = \overline{q}_i$$

が成り立ち，α) が得られる．また，例 6 と同様にして β') も成り立つ．

次に，数論的関係の特徴関数を定義しよう．$R(x_1, \cdots, x_n)$ を数論的関係とするとき，次のように定義される関数 φ_R を $R(x_1, \cdots, x_n)$ の**特徴関数**（characteristic function）と呼ぶ．

$R(x_1, \cdots, x_n)$ が真のとき　　$\varphi_R(x_1, \cdots, x_n) = 0$

$R(x_1, \cdots, x_n)$ が偽のとき　　$\varphi_R(x_1, \cdots, x_n) = 1$

この特徴関数に関して次の定理が成立する．

定理 1 関係 $R(x_1, \cdots, x_n)$ が Z において表現可能であるなら関数 $\varphi_R(x_1, \cdots, x_n)$ は Z で表現可能であり，その逆も成立する．

証明 1) $\varphi_R(x_1, \cdots, x_n)$ が Z で表現可能であるとする．すると上の条件 α), β) を満たす論理式 $A(x_1, \cdots, x_n, x_{n+1})$ が存在するが，このとき論理式 $A(x_1, \cdots, x_n, 0)$ を考えれば，$R(x_1, \cdots, x_n)$ はこの論理式により表現されることになる．つまり，もし $R(q_1, \cdots, q_n)$ が真であれば $\varphi_R(q_1, \cdots, q_n) = 0$ であり，したがって条件 α) により $\vdash A(\overline{q}_1, \cdots, \overline{q}_n, 0)$ が成り立つ．（先の条件 a)）．他方，もし $R(q_1, \cdots, q_n)$ が偽であれば $\varphi_R(q_1, \cdots, q_n) = 1$ であり，よって α) により $\vdash A(\overline{q}_1, \cdots, \overline{q}_n, \overline{1}) \cdots$ ① が成り立つ．さらに条件 β) により $\vdash \exists_1 x_{n+1} A(\overline{q}_1, \cdots, \overline{q}_n, x_{n+1}) \cdots$ ② が成り立つが，一般に $\exists_1$ の定義により

$$B(t), B(s), \exists_1 x B(x) \vdash t = s \quad \text{つまり} \quad t \neq s, B(t), \exists_1 x B(x) \vdash \sim B(s)$$

$$（t, \ s は項を表わす）$$

が言える. したがって, $\overline{1}\neq 0$ であるから, ① と ② により $\vdash\sim A(\overline{q_1}, \cdots, \overline{q_n}, 0)$ が得られる. つまり先の条件 b) が成立する.

2) $R(x_1, \cdots, x_n)$ が Z において論理式 $A(x_1, \cdots, x_n)$ により表現可能であるとする. すると $\varphi_R(x_1, \cdots, x_n)$ は論理式

$$(A(x_1, \cdots, x_n)\wedge x_{n+1}=0)\vee(\sim A(x_1, \cdots, x_n)\wedge x_{n+1}=\overline{1})$$

によって表現されることになる. 条件の α) と β) が成立することは容易に確かめられる.　　　┛

例 8　関係 $f(x_1, \cdots, x_n)=x_{n+1}$ を「関数 $f(x_1, \cdots, x_n)$ の表現関係」と呼ぶ. 関数 $f(x_1, \cdots, x_n)$ が Z において論理式 $A(x_1, \cdots, x_n, x_{n+1})$ により表現可能であるなら, f の表現関係も Z においてこの論理式により表現可能となる. つまり, f $(q_1, \cdots, q_n)=q_{n+1}$ であるなら $\vdash A(\overline{q_1}, \cdots, \overline{q_n}, \overline{q_{n+1}})$ が成立する. また, $f(q_1, \cdots, q_n)\neq q_{n+1}$ であるなら, 条件 β) と先ほどの演繹 $t\neq s, B(t), \exists_1 xB(x)\vdash\sim B(s)$ により $\vdash\sim A(\overline{q_1}, \cdots, \overline{q_n}, \overline{q_{n+1}})$ が導かれる.

結びに, 関数の表現可能性が関数の合成においても保持されることを証明しておこう. これはのちにも利用される重要な性質である.

定理 2　関数 $f(x_1, \cdots, x_m)$, $g_1(x_1, \cdots, x_n)$, $\cdots$, $g_m(x_1, \cdots, x_n)$ は Z において各々論理式 $A(x_1, \cdots, x_m, x_{m+1})$, $B_1(x_1, \cdots, x_{n+1})$, $\cdots$, $B_m(x_1, \cdots, x_{n+1})$ により（強い意味で）表現可能であるとする. 今, 関数 $h(x_1, \cdots, x_n)$ を

$$f(g_1(x_1, \cdots, x_n), \cdots, g_m(x_1, \cdots, x_n))$$

で定義する. このとき, 関数 h は Z において論理式 $C(x_1, \cdots, x_n, x_{n+1})$, すなわち

$$\exists z_1\cdots \exists z_m(B_1(x_1, \cdots, x_n, z_1)\wedge\cdots$$
$$\wedge B_m(x_1, \cdots, x_n, z_m)\wedge A(z_1, \cdots, z_m, x_{n+1}))$$

により（強い意味で）表現可能である.

証明　1）条件 α) の証明. $h(q_1, \cdots, q_n)=q_{n+1}$ とする. したがって, $g_i(q_1, \cdots, q_n)=p_i(1\leq i\leq m)$ とすれば, $f(p_1, \cdots, p_m)=q_{n+1}$ となる. $f, g_1, \cdots, g_m$ は各々 $A, B_1, \cdots, B_m$ により表現可能であるから, $\vdash A(\overline{p_1}, \cdots, \overline{p_m}, \overline{q_{n+1}})$ と $\vdash B_i$

$(\overline{q_1}, \cdots, \overline{q_n}, \overline{p_i})\,(1 \leqq i \leqq m)$ が成り立つ．したがって

$$\vdash B_1(\overline{q_1}, \cdots, \overline{q_n}, \overline{p_1}) \wedge \cdots \wedge B_m(\overline{q_1}, \cdots, \overline{q_n}, \overline{p_m}) \wedge A(\overline{p_1}, \cdots, \overline{p_m}, \ \overline{q_{n+1}})$$

が得られる．よって E_g を m 回用いて $\vdash C(\overline{q_1}, \cdots, \overline{q_n}, \overline{q_{n+1}})$ が得られ，条件 α)
が成り立つ．

2)　条件 β') の証明．ⅰ) 存在の証明と ⅱ) 一意性の証明とに分ける．

ⅰ)　仮定により $\vdash \exists x_{n+1} B_i(x_1, \cdots, x_n, x_{n+1})\,(1 \leqq i \leqq m)$ が成立するから，選
出規則 CH を用いて

$$\vdash B_i(x_1, \cdots, x_n, a_i) \quad (1 \leqq i \leqq m) \quad \cdots ①$$

を得る．また $\vdash \exists x_{m+1} A(x_1, \cdots, x_m, x_{m+1})$ も成り立つから，U_g と U_i を用いて

$$\vdash \exists x_{m+1} A(a_1, \cdots, a_m, x_{m+1})$$

を得，さらに選出規則 CH を用いて

$$\vdash A(a_1, \cdots, a_m, b) \quad \cdots ②$$

を得る．したがって① と ②から

$$\vdash B_1(x_1, \cdots, x_n, a_1) \wedge \cdots \wedge B_m(x_1, \cdots, x_n, a_m) \wedge A(a_1, \cdots, a_m, b)$$

が導かれる．これから E_g により

$$\vdash \exists z_1 \cdots \exists z_m (B_1(x_1, \cdots, x_n, z_1) \wedge \cdots$$
$$\wedge B_m(x_1, \cdots, x_n, z_m) \wedge A(z_1, \cdots, z_m, b))$$

つまり $\vdash C(x_1, \cdots, x_n, b)$ が得られる．よって $\vdash \exists x_{n+1} C(x_1, \cdots, x_n, x_{n+1})$ が成
り立つ．

ⅱ)　$\vdash C(x_1, \cdots, x_n, x) \wedge C(x_1, \cdots, x_n, y) \supset x = y$ を証明する．

$$\exists z_1 \cdots \exists z_m (B_1(x_1, \cdots, x_n, z_1) \wedge \cdots$$
$$\wedge B_m x_1, \cdots, x_n, z_m) \wedge A(z_1, \cdots, z_m, x) \quad \cdots ①$$

ならびに

$$\exists z_1 \cdots \exists z_m (B_1(x_1, \cdots, x_n, z_1) \wedge \cdots$$
$$\wedge B_m(x_1, \cdots, x_n, z_m) \wedge A(z_1, \cdots, z_m, y) \quad \cdots ②$$

の2つを仮定する．① から選出規則 CH を用いて

$$B_1(x_1, \cdots, x_n, a_1) \wedge \cdots \wedge B_m(x_1, \cdots, x_n, a_m) \wedge A(a_1, \cdots, a_m, x)$$

を得，② から同じく CH を用いて

$$B_1(x_1, \cdots, x_n, b_1) \wedge \cdots \wedge B_m(x_1, \cdots, x_n, b_m) \wedge A(b_1, \cdots, b_m, y)$$

を得る. $\vdash \exists_1 x_{n+1} B_i(x_1, \cdots, x_n, x_{n+1})$ が成り立つから, $B_i(x_1, \cdots, x_n, a_i)$ と $B_i(x_1, \cdots, x_n, b_i)$ から $a_i = b_i$ が導かれる. また, $A(a_1, \cdots, a_m, x)$ と $a_i = b_i (1 \le i \le m)$ から, $=$ に関する置換法則(§28 定理 5)により $A(b_1, \cdots, b_m, x) \cdots$ ③ が得られる. さらに $\vdash \exists_1 x_{m+1} A(x_1, \cdots, x_m, x_{m+1})$ が成り立っているが, U_g と U_i により $\vdash \exists_1 x_{m+1} A(b_1, \cdots, b_m, x_{m+1})$ が導かれ, したがって, ③ と $A(b_1, \cdots, b_m, y)$ から $x = y$ が得られる.　　　┛

第IV章 帰 納 的 関 数

　われわれは前章の結びの節で形式的数論 Z と直観的な数論との関係を問題にし，通常の数論的な関係や関数を Z のなかで表現することを論じた．そこで次に，数論的な関係や関数のうち，どのようなものが Z で表現可能となるかが問題になるが，本章ではそれに関連して帰納的関数の理論をとりあげる．帰納的関数の概念は次章で考察する Gödel の不完全性定理でも重要な役割を果たし，また決定問題や計算の理論においても基礎的な意義をもつものである．

§31 帰 納 的 関 数

　本章でも関数や関係と言えば，通常の直観的な数論におけるそれを指すものとする．まず帰納的関数の概念を以下のように定義する．

　A　はじめに**初期関数**（initial function）と呼ばれる次のような3つの種類の関数を考える．

　(i)　$S(x) = x + 1$

　(ii)　$C_q^n(x_1, \cdots, x_n) = q$　（q は定数）

　(iii)　$E_i^n(x_1, \cdots, x_n) = x_i$　（$1 \leqq i \leqq n$）

　(i) は後者関数（successor function），(ii) は定数関数（constant function），(iii) は射影関数（projection function）とそれぞれ呼ばれる．(ii) の特別な場合として零関数 $C_0^n(x_1, \cdots, x_n) = 0$ があり，(iii) の特例として恒等関数 $E_1^1(x_1) = x_1$ がある．

　B　次に，与えられた関数から新しい関数を得る方法として，以下のような4つの規則を考える．

　(iv)　**代入**（ないしは**合成**）の規則．

　関数 $g(x_1, \cdots, x_m)$ と $h_i(x_1, \cdots, x_n)\,(1 \leqq i \leqq m)$ から関数 $f(x_1, \cdots, x_n)$ が次の等式

によって得られる.

$$f(x_1, \cdots, x_n) = g(h_1(x_1, \cdots, x_n), \cdots, h_m(x_1, \cdots, x_n))$$

(v)　**帰納的定義**（recursion）**の規則.**

関数 $g(x_1, \cdots, x_n)$ と $h(x_1, \cdots, x_{n+2})$ から関数 $f(x_1, \cdots, x_{n+1})$ が次の 2 つの等式によって得られる.

$$f(x_1, \cdots, x_n, 0) = g(x_1, \cdots, x_n)$$
$$f(x_1, \cdots, x_n, y+1) = h(x_1, \cdots, x_n, y, f(x_1, \cdots, x_n, y))$$

つまり, 第 1 の等式により $f(x_1, \cdots, x_n, 0)$ の値が知られ, 次に $f(x_1, \cdots, x_n, y)$ の値がすでに知られているとき, それをもとに第 2 の等式により $f(x_1, \cdots, x_n, y+1)$ の値が知られるわけである.

(v′)　帰納的定義の規則の特別な場合として $n=0$ のケースも認める. このとき 2 つの等式は次のようになる.

$$f(0) = q \quad （q は定数）$$
$$f(y+1) = h(y, f(y))$$

(vi)　**μ-演算子**（μ-operator）**の規則.**

$g(x_1, \cdots, x_n, y)$ を, 与えられた任意の $x_1, \cdots, x_n$ に対し, $g(x_1, \cdots, x_n, y) = 0$ となる少なくとも 1 つの y が存在するような関数とする.（つまり, 論理記号を流用すれば, g は

$$\forall x_1 \cdots \forall x_n \exists y (g(x_1, \cdots, x_n, y) = 0)$$

が成り立つような関数である.）また, $\mu y(g(x_1, \cdots, x_n, y) = 0)$ により, $g(x_1, \cdots, x_n, y) = 0$ を満たすような最小の y を表わすものとする. そこで, 等式

$$f(x_1, \cdots, x_n) = \mu y(g(x_1, \cdots, x_n, y) = 0)$$

により関数 f が定義されるが, このとき f は g から μ-演算子により得られると言う.

C　関数の列 $f_1, f_2, \cdots, f_n(=f)$ について, 各関数 $f_i(1 \leqq i \leqq n)$ は次の $\alpha)$, $\beta)$ のいずれかを満たすものとする.

$\alpha)$　f_i は初期関数である.

$\beta)$　f_i は, この列において f_i に先行する関数から, 上の (iv), (v), (v′) のうち

のいずれかの規則の適用により得られる.

このとき, この関数の列を, 最後の関数 f の**原始帰納的記述**（primitive recursive description）と呼ぶ. そして, 一般に, ある関数の原始帰納的記述が存在するとき, そうした関数を**原始帰納的関数**（primitive recursive function）と呼ぶ. つまり, 原始帰納的関数とは, 上の初期関数から出発し, 代入と帰納的定義の規則を有限回適用して得られるような関数を指すわけである.

D C と同様の関数の列を考え, ただし β) を次の β') で置きかえる.

β') f_i は, この列において f_i に先行する関数から, (iv), (v), (v'), (vi) のうちのいずれかの規則の適用により得られる.

このとき, 上の関数の列を, 最後の関数 f の**帰納的記述**（recursive description）と呼び, また, そうした帰納的記述が存在するような関数を**帰納的関数**（recursive function）と呼ぶ. 言いかえれば, 初期関数から, 代入, 帰納的定義, μ-演算子の諸規則を有限回用いて得られるような関数を帰納的関数と言うわけである. したがって, 帰納的関数と上の原始帰納的関数との相違は, 前者の場合には規則として (vi) の μ-演算子のそれがつけ加わっているという点のみである. したがって, 一般に, 原始帰納的な関数は帰納的関数となるわけである.（この逆は成り立たない. つまり, 帰納的であって, 原始帰納的ではない関数が存在する.）

以上により帰納的関数の概念が定義されたが, われわれは以下で, こうした帰納的関数が, Z において表現可能であることを見る. また, 帰納的関数はいわゆる「計算可能な」（effectively calculable）関数, つまりアルゴリズムをもつ関数を定義するものとも見られる. つまり, (i), (ii), (iii) の初期関数は, 明らかに「実際に計算可能」な関数であり, また (iv), (v), (v'), (vi) の諸規則は, 計算可能な関数がすでに得られているとき, そこからさらに新しい計算可能な関数を得るための有限の手続きを与えている. そして, 一般に計算可能な関数を, こうした帰納的関数の概念により定義することが提唱されるわけである.（計算可能性の問題や決定問題, Church のテーゼ等については, のちに §39 でとりあげる.）

とりあえず1つの例を挙げよう.

例1 関数 x+y は原始帰納的である.

x+y が原始帰納的であることを示すためには, 定義により, x+y の原始帰納的記述の存在を示せばよい. そのために x+y を f(x, y) とおき, まず(v)の帰納的定義のかたちで表わしてみる.

$$f(x, 0) = x+0 = x = E_1^1(x)$$
$$f(x, y+1) = x+(y+1) = (x+y)+1$$
$$= S(f(x, y))$$
$$= S(E_3^3(x, y, f(x, y)))$$

これらの等式から, まず f(x, y) が関数 E_1^1 と $S(E_3^3)$ から (v) の帰納的定義の規則により得られることが分かる. また $S(E_3^3)$ は S と E_3^3 から (iv) の代入の規則により得られる. したがって, 次の5つの関数の列は f(x, y) の原始帰納的記述である.

$$E_1^1, \quad S, \quad E_3^3, \quad S(E_3^3), \quad f$$

したがって, x+y は原始帰納的関数である.

ちなみに, 帰納的関数を考察する際の変数の取り扱いについてふれておこう. われわれは関数を考察する際に, ダミー変数の付加, 変数の変換, 変数の同一化といった操作を行うが, これらの変換において, もとの関数 g が原始帰納的(ないし帰納的)であれば, 新しく得られる関数 f も原始帰納的(ないし帰納的)であると言うことができる. なぜなら射影関数 (iii) を用いれば, たとえば

$$f(x, y, z) = g(x, y) = g(E_1^3(x, y, z),\ E_2^3(x, y, z)) \quad (ダミー変数の付加)$$
$$f(x, y) = g(y, x) = g(E_2^2(x, y),\ E_1^2(x, y)) \quad (変数の交換)$$
$$f(x, y) = g(x, x, y) = g(E_1^2(x, y),\ E_1^2(x, y),\ E_2^2(x, y)) \quad (変数の同一化)$$

というように表わすことができるからである. このことから, たとえば (iv) の代入の規則の場合, 関数 h_i は必ずしもすべての変数 $x_1, \cdots, x_n$ を含む必要はないことになる. また (v) の帰納的定義の規則においても, 関数 g は変数 $x_1, \cdots, x_n$ のすべてを含む必要はなく, さらに関数 h は, $x_1, \cdots, x_n, y,$ あるいは $f(x_1, \cdots, x_n, y)$ の全部を含む必要はない. なぜなら, 欠けているものがあれ

ば，それを上のように射影関数 E_i^n（あるいは定数関数 C_q^n）を用いて補うことができるからである．

以下，いくつかの基本的な関数をとりあげ，それらが原始帰納的であることを示しておこう．

例 2　$x \cdot y$

まず $x \cdot y$ を (v) の帰納的定義のかたちで表わせば，

$$x \cdot 0 = 0$$
$$x \cdot (y+1) = x \cdot y + x$$

となり，上の注意によれば，これのみで原始帰納的であることが分かる．念のため $x \cdot y$ を $g(x, y)$，$x+y$ を $f(x, y)$ とおき，完全なかたちを書けば，

$$g(x, 0) = 0 = C_0^1(x)$$
$$g(x, y+1) = f(g(x, y), x)$$
$$= f(E_3^3(x, y, g(x, y)),\ E_1^3(x, y, g(x, y)))$$

となる．したがって，例 1 における f の原始帰納的記述を用いれば，g の原始帰納的記述は次のようになる．

$$E_1^1,\ S,\ E_3^3,\ S(E_3^3),\ f,\ E_1^3,\ f(E_3^3,\ E_1^3),\ C_0^1,\ g$$

例 3　x^y

$$x^0 = 1 = C_1^1(x)$$
$$x^{y+1} = (x^y) \cdot x$$

「・」が原始帰納的であるから x^y も原始帰納的である．

例 4　$x!$

(v′) の帰納的定義による．

$$0! = 1$$
$$(x+1)! = x! \cdot (x+1)$$

例 5　$$\mathrm{pd}(x) = \begin{cases} x-1 & x > 0 \text{ のとき} \\ 0 & x = 0 \text{ のとき} \end{cases}$$

$\mathrm{pd}(x)$ は x の前者（predecessor）を値にとる関数である．

$$\mathrm{pd}(0) = 0$$

$$\mathrm{pd}(x+1)=x \qquad ((\mathrm{v'}) \text{による})$$

例6
$$\mathrm{sg}(x)=\begin{cases} 0 & x=0 \text{ のとき} \\ 1 & x>0 \text{ のとき} \end{cases}$$

$$\mathrm{sg}(0)=0$$

$$\mathrm{sg}(x+1)=1 \qquad ((\mathrm{v'}) \text{による})$$

例7
$$\overline{\mathrm{sg}}(x)=\begin{cases} 1 & x=0 \text{ のとき} \\ 0 & x>0 \text{ のとき} \end{cases}$$

$$\overline{\mathrm{sg}}(0)=1$$

$$\overline{\mathrm{sg}}(x+1)=0$$

例8
$$x \overset{.}{-} y=\begin{cases} x-y & x\geqq y \text{ のとき} \\ 0 & x<y \text{ のとき} \end{cases}$$

$$x \overset{.}{-} 0=x$$

$$x \overset{.}{-} (y+1)=\mathrm{pd}(x \overset{.}{-} y)$$

例9
$$|x-y|=\begin{cases} x-y & x\geqq y \text{ のとき} \\ y-x & x<y \text{ のとき} \end{cases}$$

$$|x-y|=(x \overset{.}{-} y)+(y \overset{.}{-} x) \qquad ((\mathrm{iv}) \text{の代入})$$

例10 $\min(x, y)=x,\ y$ のうちの小なるほう

$$\min(x, y)=x \overset{.}{-} (x \overset{.}{-} y)$$

例11 $\min(x_1, \cdots, x_n)=x_1, \cdots, x_n$ のうちの最小のもの

$$\min(x_1, \cdots, x_n)=\min(\cdots\min(\min(x_1, x_2), x_3), \cdots, x_n)$$

例12 $\max(x, y)=x, y$ のうちの大なるほう

$$\max(x, y)=(x+y) \overset{.}{-} \min(x, y)$$

例13 $\max(x_1, \cdots, x_n)=x_1, \cdots, x_n$ のうちの最大のもの

$$\max(x_1, \cdots, x_n)=\max(\cdots\max(\max(x_1, x_2), x_3), \cdots, x_n)$$

例14 $\mathrm{rm}(x, y)=y$ を x で割ったときの剰余

$$\mathrm{rm}(x, 0)=0$$

$$\mathrm{rm}(x, y+1)=S(\mathrm{rm}(x, y))\cdot\mathrm{sg}(|x-S(\mathrm{rm}(x, y))|)$$

第2の式の意味は次のように理解される. $y=x\cdot q+r(0\leqq r<x)$ とすれば, y

$+1=x \cdot q+(r+1)$ となる. $r+1<x$ であれば $rm(x, y+1)$ は $r+1$ であり, $r+1=x$ であれば $rm(x, y+1)$ は 0 となる. 第2の式の右辺はこのことを表わしている.

例15 〔$x \mid y$〕$=y$ を x で割ったときの商

$$〔x \mid 0〕=0$$
$$〔x \mid y+1〕=〔x \mid y〕+\overline{sg}(\mid x-S(rm(x, y)) \mid)$$

第2の式の意味. $y=x \cdot q+r(0 \leqq r<x)$ とすれば, $y+1=x \cdot q+(r+1)$. $r+1<x$ であれば, 〔$x \mid y+1$〕$=q=$〔$x \mid y$〕. $r+1=x$ であれば, 〔$x \mid y+1$〕$=q+1=$〔$x \mid y$〕$+1$. 右辺はこのことを表わしている.

次に, 関数の有界和や有界積を定義しよう.

$$\sum_{y<z} f(x_1, \cdots, x_n, y) = \begin{cases} f(x_1, \cdots, x_n, 0)+\cdots+f(x_1, \cdots, x_n, z-1) & z>0 \text{ のとき} \\ 0 & z=0 \text{ のとき} \end{cases}$$

$$\prod_{y<z} f(x_1, \cdots, x_n, y) = \begin{cases} f(x_1, \cdots, x_n, 0) \times \cdots \times f(x_1, \cdots, x_n, z-1) & z>0 \text{ のとき} \\ 1 & z=0 \text{ のとき} \end{cases}$$

これらは $x_1, \cdots, x_n, z$ を変数とする関数である. さらに, これらに対応して

$$\sum_{y \leqq z} f(x_1, \cdots, x_n, y) = \sum_{y<z+1} f(x_1, \cdots, x_n, y)$$

$$\prod_{y \leqq z} f(x_1, \cdots, x_n, y) = \prod_{y<z+1} f(x_1, \cdots, x_n, y)$$

$$\sum_{w<y<z} f(x_1, \cdots, x_n, y) = f(x_1, \cdots, x_n, w+1)+\cdots+f(x_1, \cdots, x_n, z-1)$$
$$= \sum_{y<(z \dot{-} w) \dot{-} 1} f(x_1, \cdots, x_n, y+w+1)$$

$$\prod_{w<y<z} f(x_1, \cdots, x_n, y) = f(x_1, \cdots, x_n, w+1) \times \cdots \times f(x_1, \cdots, x_n, z-1)$$
$$= \prod_{y<(z \dot{-} w) \dot{-} 1} f(x_1, \cdots, x_n, y+w+1)$$

等の関数が定義される.

定理1 $f(x_1, \cdots, x_n, y)$ が原始帰納的（ないし帰納的）であるなら, 上のように定義された有界和や有界積も原始帰納的（ないし帰納的）である.

証明 $\sum_{y<z} f(x_1, \cdots, x_n, y)$ を $h(x_1, \cdots, x_n, z)$ とおき, (v)の帰納的定義のかたち

に表わせば

$$h(x_1, \cdots, x_n, 0) = 0$$

$$h(x_1, \cdots, x_n, z+1) = h(x_1, \cdots, x_n, z) + f(x_1, \cdots, x_n, z)$$

となる．したがって h は原始帰納的（ないし帰納的）である．

また，$\prod_{y < z} f(x_1, \cdots, x_n, y)$ の場合も，これを $h'(x_1, \cdots, x_n, z)$ とおけば

$$h'(x_1, \cdots, x_n, 0) = 1$$

$$h'(x_1, \cdots, x_n, z+1) = h'(x_1, \cdots, x_n, z) \cdot f(x_1, \cdots, x_n, z)$$

が得られ，h′ は原始帰納的（ないし帰納的）である．他の場合も代入等を用いて同様に証明できる． ⌐

§32　帰納的関係

前節の帰納的関数に続いて，本節では帰納的関係について考察する．

自然数についての関係 $R(x_1, \cdots, x_n)$ があるとき，もし R の特徴関数 $\varphi_R(x_1, \cdots, x_n)$（*cf.* §30）が原始帰納的であるなら，R は**原始帰納的**であると言う．また，$\varphi_R(x_1, \cdots, x_n)$ が帰納的であるなら，R は**帰納的**であると言う．定義により原始帰納的な関係は帰納的関係である．

一般に帰納的関係は，任意の自然数の値が与えられたとき，その関係が成立するか否かが決定できるような関係であると言える．なぜなら，$\varphi_R(x_1, \cdots, x_n)$ が帰納的であるから，自然数の値 $a_1, \cdots, a_n$ が与えられれば $\varphi_R(a_1, \cdots, a_n)$ の値が実際に計算でき，$\varphi_R(a_1, \cdots, a_n)$ が値 0 をとるか値 1 をとるかが決定できるからである．

帰納的関係の例を挙げよう．

例1　関係 $x = y$ は原始帰納的である．

関数 $sg(|x-y|)$ は前節の例6と例9により原始帰納的であるが，

$$x = y \text{ が真のとき} \qquad sg(|x-y|) = 0$$

$$x = y \text{ が偽のとき} \qquad sg(|x-y|) = 1$$

が成り立ち，$sg(|x-y|)$ は $x = y$ の特徴関数である．したがって $x = y$ は原始帰納的である．

例2 関係 x＜y は原始帰納的である．関数 $\overline{sg}(y \dot- x)$ は x＜y の特徴関数であり，また，前節の例 7 と例 8 により原始帰納的である．

例3 x は y を割り切るという関係を x｜y と表わせば，x｜y は原始帰納的である．$sg(rm(x, y))$ がその特徴関数であり，これは前節の例 6 と例14により原始帰納的である．

以上は比較的簡単な関係の例であるが，以下では単純な数論的関係を結合して，様々な複合的関係を取り扱う．そこで，関係の結合を表わすために若干の記号を導入しておくと便利である．われわれはすでに形式的体系における記号として 5 つの命題結合子と 2 つの限量記号を導入しているが，ここでは，直観的な理論（直観的な数論）における記号として，一応それとは区別された記号が用いられなければならない．念のためそれらを対照的に示せば次のようになる．

	直観的な理論における記号	形式的体系における記号
not R	→ R	～R
R and Q	R & Q	R∧Q
R or Q	R ∨ Q	R∨Q
if R, then Q	R → Q	R⊃Q
R is equivalent to Q	R ↔ Q	R≡Q
for all x, R(x)	(∀x)R(x)	∀xR(x)
there exists a x such that R(x)	(∃x)R(x)	∃xR(x)

（∨ は同じ記号を流用している）

こうして，たとえば $R(x_1, \cdots, x_n)$ & $Q(x_1, \cdots, x_n)$ は，$x_1, \cdots, x_n$ のそれぞれの値に対して，$R(x_1, \cdots, x_n)$ が成り立ち，かつ $Q(x_1, \cdots, x_n)$ が成り立つときにのみ真となるような関係を表わすことになる．

定理1 $R(x_1, \cdots, x_n)$ と $Q(x_1, \cdots, x_n)$ がそれぞれ原始帰納的（ないし帰納的）であるなら，次の関係は原始帰納的（ないし帰納的）である．

a） → $R(x_1, \cdots, x_n)$

b) $R(x_1, \cdots, x_n) \lor Q(x_1, \cdots, x_n)$

c) $R(x_1, \cdots, x_n) \,\&\, Q(x_1, \cdots, x_n)$

d) $R(x_1, \cdots, x_n) \to Q(x_1, \cdots, x_n)$

e) $R(x_1, \cdots, x_n) \leftrightarrow Q(x_1, \cdots, x_n)$

証明 R と Q の特徴関数を各々 φ_R と φ_Q とする. a)の $\to R$ の特徴関数は $\overline{sg}(\varphi_R(x_1, \cdots, x_n))$ で表わされ, これは原始帰納的（ないし帰納的）であるから, $\to R$ も原始帰納的（ないし帰納的）である. b)の $R \lor Q$ の特徴関数は $\varphi_R(x_1, \cdots, x_n) \cdot \varphi_Q(x_1, \cdots, x_n)$ であり, これも原始帰納的（ないし帰納的）である. あとは, c)の $R \,\&\, Q$ は $\to(\to R \lor \to Q)$, d)の $R \to Q$ は $\to R \lor Q$, e)の $R \to Q$ は $(R \to Q) \,\&\, (Q \to P)$ と各々同値であるから, いずれも原始帰納的（ないし帰納的）となる. 　　⊿

定理2 関数 $f_i(x_1, \cdots, x_n)$（$i = 1, \cdots, m$）を原始帰納的（ないし帰納的）とし, 関係 $R(x_1, \cdots, x_m)$ も原始帰納的（ないし帰納的）とする. このとき R に f_i を代入することによって得られる関係

$$R(f_1(x_1, \cdots, x_n), \cdots, f_m(x_1, \cdots, x_n))$$

は原始帰納的（ないし帰納的）である.

証明 $R(x_1, \cdots, x_m)$ の特徴関数を $\varphi_R(x_1, \cdots, x_m)$ とすれば, 関係

$$R(f_1(x_1, \cdots, x_n), \cdots, f_m(x_1, \cdots, x_n))$$

の特徴関数は

$$\varphi_R(f_1(x_1, \cdots, x_n), \cdots, f_m(x_1, \cdots, x_n))$$

となる. これは原始帰納的（ないし帰納的）である. 　　⊿

次に有界限量記号を導入しよう. われわれは, $(\forall y)_{y<z}R(x_1, \cdots, x_n, y)$ により, 「もし y が z より小であるなら, すべての y について $R(x_1, \cdots, y)$ が成り立つ」という関係を表わす. また, $(\exists y)_{y<z}R(x_1, \cdots, x_n, y)$ により, 「$y<z$ で, $R(x_1, \cdots, x_n, y)$ を満たすような y が存在する」という関係を表現する. （これらの関係が $x_1, \cdots, x_n$ と z を変数とする関係であることは言うまでもない.）さらに同様の意味で, $(\forall y)_{y \leq z}$, $(\exists y)_{y \leq z}$, $(\forall y)_{w<y<z}$, $(\exists y)_{w<y<z}$ といった記号を用いるが, これらを総称して**有界限量記号**と呼ぶ.

定理3　関係 $R(x_1, \cdots, x_n, y)$ が原始帰納的（ないし帰納的）であるなら，次の関係は原始帰納的（ないし帰納的）である.

a)　$(\forall y)_{y<z} R(x_1, \cdots, x_n, y)$

b)　$(\exists y)_{y<z} R(x_1, \cdots, x_n, y)$

なお，他の有界限量記号についても同じことが成立する.

証明　$R(x_1, \cdots, x_n, y)$ の特徴関数を $\varphi_R(x_1, \cdots, x_n, y)$ とする．すると，$(\forall y)_{y<z} R(x_1, \cdots, x_n, y)$ の特徴関数は $sg(\sum_{y<z} \varphi_R(x_1, \cdots, x_n, y))$ となり，$(\exists y)_{y<z} R(x_1, \cdots, x_n, y)$ の特徴関数は $\prod_{y<z} \varphi_R(x_1, \cdots, x_n, y)$ となる．したがって，これらは，§31 定理1により，$\varphi_R(x_1, \cdots, x_n, y)$ が原始帰納的であるか帰納的であるかに応じて，原始帰納的ないし帰納的となる．他の有界限量記号の場合．たとえば $(\forall y)_{y\leqq z} R(x_1, \cdots, x_n, y)$ は $(\forall y)_{y<z+1} R(x_1, \cdots, x_n, y)$ と表わされるから，a) から代入（定理2）によって得られる．また，$(\forall y)_{w<y<z} R(x_1, \cdots, x_n, y)$ は

$$(\forall y)_{y<(z\dot{-}w)\dot{-}1} R(x_1, \cdots, x_n, y+w+1)$$

と書けるから，これも a) から代入により得られる．他の場合も同様.　┛

$\mu y_{y<z} R(x_1, \cdots, x_n, y)$ により次のような関数——つまり，$y<z \ \& \ R(x_1, \cdots, x_n, y)$ を満たすような y が存在するときは，そうした y の最小値を値にとり，そうした y が存在しないときには z の値を値としてとるような関数を表わす．この関数が，$x_1, \cdots, x_n$ ならびに z を変数とする関数であることは言うまでもない．そして，$\mu y_{y<z}$ と同様にして，$\mu y_{y\leqq z}$, $\mu y_{w<y<z}$ といった演算子を定義することができるが，これらを**有界 μ-演算子**と呼ぶ.

定理4　関係 $R(x_1, \cdots, x_n, y)$ が原始帰納的（ないし帰納的）であるなら，関数

$$\mu y_{y<z} R(x_1, \cdots, x_n, y)$$

は原始帰納的（ないし帰納的）である.

なお，他の有界 μ-演算子についても同じことが成立する.

証明　$R(x_1, \cdots, x_n, y)$ の特徴関数を $\varphi_R(x_1, \cdots, x_n, y)$ とする．今，$x_1, \cdots, x_n$ の値を固定し，$\varphi_R(x_1, \cdots, x_n, y)$ を単に $\varphi_R(y)$ と書く．さらに z の値も固定する．y の値を $0, 1, 2, \cdots$ と動かすとき，もし $y<z$ で $\varphi_R(y)=0$ となるような

yの値が存在すれば，その最小の値が関数の値となる．もしz未満でそうした値が存在しなければ関数の値はzとなる．そこで，仮にz＝6として，次のような具体的な例を考えてみる．

y	0	1	2	3	4	5	6 (＝z)
$\varphi_R(y)$	1	1	1	1	0	0	1
$f(y)=\prod\limits_{u\leqq y}\varphi_R(u)$	1	1	1	1	0	0	0
$g(y)=\sum\limits_{v<y}f(v)$	0	1	2	3	4	4	4

この例で言えば，y＜6で$\varphi_R(y)=0$となる最小のyの値は4であるから，関数の値は4となる．そして，この値はg(z)つまりg(6)として現われている．他方，仮にz＝2とすれば，この例の場合，y＜2で$\varphi_R(y)=0$となるyは存在しないから，関数の値はz，つまり2となる．そして，この場合も値2はg(z)，つまりg(2)として現われている．以上を一般化すれば，問題の関数の値は結局g(z)で表わされることが理解される．つまり

$$\mu y_{y<z}R(x_1,\cdots,x_n,y)=\sum_{v<z}(\prod_{u\leqq v}\varphi_R(x_1,\cdots,x_n,u))$$

が成立する．そして右辺は，§31定理1により，φ_Rが原始帰納的であるか帰納的であるかに応じて，原始帰納的ないしは帰納的となる．

他の有界μ-演算子の場合．たとえば，$\mu y_{y\leqq z}R(x_1,\cdots,x_n,y)$は$\mu y_{y<z+1}R(x_1,\cdots,x_n,y)$と表わされ，$\mu y_{y<z}R(x_1,\cdots,x_n,y)$が原始帰納的（ないし帰納的）であれば，これも代入（定理2）により原始帰納的（ないし帰納的）となる．他の演算子の場合も同様．　┘

さて，以上の諸定理を応用して，いくつかの数論的関数ないしは関係が原始帰納的であることを示しておこう．これらの関数や関係は，のちにも用いられる重要なものである．

例4　xは素数であるという関係（1項関係）を$P_r(x)$と表わせば，$P_r(x)$は原始帰納的である．

$P_r(x)$は$(\forall y)_{1<y<x}\rightarrow(y\,|\,x)$という関係で定義される．この関係が原始帰納的であることを型どおりに示せば次のようになる．

a)　$y\,|\,x$は，例3により原始帰納的である．

b）　→ (y｜x) は，a）と定理 1 により原始帰納的である.

c）　(∀y)$_{w<y<z}$ → (y｜x) は，b）と定理 3 により原始帰納的である.

d）　(∀y)$_{1<y<x}$ → (y｜x) は，c）と定理 2 により原始帰納的である.

例 5　素数を大きさの順に 2，3，5，7，11，… と並べ，それを p_0, p_1, p_3, p_4, p_5, … とおく. このとき p_x（x+1 番目の素数）は x の関数として原始帰納的である. つまり p_x は

$$\begin{cases} p_0 = 2 & ① \\ p_{x+1} = \mu y_{y \leq (p_x)!+1}(p_x < y \ \& \ P_r(y)) & ② \end{cases}$$

と帰納的に定義できる. ② については次のように考える.

a）　w<y & $P_r(y)$ は，例 2，例 4，定理 1 により原始帰納的である.

b）　$f(w, u) = \mu y_{y \leq u}(w<y \ \& \ P_r(y))$ は，a）と定理 4 により原始帰納的である.

c）　$g(v) = f(v, v!+1) = \mu y_{y \leq v!+1}(v<y \ \& \ P_r(y))$ は，f, v, v!+1 が各々原始帰納的であることと代入の規則により原始帰納的である.

d）　② は原始帰納的関数 g(v) から $g(p_x)$ として得られるから，① と ② に帰納的定義の規則を適用することができる.

〔$(p_x)!+1$ という制限については，「$p_x < p \leq p_x!+1$ を満たす素数 p が存在する」という事実にもとづいている. $p_x!+1$ が素数であればそれでよい. もし素数でなければ $p_x!+1$ はある素数 q で割り切れる. 他方，$p_x!+1$ は，素数 p_0, p_1, …，p_x のうちのいずれでも割り切れないから，$p_x < q$ である.〕

例 6　任意の 0 でない自然数 x は素因数分解により

$$x = p_0^{a_0} \cdot p_1^{a_1} \cdot p_2^{a_2} \cdot \dots \cdot p_k^{a_k} \cdot \dots \quad (0 \leq a_m, \ m=0,1,2,3,\dots)$$

というように一意的に表わすことができる. そこで，x をこのように素因数分解したときの p_i の巾指数 a_i を $(x)_i$ で表わす. x=0 のときは $(x)_i$ を 0 とする. このとき

$$(x)_i = \mu y_{y<x}(p_i^y｜x \ \& \ → (p_i^{y+1}｜x))$$

と書くことができるから，2 変数の関数 $(x)_i$ は原始帰納的である.

例 7　x を例 6 のように素因数分解したときの，0 でない巾指数の個数を

lh(x) で表わす.（この個数は一般に有限である.）x＝0 のときは lh(x) を 0 とおく. 関係 y｜x & P_r(y) & x≠0 は原始帰納的であるが，この関係を Q(x, y) とおき，特徴関数を φ_Q とする. 今，$\sum_{y\leqq x}\overline{sg}(\varphi_Q(x, y))$ を考えれば，この関数は，φ_Q(x, y) が 0 である場合の数，つまり Q(x, y) が成り立つ場合の数を表わしている. したがって x を割り切る素数の個数を表わし，0 でない巾指数の個数を表わす. よって lh(x) ＝ $\sum_{y\leqq x}\overline{sg}(\varphi_Q(x, y))$ であり，lh(x) は原始帰納的である.

例 8 われわれはのちに，0 でない自然数の有限列 a_0, a_1, …, a_n を 1 つの自然数 x＝$p_0^{a_0}\cdot p_1^{a_1}\cdot\cdots\cdot p_n^{a_n}$ で表現することを試みる. そこで，もう 1 つの有限列 b_0, b_1, …, b_m とその表現 y＝$p_0^{b_0}\cdot p_1^{b_1}\cdot\cdots\cdot p_m^{b_m}$ があるとき，2 つの有限列を「接合」することを考える. つまり，有限列

$$a_0,\ a_1,\ \cdots,\ a_n,\ b_0,\ b_1,\ \cdots,\ b_m$$

は，1 つの自然数

$$x*y=p_0^{a_0}\cdot p_1^{a_1}\cdot\cdots\cdot p_n^{a_n}\cdot p_{n+1}^{b_0}\cdot p_{n+2}^{b_1}\cdot\cdots\cdot p_{n+m+1}^{b_m}$$

で表現される. このとき，n＋1＝lh(x) であり，m＋1＝lh(y) である. また b_i＝(y)$_i$ である. したがって

$$x*y=x\cdot\prod_{i<lh(y)}(p_{lh(x)+i})^{(y)_i}$$

とおくことができる. 右辺は原始帰納的であるから，x＊y も原始帰納的である.

結びに，定理をもう 1 つ証明しておく.

定理 5 関数 f_1,…,f_m と関係 R_1,…,R_m により関数 g を次のように定義する.

$$g(x_1,\cdots,x_n)=\begin{cases}f_1(x_1,\cdots,x_n) & R_1(x_1,\cdots,x_n)\ \text{が成り立つとき}\\ f_2(x_1,\cdots,x_n) & R_2(x_1,\cdots,x_n)\ \text{が成り立つとき}\\ \quad\cdots\cdots\\ \quad\cdots\cdots\\ f_m(x_1,\cdots,x_n) & R_m(x_1,\cdots,x_n)\ \text{が成り立つとき}\end{cases}$$

ただし，任意の x_1, …, x_n に対して，$R_1(x_1,\cdots,x_n)$,…,$R_m(x_1,\cdots,x_n)$ のうちの 1 つ，そしてただ 1 つのみが成り立つものとする. このとき，f_1,…,f_m ならびに R_1,…,R_m が原始帰納的（ないし帰納的）であるなら，g は原始帰納的

（ないし帰納的）である.

証明 $R_i\,(1\leqq i\leqq m)$ の特徴関数を $\varphi_{R_i}(x_1, \cdots, x_n)$ とすれば, $g\,(x_1, \cdots, x_n)$ は

$$f_1\,(x_1, \cdots, x_n)\cdot\overline{sg}\,(\varphi_{R_1}\,(x_1, \cdots, x_n))+\cdots$$
$$\cdots+f_m\,(x_1, \cdots, x_n)\cdot\overline{sg}\,(\varphi_{R_m}\,(x_1, \cdots, x_n))$$

と書くことができる. したがって, g は原始帰納的（ないし帰納的）である. ⏌

§ 33 累積帰納法

関数を帰納的に定義する場合, これまでは(v)の帰納的定義の規則に従い, $f\,(x_1, \cdots, x_n, y+1)$ の値を, その直前の $f\,(x_1, \cdots, x_n, y)$ の値をもとにして定めるという方法をとってきた. しかし, 時には, $u\leqq y$ のときのいくつかの（あるいはすべての）$f\,(x_1, \cdots, x_n, u)$ の値を用いて定義するほうが都合のよい場合がある. そこで本節では, こうした**累積帰納法**（course of values recursion）について考察する.

関数 $f\,(x_1, \cdots, x_n, y)$ に対して, 関数

$$f^0\,(x_1, \cdots, x_n, y)=\prod_{u<y}p_u^{f(x_1,\cdots,x_n,u)}$$

を考え, これを f の**累積関数**と呼ぶ. $u<y$ なる各 u に対する $f\,(x_1, \cdots, x_n, u)$ の値が与えられれば, この定義により累積関数 $f^0\,(x_1, \cdots, x_n, y)$ の値が知られる. 逆に, $f^0\,(x_1, \cdots, x_n, y)$ の値が与えられれば,

$$f\,(x_1, \cdots, x_n, u)=(f^0\,(x_1, \cdots, x_n, y))_u \quad（§ 32 例 6 参照）$$

により, $u<y$ なる各 u に対する $f\,(x_1, \cdots, x_n, u)$ の値が知られる. したがって, 累積関数の値を知ることと, $f\,(x_1, \cdots, x_n, u)$ $(u<y)$ の値を知ることとは, 同等の意味をもつわけである.

定理1 関数 $f\,(x_1, \cdots, x_n, y)$ が関数 $g\,(x_1, \cdots, x_n, y, z)$ により

$$f\,(x_1, \cdots, x_n, y)=g\,(x_1, \cdots, x_n, y, f^0\,(x_1, \cdots, x_n, y))$$

と表わされるとする. このとき, もし g が原始帰納的（ないし帰納的）であるなら, f は原始帰納的（ないし帰納的）である.

証明 まず $f^0\,(x_1, \cdots, x_n, y)$ が次のように帰納的に定義される.

$$\begin{cases} f^0(x_1, \cdots, x_n, 0) = 1 \\ f^0(x_1, \cdots, x_n, y+1) = f^0(x_1, \cdots, x_n, y) \cdot p_y^{f(x_1, \cdots, x_n, y)} \end{cases}$$
$$= f^0(x_1, \cdots, x_n, y) \cdot p_y^{g(x_1, \cdots, x_n, y, f^0(x_1, \cdots, x_n, y))}$$

したがって，(v) の帰納的定義の規則により f^0 は（g に応じて）原始帰納的（ないし帰納的）である．他方，f は

$$f(x_1, \cdots, x_n, y) = (f^0(x_1, \cdots, x_n, y+1))_y$$

と表わすことができる．したがって，f は原始帰納的（ないし帰納的）である．
⌐

この定理において f は

$$f(x_1, \cdots, x_n, y) = g(x_1, \cdots, x_n, y, f^0(x_1, \cdots, x_n, y))$$

と表わされているが，これは言いかえれば f が累積帰納法により定義されていることを意味している．したがって，一般に，累積帰納法により定義されるような関数は（g に応じて）原始帰納的（ないし帰納的）であると言える．しかも，この場合は，$f(x_1, \cdots, x_n, y)$ の値を定義するのに $u < y$ のときのすべての $f(x_1, \cdots, x_n, u)$ の値が用いられているが，次の例のように，$f(x_1, \cdots, x_n, u)$（$u < y$）の値のうちの若干のものが用いられる場合も，一般に f は原始帰納的（ないし帰納的）となる．

例1 次のように定義された関数を考える．

$$\begin{cases} f(0) = 1 \\ f(1) = 1 \\ f(y+2) = f(y) + f(y+1) \end{cases}$$

この f は

$$f(y) = \overline{sg}(y) + \overline{sg}(1 \dot- y) + ((f^0(y))_{y\dot-2} + (f^0(y))_{y\dot-1}) \cdot sg(y \dot- 1)$$

と表わすことができる．そこで関数

$$g(y, z) = \overline{sg}(y) + \overline{sg}(1 \dot- y) + ((z)_{y\dot-2} + (z)_{y\dot-1}) \cdot sg(y \dot- 1)$$

を考えれば，$g(y, z)$ は原始帰納的である．そして $f(y) = g(y, f^0(y))$ と表わされるから，定理1により $f(y)$ は原始帰納的である．

定理2 $G(x_1, \cdots, x_n, y, z)$ を原始帰納的（ないし帰納的）な関係とし，関係

$R(x_1, \cdots, x_n, y)$ は関係 $G(x_1, \cdots, x_n, y, (\varphi_R)^0(x_1, \cdots, x_n, y))$ と同値であるとする. (ただし φ_R は R の特徴関数であり,$(\varphi_R)^0$ はその累積関数である.) このとき R は原始帰納的(ないし帰納的)である.

証明 G の特徴関数を $\varphi_G(x_1, \cdots, x_n, y, z)$ とすれば,φ_R は

$$\varphi_R(x_1, \cdots, x_n, y) = \varphi_G(x_1, \cdots, x_n, y, (\varphi_R)^0(x_1, \cdots, x_n, y))$$

と表わすことができる.φ_G は原始帰納的(ないし帰納的)であるから,定理 1により φ_R は原始帰納的(ないし帰納的)である.よって関係 R は原始帰納的(ないし帰納的)である. ⏋

例2 定理2により,累積帰納法は関係の定義にも用いうることが分かる. つまり,関係 $R(x_1, \cdots, x_n, y)$ が $R(x_1, \cdots, x_n, u)$ $(u < y)$ をもとにして定義されるような場合には,定理2は常に適用できる.たとえば関係 $Q(y)$ が $Q((y)_2)$ を用いて定義されるとした場合,$(y)_2 < y$ である.そして $Q((y)_2)$ は $\varphi_Q((y)_2) = 0$(φ_Q は Q の特徴関数)と同値であり,これはさらに $((\varphi_Q)^0(y))_{(y)_2} = 0$ と同値である.したがって $Q(y)$ は結局,$G(y, (\varphi_Q)^0(y))$ というかたちで表現されることになるが,このとき,もし G が原始帰納的(ないし帰納的)であるなら,定理2により $Q(y)$ は原始帰納的(ないし帰納的)となる.われわれは,定理2を,こうしたかたちで,のちにしばしば利用することになる.

§34 帰納的関数と表現可能性

われわれははじめに,形式的数論 Z と通常の直観的な数論との関係を問題にし,数論的な関数や述語のうちどのようなものが Z で表現可能となるかという問いを提示したが,ここで,帰納的関数ないしは帰納的関係はすべて Z で表現可能であるという答えを出すことができる.一方,この逆も証明できるので,結局,帰納的関数(ないしは関係)のクラスと,Z で表現可能な関数(ないしは関係)のクラスとは一致することになる.

上の定理を証明するためにはいくつかの補助定理が必要となるが,まず初等数論における簡単な定理を証明する.

定理1 $a_0, a_1, \cdots, a_n$ を正の自然数とし,これらのうちの任意の2つは互

いに素であるとする.（p, q が 1 以外の共通の約数をもたないとき，p と q と
は互いに素であるという.）また b_0, b_1, …, b_n を $b_i < a_i (0 \leq i \leq n)$ であるよう
な自然数とする.このとき，$d < a_0 \cdot a_1 \cdot \cdots \cdot a_n$ を満たし，$rm(a_i, d) = b_i (0 \leq i \leq n)$
を満たすような自然数 d が存在する.（$rm(p, q)$ は，§31 で用いたように q を
p で割ったときの剰余を表わす.）

証明 $a_0 = 2$, $a_1 = 3$ として次のような例を考える.

d	0	1	2	3	4	5	6	7
rm(2, d)	0	1	0	1	0	1	0	1
rm(3, d)	0	1	2	0	1	2	0	1

この例からも分かるように，d が 0 から 5 ($< 2 \times 3$) に至るまでに，$rm(2, d)$
と $rm(3, d)$ という剰余の組は，$c_0 < 2$, $c_1 < 3$ であるような 2 数 c_0, c_1 がとり
うる 6 通りの組合せをすべてとっている.証明はこれを一般化すればよい.

$rm(a_i, t)$ の t を動かし，$t = p$ のとき $rm(a_i, t) = b_i (0 \leq i \leq n)$ となり，また $t =$
$p + q$ のとき同じく $rm(a_i, t) = b_i$ となるとする.p と p+q は a_i で割るとき同じ
剰余 b_i をもつから ($0 \leq i \leq n$)，その差 q は a_i の倍数となる.つまり $q = s_i a_i$ と
おけば

$$q = s_0 a_0 = s_1 a_1 = \cdots = s_n a_n$$

が成り立つ.仮定により $a_0, a_1, \cdots, a_n$ のうちの任意の 2 つは互いに素であるか
ら，素因数分解の一意性により q は $a_1 \cdot a_0 \cdot \cdots \cdot a_n$ の倍数となる.したがって，
t を動かすとき，$rm(a_0, t), rm(a_1, t), \cdots, rm(a_n, t)$ という組が再度 $b_0, b_1, \cdots, b_n$
という値をとるのは，t が少なくとも $a_0 \cdot a_1 \cdot \cdots \cdot a_n$ 個の連続した値をとったあ
とのことであると言える.しかし他方，$c_0 < a_0$, $c_1 < a_1$, …, $c_n < a_n$ を満たす
ような $c_0, c_1, \cdots, c_n$ が作る異なった列の数は $a_0 \cdot a_1 \cdot \cdots \cdot a_n$ である.したがって，
$rm(a_0, t), rm(a_1, t), \cdots, rm(a_n, t)$ は，t が任意の $a_0 \cdot a_1 \cdot \cdots \cdot a_n$ 個の連続した値を
とる間に，ちょうど一度 $b_0, b_1, \cdots, b_n$ という値をとることになる.よって，

$$0 \leq d < a_0 \cdot a_1 \cdot \cdots \cdot a_n$$

であるようなある d が存在して，$rm(a_i, d) = b_i (0 \leq i \leq n)$ が成立する. ⏌

次に，**Gödel** の β-関数と呼ばれる関数を導入する.つまり

$$\beta(x_1, x_2, x_3) = rm(1 + (x_3 + 1) \cdot x_2, x_1)$$

という関数であるが、これは§31例14によれば原始帰納的である。β-関数について はまず次の定理が成立する。

定理2 任意の自然数の列 $b_0, b_1, \cdots, b_n$ に対して $\beta(c, d, i) = b_i (0 \leq i \leq n)$ となるような2つの自然数 c, d が存在する。

証明 与えられた自然数の列 $b_0, b_1, \cdots, b_n$ に対して $n, b_0, b_1, \cdots, b_n$ のうちの最大のものを t とし、$d = t!$ とおく。今、自然数

$$a_i = 1 + (i+1)d \quad (0 \leq i \leq n)$$

を考えれば、これらのうちの任意の2つは互いに素である。なぜなら、もし $1 + (i+1)d$ と $1 + (j+1)d$ とが共通の素因数 p をもつとすれば $(0 \leq i < j \leq n)$、p はそれらの差 $(j-i)d$ も割り切るはずである。しかし、p はまず d を割り切らない。なぜなら、もし p が d を割り切るとすれば、p は $(i+1)d$ と $1 + (i+1)d$ とを割り切ることになり、矛盾を導くからである。他方、p はまた $j-i$ も割り切らない。なぜなら、$j-i \leq n \leq t$ であり、$j-i$ は $t!$ つまり d を割り切ることから、もし p が $j-i$ を割り切るとすれば、p は d をも割り切ることになるからである。こうして自然数 $a_i (0 \leq i \leq n)$ のうちの任意の2つは互いに素であり、また $0 \leq i \leq n$ の i に対して、$b_i \leq t \leq t! = d < 1 + (i+1)d = a_i$ となり、$b_i < a_i$ が成り立つ。したがって、定理1により、$c < a_0 \cdot a_1 \cdot \cdots \cdot a_n$ を満たし、$rm(a_i, c) = b_i (0 \leq i \leq n)$ を満たすような自然数 c が存在する。そして $b_i = rm(a_i, c) = rm(1 + (i+1)d, c) = \beta(c, d, i)$ である。 ⌐

定理3 関数 $\beta(x_1, x_2, x_3)$ は、形式的数論 Z において次の論理式により表現可能である。

$$\exists y (x_1 = (\overline{1} + (x_3 + \overline{1}) \cdot x_2) \cdot y + x_4 \wedge x_4 < \overline{1} + (x_3 + \overline{1}) \cdot x_2)$$

（以下ではこの論理式を $B(x_1, x_2, x_3, x_4)$ と略記する。）

証明 関数が Z で表現可能であるための条件 α, β（ないしは β'）（§30）が成立することを示せばよい。

条件 α の証明。 $\beta(q_1, q_2, q_3) = q_4$ とする。すると、ある q に対して $q_1 = (1 + (q_3+1) \cdot q_2) \cdot q + q_4$ が成り立ち、また $q_4 < 1 + (q_3+1) \cdot q_2$ が成り立つ。したがっ

て，§29 定理 2 により $\vdash \overline{q_1} = (\overline{1 + (\overline{q_3} + \overline{1})} \cdot \overline{q_2}) \cdot \overline{q} + \overline{q_4}$ が言える．また，§30 例
2 により $<$ は Z で表現可能であるから，$\vdash \overline{q_4} < \overline{1} + (\overline{q_3} + \overline{1}) \cdot \overline{q_2}$ が成り立つ．
したがって

$$\vdash \overline{q_1} = (\overline{1} + (\overline{q_3} + \overline{1}) \cdot \overline{q_2}) \cdot \overline{q} + \overline{q_4} \wedge \overline{q_4} < \overline{1} + (\overline{q_3} + \overline{1}) \cdot \overline{q_2}$$

が導かれ，E_g により $\vdash B(\overline{q_1}, \overline{q_2}, \overline{q_3}, \overline{q_4})$ が得られる．

条件 β' の証明．$\overline{1} + (x_3 + \overline{1}) \cdot x_2 \neq 0$ であるから，§29 定理 7 により
$\vdash \exists_1 x_4 B(x_1, x_2, x_3, x_4)$ が得られる． ⏌

以上の定理 2 と定理 3 により β-関数を導入する意味が理解される．つまり，
自然数の列 $b_0, b_1, \cdots, b_n$ に関する命題があるとき，これを β-関数で表わし，さ
らにそれを Z のなかで表現することができるのである．このことを，帰納的
関数の定義における (v) の規則（§31）について見てみよう．(v) の帰納的定義
の規則は

$$\begin{cases} f(x_1, \cdots, x_n, 0) = g(x_1, \cdots, x_n) \\ f(x_1, \cdots, x_n, y+1) = h(x_1, \cdots, x_n, y, f(x_1, \cdots, x_n, y)) \end{cases}$$

という 2 つの等式から成る．そこで今，$f(x_1, \cdots, x_n, y) = z$ であるとする．これ
は，自然数の列

$$b_0, \quad b_1, \quad \cdots, \quad b_y$$

が存在し，

$$b_0 = g(x_1, \cdots, x_n)$$
$$b_1 = h(x_1, \cdots, x_n, 0, b_0)$$
$$b_2 = h(x_1, \cdots, x_n, 1, b_1)$$
$$\cdots\cdots$$
$$b_y = h(x_1, \cdots, x_n, y-1, b_{y-1})$$
$$z = b_y$$
$$(b_i = f(x_1, \cdots, x_n, i) \quad i = 0, 1, \cdots, y)$$

が成り立っていることを意味する．ところで定理 2 により，$\beta(c, d, i) = b_i (0 \leq i \leq y)$ であるような自然数 c, d が存在する．したがって，上の等式の列は，b_i
のかわりに β-関数 $\beta(c, d, i)$ を使えば

$(\exists c)(\exists d)\{\beta(c, d, 0) = g(x_1, \cdots, x_n)$

$\quad\& \ (\forall i)\{i < y \rightarrow \beta(c, d, i+1) = h(x_1, \cdots, x_n, i, \beta(c, d, i))\}$

$\quad\& \ z = \beta(c, d, y)\}$

と表わすことができる. そして, これはさらに

（I） $(\exists c)(\exists d)\{(\exists s)\{\beta(c, d, 0) = s \ \& \ g(x_1, \cdots, x_n) = s\} \ \& \ (\forall i)\{i < y \rightarrow$

$\quad (\exists s)(\exists t)\{\beta(c, d, i+1) = s \ \& \ \beta(c, d, i) = t \ \& \ h(x_1, \cdots, x_n, i, t) = s\}\}$

$\quad\& \ \beta(c, d, y) = z\}$

と書くことができる. こうして最初の $f(x_1, \cdots, x_n, y) = z$ は（I）の述語で表わされることになるが, さらに（I）を Z における論理式で表わせば次のようになる.

（II） $\exists u \exists v \{\exists x \{B(u, v, 0, x) \wedge G(x_1, \cdots, x_n, x)\} \wedge \forall z \{z < x_{n+1} \supset$

$\quad \exists x \exists y \{B(u, v, z', x) \wedge B(u, v, z, y) \wedge H(x_1, \cdots, x_n, z, y, x)\}\}$

$\quad \wedge B(u, v, x_{n+1}, x_{n+2})\}$

（ただし, 関数 g と h は Z においてそれぞれ論理式 G と H により表現されるものとする.）

こうして, もし最初の関数 $f(x_1, \cdots, x_n, x_{n+1})$ が Z で表現可能であるとすれば, それは（II）の論理式で表現されると予想できる. そこで, 以上のような考察を基礎において次の定理が証明される.

定理 4 関数 $f(x_1, \cdots, x_n, x_{n+1})$ は関数 $g(x_1, \cdots, x_n)$ と $h(x_1, \cdots, x_n, x_{n+1}, x_{n+2})$ から等式

$$\begin{cases} f(x_1, \cdots, x_n, 0) = g(x_1, \cdots, x_n) \\ f(x_1, \cdots, x_n, y+1) = h(x_1, \cdots, x_n, y, f(x_1, \cdots, x_n, y)) \end{cases}$$

により帰納的に定義されるとする. このとき, もし g と h が Z で表現可能であるなら, f も Z で表現可能となる.

証明 関数 g と h は Z において各々論理式 $G(x_1, \cdots, x_{n+1})$ と $H(x_1, \cdots, x_{n+3})$ により表現可能であるとする. このとき上の考察のように関数 f は Z において（II）の論理式により表現可能であることを示そう.（以下,（II）の論理式を $F(x_1, \cdots, x_{n+2})$ と略記する.）そのためには表現可能性の条件 α, β が成立する

ことを示さなければならない.

1) 条件 α の証明. $f(q_1, \cdots, q_n, s) = t$ として $\vdash F(\overline{q_1}, \cdots, \overline{q_n}, \overline{s}, \overline{t})$ が成り立つことを証明すればよい.

ⅰ) まず $s=0$ の場合を示そう. このとき $t=g(q_1, \cdots, q_n)$ となる. したがって $\vdash G(\overline{q_1}, \cdots, \overline{q_n}, \overline{t})$ … ① が成り立つ. 他方, t のみから成る列を考えれば, 定理 2 により $\beta(c, d, 0) = t$ を満たすような自然数 c, d が存在する. したがって定理 3 により $\vdash B(\overline{c}, \overline{d}, 0, \overline{t})$ … ② を得る. よって ① と ② から E_g により $\vdash \exists x \{ B(\overline{c}, \overline{d}, 0, x) \wedge G(\overline{q_1}, \cdots, \overline{q_n}, x) \}$ … ③ が導かれる. また $\vdash \sim(z<0)$ であるから, $\vdash \forall z \{ z<0 \supset \exists x \exists y (B(\overline{c}, \overline{d}, z', x) \wedge B(\overline{c}, \overline{d}, z, y) \wedge H(\overline{q_1}, \cdots, \overline{q_n}, z, y, x)) \}$ … ④ も成り立つ. したがって, ③ と ④ と ② を連言で結び E_g を 2 回用いれば, $\vdash F(\overline{q_1}, \cdots, \overline{q_n}, 0, \overline{t})$ が得られる.

ⅱ) $s>0$ の場合. この場合は $f(q_1, \cdots, q_n, s)$ の値は帰納的定義の等式により $s+1$ の段階を経て定められる. 各段階を $b_i = f(q_1, \cdots, q_n, i)$ とおく. このとき定理 2 により, 自然数の列 $b_0, b_1, \cdots, b_s$ に対し, $\beta(c, d, i) = b_i (0 \leqq i \leqq s)$ を満たすような c, d が存在する. したがって, まず $\beta(c, d, 0) = b_0$ であるから, $\vdash B(\overline{c}, \overline{d}, 0, \overline{b_0})$ が言える. また $b_0 = f(q_1, \cdots, q_n, 0) = g(q_1, \cdots, q_n)$ であるから, $\vdash G(\overline{q_1}, \cdots, \overline{q_n}, \overline{b_0})$ が成り立つ. よって, これらを連言で結び E_g を用いれば, $\vdash \exists x \{ B(\overline{c}, \overline{d}, 0, x) \wedge G(\overline{q_1}, \cdots, \overline{q_n}, x) \}$ … ① が得られる. また $\beta(c, d, s) = b_s = f(q_1, \cdots, q_n, s) = t$ であり, したがって $\vdash B(\overline{c}, \overline{d}, \overline{s}, \overline{t})$ … ② が成り立つ. さらに $0 \leqq i \leqq s-1$ なる i に対して, $\beta(c, d, i) = b_i$ であるから $\vdash B(\overline{c}, \overline{d}, \overline{i}, \overline{b_i})$ が言え, また $\beta(c, d, i+1) = b_{i+1}$ であるから $\vdash B(\overline{c}, \overline{d}, \overline{i}', \overline{b_{i+1}})$ が成り立つ. また $b_{i+1} = f(q_1, \cdots, q_n, i+1) = h(q_1, \cdots, q_n, i, f(q_1, \cdots, q_n, i)) = h(q_1, \cdots, q_n, i, b_i)$ であり, これから $\vdash H(\overline{q_1}, \cdots, \overline{q_n}, \overline{i}, \overline{b_i}, \overline{b_{i+1}})$ が成立する. したがって, これらを連言で結び E_g を用いれば, $\vdash \exists x \exists y \{ B(\overline{c}, \overline{d}, \overline{i}', x) \wedge B(\overline{c}, \overline{d}, \overline{i}, y) \wedge H(\overline{q_1}, \cdots, \overline{q_n}, \overline{i}, y, x) \}$ が得られる. そしてこれが $0 \leqq i \leqq s-1$ なる各 i に対して成り立つから, §29 定理 6 の 4 により $\vdash \forall z \{ z<\overline{s} \supset \exists x \exists y (B(\overline{c}, \overline{d}, z', x) \wedge B(\overline{c}, \overline{d}, z, y) \wedge H(\overline{q_1}, \cdots, \overline{q_n}, z, y, x)) \}$ … ③ が導かれる. よって ①, ③, ② を連言で結び, E_g を用いれば $F(\overline{q_1}, \cdots, \overline{q_n}, \overline{s}, \overline{t})$ が得られる.

2) 条件 β の証明. $\vdash \exists_1 x_{n+2} F(\overline{q_1}, \cdots, \overline{q_n}, \overline{s}, x_{n+2})$ を示さなければならないが, 1) で存在が証明されているので, 一意性のみを示せばよい. s についての通常のメタ・レヴェルでの帰納法で証明する.

i) s＝0 のとき. $f(q_1, \cdots, q_n, 0)＝g(q_1, \cdots, q_n)＝m$ とおけば $\vdash F(\overline{q_1}, \cdots, \overline{q_n}, 0, \overline{m})$ である. したがって, $F(\overline{q_1}, \cdots, \overline{q_n}, 0, x_{n+2})$ と仮定したとき, $x_{n+2}＝\overline{m}$ となることを示せばよい.

(1) $F(\overline{q_1}, \cdots, \overline{q_n}, 0, x_{n+2})$ 　仮定

　(1) から選出規則 CH により

(2) $\exists x [B(a, b, 0, x) \wedge G(\overline{q_1}, \cdots, \overline{q_n}, x)] \wedge B(a, b, 0, x_{n+2})$

　(2) から同じく CH により

(3) $B(a, b, 0, c) \wedge G(\overline{q_1}, \cdots, \overline{q_n}, c)$

　$g(q_1, \cdots, q_n)＝m$ であるから

(4) $\vdash G(\overline{q_1}, \cdots, \overline{q_n}, \overline{m})$

　(3) と (4) と G についての一意性から

(5) $c＝\overline{m}$

　(3) と (5) から

(6) $B(a, b, 0, \overline{m})$

　(2) から

(7) $B(a, b, 0, x_{n+2})$

　(6) と (7) と B についての一意性から

(8) $x_{n+2}＝\overline{m}$

ii) $\vdash \exists_1 x_{n+2} F(\overline{q_1}, \cdots, \overline{q_n}, \overline{s}, x_{n+2})$ を仮定して $\vdash \exists_1 x_{n+2} F(\overline{q_1}, \cdots, \overline{q_n}, \overline{s+1}, x_{n+2})$ を証明する. $f(q_1, \cdots, q_n, s+1)＝k$ とすれば $\vdash F(\overline{q_1}, \cdots, \overline{q_n}, \overline{s+1}, \overline{k})$ である. したがって, $F(\overline{q_1}, \cdots, \overline{q_n}, \overline{s+1}, x_{n+2})$ と仮定したとき, $x_{n+2}＝\overline{k}$ となることを示せばよい.

(1) $\vdash \exists_1 x_{n+2} F(\overline{q_1}, \cdots, \overline{q_n}, \overline{s}, x_{n+2})$ 　帰納法の仮定

(2) $F(\overline{q_1}, \cdots, \overline{q_n}, \overline{s+1}, x_{n+2})$ 　仮定

　$f(q_1, \cdots, q_n, s)＝j$ とすれば

(3) $\vdash F(\overline{q_1}, \cdots, \overline{q_n}, \overline{s}, \overline{j})$

$k = f(q_1, \cdots, q_n, s+1) = h(q_1, \cdots, q_n, s, j)$ であるから

(4) $\vdash H(\overline{q_1}, \cdots, \overline{q_n}, \overline{s}, \overline{j}, \overline{k})$

(2) から選出規則 CH により

(5) $\exists x \{B(a, b, 0, x) \land G(\overline{q_1}, \cdots, \overline{q_n}, x)\}$

(6) $\forall z \{z < \overline{s+1} \supset \exists x \exists y \{B(a, b, z', x) \land B(a, b, z, y) \land H(\overline{q_1}, \cdots, \overline{q_n}, z, y, x)\}\}$

(7) $B(a, b, \overline{s+1}, x_{n+2})$

(6) から

(8) $\forall z \{z < \overline{s} \supset \exists x \exists y \{B(a, b, z', x) \land B(a, b, z, y) \land H(\overline{q_1}, \cdots, \overline{q_n}, z, y, x)\}\}$

(6) から U_i と CH を2回用いて

(9) $B(a, b, \overline{s+1}, c) \land B(a, b, \overline{s}, d) \land H(\overline{q_1}, \cdots, \overline{q_n}, \overline{s}, d, c)$

(9) から

(10) $B(a, b, \overline{s}, d)$

(5) と (8) と (10) を連言で結び E_g を用いれば

(11) $F(\overline{q_1}, \cdots, \overline{q_n}, \overline{s}, d)$

(1) と (3) と (11) から

(12) $\overline{j} = d$

(9) と (12) から

(13) $H(\overline{q_1}, \cdots, \overline{q_n}, \overline{s}, \overline{j}, c)$

(4) と (13) と H についての一意性から

(14) $\overline{k} = c$

(9) と (14) から

(15) $B(a, b, \overline{s+1}, \overline{k})$

(7) と (15) と B についての一意性から

(16) $x_{n+2} = \overline{k}$ ⌐

定理5 $g(x_1, \cdots, x_n, y)$ を,$x_1, \cdots, x_n$ の各値に対し $g(x_1, \cdots, x_n, y) = 0$ となるような y が存在する関数とし,$f(x_1, \cdots, x_n)$ を $\mu y(g(x_1, \cdots, x_n, y) = 0)$ で定義

される関数とする．このとき，もし g が Z において表現可能であるなら，f も Z で表現可能となる．

証明 g が Z において論理式 $G(x_1, \cdots, x_{n+2})$ により表現可能であるとすれば，f は次の論理式（これを $F(x_1, \cdots, x_{n+1})$ と略記する）により表現可能となる．

$$G(x_1, \cdots, x_{n+1}, 0) \wedge \forall y(y < x_{n+1} \supset \sim G(x_1, \cdots, x_n, y, 0))$$

1) 条件 α の証明．$f(q_1, \cdots, q_n) = r$ とする．すると定義により $g(q_1, \cdots, q_n, r) = 0$ であり，$p < r$ なる p に対して $g(q_1, \cdots, q_n, p) \neq 0$ となる．したがって $\vdash G(\overline{q_1}, \cdots, \overline{q_n}, \overline{r}, 0) \cdots$ ① が言え，また $p < r$ なる p に対して $\vdash \sim G(\overline{q_1}, \cdots, \overline{q_n}, \overline{p}, 0)$ が成立する．よって §29 定理 6 の 4 により，$\vdash \forall y(y < \overline{r} \supset \sim G(\overline{q_1}, \cdots, \overline{q_n}, y, 0)) \cdots$ ② が成り立つ．したがって ① と ② から $\vdash F(\overline{q_1}, \cdots, \overline{q_n}, \overline{r})$ が得られる．

2) 条件 β の証明．$\exists_1 x_{n+1} F(\overline{q_1}, \cdots, \overline{q_n}, x_{n+1})$ を示すわけであるが，1) により存在が示されているので一意性のみを証明すればよい．

$$G(\overline{q_1}, \cdots, \overline{q_n}, s, 0) \wedge \forall y(y < s \supset \sim G(\overline{q_1}, \cdots, \overline{q_n}, y, 0)) \quad \cdots ①$$

であり，かつ

$$G(\overline{q_1}, \cdots, \overline{q_n}, t, 0) \wedge \forall y(y < t \supset \sim G(\overline{q_1}, \cdots, \overline{q_n}, y, 0)) \quad \cdots ②$$

であるとする．このとき，$s < t$ とすれば， ① から $G(\overline{q_1}, \cdots, \overline{q_n}, s, 0)$ が，② から $\sim G(\overline{q_1}, \cdots, \overline{q_n}, s, 0)$ がそれぞれ得られ，矛盾が生じる．$t < s$ としても同様である．他方，§29 定理 4 の16により $\vdash s = t \vee s < t \vee t < s$ が成立する．したがって $s = t$ となる．　　┘

さて，以上のような準備のもとに，われわれは目標の次の定理を証明することができる．

定理6 帰納的関数はすべて Z において表現可能である．

証明 帰納的関数の定義は初期関数と形成規則から構成されているが，まず §30 の例 4，例 6，例 7 により，後者関数 (i)，定数関数 (ii)，射影関数 (iii) という 3 つの初期関数はいずれも Z で表現可能となる．また，§30 の定理 2，本節の定理 4，定理 5 によれば，代入 (iv)，帰納的定義 (v)，(v')，μ-演算子 (vi) という 3 つの規則はどれも「Z で表現可能である」という性質を保存する．したがって，帰納的関数はすべて Z において表現可能となる．　　┘

定理7　すべての帰納的関係は Z において表現可能である.

証明　$R(x_1, \cdots, x_n)$ を帰納的関係とすれば, その特徴関数 $\varphi_R(x_1, \cdots, x_n)$ は帰納的である. したがって, 定理6により φ_R は Z において表現可能である. 他方, §30 の定理1によれば, R が Z で表現可能であることと φ_R が Z で表現可能であることとは同値である. したがって, R は Z において表現可能となる.

⌐

第Ⅴ章　不完全性定理

　第Ⅲ章の形式的数論，第Ⅳ章の帰納的関数というように自然数に関する理論を考察してきたが，結びに本章では Gödel の不完全性定理をとりあげる．この著名な定理は直接には自然数論ないしはそれに準じる体系の不完全性にかかわるものであるが，同時に数理論理学ないしは数学基礎論における原理的な問題に通じる内容をもっている．また大きな理論が常にそうであるように，この定理も多くの副産物（前章の帰納的関数の理論もその１つである）を伴っており，内容と方法の両面から現代論理学の発展に深甚な影響を与えている．その意味で，結びの章でとりあげるのにふさわしい話柄と言えよう．

§ 35　Gödel 数

　われわれは第Ⅰ章以来，命題算，述語算，第１階の理論，形式的数論といった様々な体系を考察してきたが，その際常に理論の２つの次元，２つの層が区別されていた．つまり，その１つは考察の対象となっている理論（対象言語ないしは対象理論）の層であり，いま１つは，対象理論について考察し議論している当の理論（メタ言語ないしはメタ理論）の層である．そして，このように様々な理論を形式的体系として構成し，それを対象としながら一定のメタ理論的な考察を展開するというのが Hilbert の**メタ数学**（metamathematics）ないしは**証明論**（proof theory）の立場であった．ところで，Gödel の定理は，こうした対象理論とメタ理論という Hilbert 的な枠組をふまえながら，その間に独特な連関を打ち立てることを介して得られる．つまり，それは，対象理論についての陳述を対象理論自身のなかへ埋め込み，対象理論について述べているメタ数学的な言明を対象理論そのもののなかで表現するという連関である．そしてこの連関は実際次のようにして構成される．（以下の考察では，われわれは対象理論として基本的には第Ⅲ章の形式的数論 *Z* をとるが，議論を一般化

するために，場合によっては任意の第 1 階の理論 S を例にとることもある．ちなみに，Gödel の原論文（1931年）では，Peano の公理に階型理論の論理をつけ加えた体系が対象理論として採用されている．）

S を任意の第 1 階の理論とするとき，S の各記号 b に対し次のような自然数 $\alpha(b)$ を対応させ，それを b の **Gödel 数**（Gödel number）と呼ぶ．

$\alpha(\,(\,)=3$　　$\alpha(x_i)=7+8i$　$(i=1,2,3,\cdots)$

$\alpha(\,)\,)=5$　　$\alpha(c_i)=9+8i$　$(i=1,2,3,\cdots)$

$\alpha(\,,\,)=7$　　$\alpha(f_i^n)=11+8\times2^n\times3^i$　$(n,i=1,2,3,\cdots)$

$\alpha(\sim)=9$　　$\alpha(P_i^n)=13+8\times2^n\times3^i$　$(n,i=1,2,3,\cdots)$

$\alpha(\supset)=11$

$\alpha(\forall)=13$

例 1　数論 Z における記号の Gödel 数は次のようになる．まず括弧，コンマ，論理記号，個体変項等の Gödel 数は上記のとおりである．

個体定項 0 の Gödel 数　　$\alpha(c_1)=9+8\times1=17$

関数記号 ′ の Gödel 数　　$\alpha(f_1^1)=11+8\times2^1\times3^1=59$

関数記号 ＋ の Gödel 数　　$\alpha(f_1^2)=11+8\times2^2\times3^1=107$

関数記号 ・ の Gödel 数　　$\alpha(f_2^2)=11+8\times2^2\times3^2=299$

述語記号 ＝ の Gödel 数　　$\alpha(P_1^2)=13+8\times2^2\times3^1=109$

次に，S における表現（記号の有限列）$b_1b_2\cdots b_m$ があるとき，その Gödel 数を次のように定義する．

$$\alpha(b_1b_2\cdots b_m)=2^{\alpha(b_1)}\cdot3^{\alpha(b_2)}\cdot\cdots\cdot\mathrm{p}_{m-1}^{\alpha(b_m)}$$

$$(\mathrm{p}_i\text{ は }i+1\text{ 番目の素数を表わす．})$$

これにより S における項や論理式の Gödel 数が定まるが，素因数分解の一意性により，異なる表現には異なった Gödel 数が対応することになる．また，記号は奇数の Gödel 数をもち，表現は偶数の Gödel 数をもつから，一般に記号と表現は各々異なった Gödel 数をもつ．さらに単独の記号は，それが記号とみなされるか，あるいは表現とみなされるかによって異なった Gödel 数をもつ．たとえば，0（つまり c_1）は記号としては 17 という Gödel 数をもち，

表現（項）としては 2^{17} という Gödel 数をもつことになる.

例2 数論 Z における項 x_1+0 と論理式 $\sim(0=x_1')$ の Gödel 数はそれぞれ次のとおりである.

ⅰ) x_1+0 は $f_1^2(x_1, c_1)$ を略記したものであるから

$$\alpha(f_1^2(x_1, c_1)) = 2^{\alpha(f_1^2)} \cdot 3^{\alpha(()} \cdot 5^{\alpha(x_1)} \cdot 7^{\alpha(,)} \cdot 11^{\alpha(c_1)} \cdot 13^{\alpha())}$$

$$= 2^{107} \cdot 3^3 \cdot 5^{15} \cdot 7^7 \cdot 11^{17} \cdot 13^5$$

ⅱ) $\sim(0=x_1')$ は $(\sim P_1^2(c_1, f_1^1(x_1)))$ を略記したものである.（一番外側の括弧に注意. §15, §17 における論理式の定義を参照）. したがって

$$\alpha((\sim P_1^2(c_1, f_1^1(x_1)))) = 2^{\alpha(()} \cdot 3^{\alpha(\sim)} \cdot 5^{\alpha(P_1^2)} \cdot 7^{\alpha(()} \cdot 11^{\alpha(c_1)} \cdot 13^{\alpha(,)} \cdot 17^{\alpha(f_1^1)} \cdot$$

$$19^{\alpha(()} \cdot 23^{\alpha(x_1)} \cdot 29^{\alpha())} \cdot 31^{\alpha())} \cdot 37^{\alpha())}$$

$$= 2^3 \cdot 3^9 \cdot 5^{109} \cdot 7^3 \cdot 11^{17} \cdot 13^7 \cdot 17^{59} \cdot 19^3 \cdot 23^{15} \cdot 29^5 \cdot$$

$$31^5 \cdot 37^5$$

次に，S における表現の有限列 $d_1, d_2, \cdots, d_m$ に対して，その Gödel 数を次のように定義する.

$$\alpha(d_1, d_2, \cdots, d_m) = 2^{\alpha(d_1)} \cdot 3^{\alpha(d_2)} \cdot \cdots \cdot p_{m-1}^{\alpha(d_m)}$$

これにより，たとえば S における証明の概念（論理式の有限列）に一定の Gödel 数を割り当てることが可能になる．また，この場合も，素因数分解の一意性により，異なった表現の有限列には異なった Gödel 数が対応することになる．さらに，表現の有限列の Gödel 数は偶数であり，それにより記号の Gödel 数から区別されるが，同時に，素因数分解したときに 2 の巾指数が偶数となることから，表現の Gödel 数からも区別される.

さて，以上のように関数 α は，S における記号，表現，表現の有限列の集合から自然数の集合への 1 対 1 の対応を与えるものであり，それにより記号，表現，表現の有限列の 1 つ 1 つに Gödel 数が一意的に割り当てられる．（ただし，α の値域は自然数の全体の集合ではなく，たとえば $220=2^2 \times 5^1 \times 11^1$ は Gödel 数ではない.）そこで，こうした Gödel 数の概念を用いれば，メタ理論を対象理論の中へ埋め込むという上に述べた連関は次のように構成される.

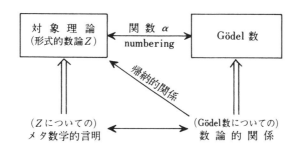

つまり，まず関数 α により，対象理論（形式的数論 Z）における諸概念（記号，項，論理式，証明等々）に一定の Gödel 数が割り当てられる．すると，対象理論について述べるメタ数学的な言明は，そうした諸概念に割り当てられた自然数について述べる言明に翻訳され，メタ数学的な言明は1つの数論的言明，数論的関係に変換される．〔これがいわゆる**メタ数学の算術化**（arithmetization of metamathematics）と呼ばれる手続きにほかならない．〕一方，数論的な関係のほうは，もしそれが帰納的であるなら，対象理論である形式的数論 Z の中で表現することができる（§34 定理7）．こうしてここに，対象理論についてのメタ数学的言明が対象理論自身の中へ埋め込まれ，そこで表現されるという連関が成立するが，Gödel の定理における決定不可能な命題は，こうした連関を利用しながら構成されるわけである．

§36　メタ数学の算術化

前節ではメタ数学の算術化という構想のあらましが述べられたが，本節では形式的数論 Z がメタ数学的に構成される過程をとりあげ，それを実際に算術化してみよう．その際，次の2つの事柄が課題となる．つまり，1つは，記号，項，論理式，代入，公理，証明等々と続くメタ数学的な諸定義の1つ1つを実際に数論的関係に変換することであり，いま1つは，そうして得られた数論的関係が原始帰納的であることを示すことである．前節で見られたように，もしこの2つが遂行されれば，もとのメタ数学的な言明は対象理論 Z の中で表現

可能となるわけである.

そこで以下, メタ数学的な定義を算術化した, 全体で 35 の数論的関係ない
しは数論的関数を掲げ, それらが原始帰納的であることを示す. その際, 第IV
章で得られた帰納的関数, ないしは帰納的関係に関する結果がフルに利用され
ることになる.

1　C(x):「x は Z の個体定項である」. (この命題は本来は, 「x は Z の個
体定項の Gödel 数である」と表わすべきであるが, Gödel 数とそれに対応す
る概念とを同一視することにすれば, 上のように簡略に書くことができる. 以
下においても同様である.) Z の個体定項は 0 (つまり c_1) であり, その
Gödel 数は 17 であるから (§35 例 1), C(x) は x=17 という数論的関係とな
る. = は §32 例 1 により原始帰納的であり, それと §32 定理 2 から, C(x)
は原始帰納的となる.

2　F(x):「x は Z の関数記号である」. Z の関数記号は「′」(f_1^1),「+」
(f_1^2),「・」(f_2^2) の 3 つであり, それらの Gödel 数は各々 59, 107, 299 であ
る (§35 例 1). したがって, F(x) は x=59∨x=107∨x=299 という数論的
関係となる. そして, これは §32 定理 1 により原始帰納的である.

3　P(x):「x は Z の述語記号である」. Z の述語記号は「=」(P_1^2) であり,
その Gödel 数は 109 であるから (§35 例 1), P(x) は x=109 と定義される.
これは原始帰納的である.

4　V(x):「x は個体変項である」. V(x) は数論的関係

$$(\exists y)_{y<x}(1 \leq y \ \& \ x=7+8y)$$

で表わされる. これは §32 定理 3 により原始帰納的である.

5　CE(x):「x は 1 つの個体定項から成る表現である」. CE(x) は $(\exists y)_{y<x}$
(C(y) & x=2^y) で表わされる. これは §32 定理 3 により原始帰納的である.
なお, 1 の C(x) の x は記号としての個体定項を表わし, CE(x) の x は表現
としての個体定項を表わしている.

6　FE(x):「x は 1 つの関数記号から成る表現である」. FE(x) は $(\exists y)_{y<x}$
(F(y) & x=2^y) で定義される. これは §32 定理 3 により原始帰納的.

7 PE(x)：「x は 1 つの述語記号から成る表現である」．PE(x) は $(\exists y)_{y<x}$ (P(y) & x=2^y) で定義される．したがって原始帰納的．

8 VE(x)：「x は 1 つの個体変項から成る表現である」．VE(x) は $(\exists y)_{y<x}$ (V(y) & x=2^y) で定義される．したがって原始帰納的．

9 EX(x)：「x は Z の表現である」．x は 1 つの記号から成る表現の Gödel 数であるか，あるいは 2 つの表現（記号の列）$c_1c_2\cdots c_m$ と $d_1d_2\cdots d_n$ があるとき，その 2 つを「接合」して得られる $c_1c_2\cdots c_md_1d_2\cdots d_n$ の Gödel 数であるかである．その際，記号の列 $c_1c_2\cdots c_m$ と $d_1d_2\cdots d_n$ の Gödel 数をそれぞれ y と z とすれば，$c_1c_2\cdots c_md_1d_2\cdots d_n$ の Gödel 数は y∗z で表わすことができる．（§32 例 8 を参照．関数 ∗ は原始帰納的である．記号列の接合を x∗y で表わすことは以下でしばしば行われる．）したがって EX(x) は次の数論的関係で定義される．

$$x=2^3 \lor x=2^5 \lor x=2^7 \lor x=2^9 \lor x=2^{11} \lor x=2^{13} \lor CE(x) \lor$$
$$FE(x) \lor PE(x) \lor VE(x) \lor (\exists y)_{y<x}(\exists z)_{z<x}(x=y∗z \ \& \ EX(y) \ \& \ EX(z))$$

この関係が原始帰納的であることは，§33 の定理 2 ないし例 2 のように累積帰納法を用いて示すことができる．（EX(y)，EX(z) における y と z はいずれも ＜x である．）つまり，この関係式における EX(y) と EX(z) をそれぞれ $(w)_y=0$，$(w)_z=0$ で置きかえるとき，その結果得られる関係 G(x, w) は原始帰納的である．そして，関係 EX(x) は $G(x, (\varphi_{EX})^0(x))$ と同値となる．（ただし φ_{EX} は EX(x) の特徴関数であり，$(\varphi_{EX})^0$ はその累積関数である．）したがって，§33 の定理 2 が適用でき，EX(x) は原始帰納的である．

10 TM(x)：「x は Z の項である」．項の定義によれば，これは x について次のいずれかが成り立つことを意味する．

(i) x は 1 つの個体定項から成る表現の Gödel 数である．

(ii) x は 1 つの個体変項から成る表現の Gödel 数である．

(iii) 項 t_1 が存在して，x は $f_1^1(t_1)$ の Gödel 数である．

(iv) 項 t_1, t_2 が存在して，x は $f_1^2(t_1, t_2)$ の Gödel 数である．

(v) 項 t_1, t_2 が存在して，x は $f_2^2(t_1, t_2)$ の Gödel 数である．

したがって TM(x) は次のような関係で定義される.

$CE(x) \lor VE(x) \lor (\exists y)_{y<x}(x = 2^{59} * 2^3 * y * 2^5 \ \& \ TM(y)) \lor$

$(\exists y)_{y<x}(\exists z)_{z<x}(x = 2^{107} * 2^3 * y * 2^7 * z * 2^5 \ \& \ TM(y) \ \& \ TM(z)) \lor$

$(\exists y)_{y<x}(\exists z)_{z<x}(x = 2^{299} * 2^3 * y * 2^7 * z * 2^5 \ \& \ TM(y) \ \& \ TM(z))$

この関係が原始帰納的であることは ⑨ と同様に累積帰納法により示すことができる. つまり, この場合は式中の TM(y), TM(z) をそれぞれ (w)$_y$＝0 と (w)$_z$＝0 で置きかえればよい.

⑪ NM(x):「x は Z の数詞である」. x は 0 であるか, あるいは数詞 t が存在して, t′ つまり $f_1^1(t)$ であるかである. したがって, NM(x) は

$$x = 2^{17} \lor (\exists y)_{y<x}(NM(y) \ \& \ x = 2^{59} * 2^3 * y * 2^5)$$

で定義される. 累積帰納法により, これは原始帰納的である.

⑫ Nm(x):x に対して数詞 $\bar{x}$ の Gödel 数を値としてとる関数を表わす. この関数は

$$\begin{cases} Nm(0) = 2^{17} \\ Nm(x+1) = 2^{59} * 2^3 * Nm(x) * 2^5 \end{cases}$$

と帰納的に定義され, したがって原始帰納的である.

⑬ PF(x):「x は Z の素論理式である」. t_1 と t_2 を項とするとき, Z の素論理式は $P_1^2(t_1, t_2)$ のかたちをしており, したがって PF(x) は次の関係で表わされる.

$(\exists y)_{y<x}(\exists z)_{z<x}(x = 2^{109} * 2^3 * y * 2^7 * z * 2^5 \ \& \ TM(y) \ \& \ TM(z))$

これは原始帰納的である.

⑭ FM(x):「x は Z の論理式である」. A, B を論理式とするとき, x は素論理式であるか, (~A), (A⊃B), (∀xA) のうちのいずれかのかたちをしている. したがって, FM(x) は次の関係により定義される.

$PF(x) \lor (\exists y)_{y<x}(x = 2^3 * 2^9 * y * 2^5 \ \& \ FM(y)) \lor$

$(\exists y)_{y<x}(\exists z)_{z<x}(x = 2^3 * y * 2^{11} * z * 2^5 \ \& \ FM(y) \ \& \ FM(z)) \lor$

$(\exists y)_{y<x}(\exists z)_{z<x}(x = 2^3 * 2^{13} * z * 2^5 \ \& \ FM(y) \ \& \ VE(z))$

これが原始帰納的であることは §33 定理 2, 例 2 の累積帰納法により示さ

れる.

⑮　$S(x, t, u)$：「$(x)_0$ は，表現 $(x)_1$ において，変項 u の自由な現われすべてに項 t を代入するとき，そこに得られる表現である」．（念のため，関数 $(x)_y$ については§32 例 6 を参照のこと．）$S(x, t, u)$ は次の関係で定義される.

$$VE(u) \; \& \; TM(t) \; \& \; \{[((x)_1=u \; \& \; (x)_0=t] \vee$$

$$[(\exists y)_{y<(x)_1}((x)_1 \neq u \; \& \; (x)_1=2^y \; \& \; (x)_0=(x)_1] \vee$$

$$(\exists z)_{z<(x)_1}(\exists y)_{y<(x)_1}[FM(y) \; \& \; (x)_1=2^{13}*u*y*z \; \&$$

$$(\exists r)_{r<(x)_0}((x)_0=2^{13}*u*y*r \; \& \; S(2^r3^z, t, u))] \vee$$

$$[\rightarrow (\exists z)_{z<(x)_1}(\exists y)_{y<(x)_1}(FM(y) \; \& \; (x)_1=2^{13}*u*y*z) \; \&$$

$$(\exists p)_{p<(x)_0}(\exists r)_{r<(x)_0}(\exists y)_{y<(x)_1}(1<y \; \& \; (x)_1=2^{((x)_1)_0}*y \; \&$$

$$(x)_0=p*r \; \& \; S(2^p3^{2^{((x)_1)_0}}, t, u) \; \& \; S(2^r3^y, t, u))]\}$$

$2^r3^z < x$，$2^p3^{2^{((x)_1)_0}} < x$，$2^r3^y < x$ が 成 り 立 つ か ら，$S(2^r3^z, t, u)$，$S(2^p3^{2^{((x)_1)_0}}, t, u)$，$S(2^r3^y, t, u)$ をそれぞれ $(w)_{2^r3^z}=0$，$(w)_{2^p3^{2^{((x)_1)_0}}}=0$，$(w)_{2^r3^y}=0$ で置きかえて累積帰納法を用いることができる．したがって $S(x, t, u)$ は原始帰納的である.

⑯　$Su(x, y, t, u)$：「x は，表現 y において，変項 u の自由な現われすべてに項 t を代入するとき，そこに得られる表現である」．これは上の ⑮ から代入により $S(2^x3^y, t, u)$ として得られる．（累積帰納法を適用するためにまず $S(x, t, u)$ がとりあげられ，それを介して Su が得られるわけである．）

⑰　$Sb(x, t, u)$：表現 x において，変項 u の自由な現われすべてに項 t を代入するとき，そこに得られる表現（の Gödel 数）を $Sb(x, t, u)$ とおく．つまり，$Sb(x, t, u)$ は 3 変数の関数である．そして，Sb は $\mu z_{z<(p_{tx})^{tx}}Su(z, x, t, u)$ と定義されるから，§32 定理 4 により，原始帰納的である.

⑱　$FR(x, y)$：「論理式ないし項 x は，変項 y を自由変項として含む」．x が y を自由変項として含むということは，y の自由な現われすべてに y とは異なる変項を代入するとき，その結果がもとの x とは異なるということを意味する．したがって $FR(x, y)$ は次のように表わされ，原始帰納的である.

$$(FM(x) \vee TM(x)) \; \& \; VE(y) \; \& \; \rightarrow Su(x, x, 2^{7+8y}, y)$$

⑲ FF(t, u, x)：「項 t は，論理式 x において，変項 u に対して自由である」．これは「free for」の定義から次の関係で表わされる．

$$FM(x) \& TM(t) \& VE(u) \& \{PF(x) \lor [(\exists z)_{z<x}(x=2^3 * 2^9 * z * 2^5$$

$$\& FF(t, u, z))] \lor [(\exists z)_{z<x}(\exists y)_{y<x}(x=2^3 * z * 2^{11} * y * 2^5 \& FF(t, u, z)$$

$$\& FF(t, u, y))] \lor [(\exists z)_{z<x}(\exists y)_{y<x}(VE(z) \& x=2^3 * 2^{13} * z * y * 2^5 \&$$

$$(z \neq u \rightarrow FF(t, u, y) \& (FR(t, z) \rightarrow \rightarrow FR(y, u)))))]\}$$

累積帰納法により，これは原始帰納的であることが示される．

⑳ $L_1(x)$：「x は公理シェーマ L_1 による公理である」．x は $(A \supset (B \supset A))$ のかたちをしているから，$L_1(x)$ は次の関係で定義され，原始帰納的である．

$$(\exists y)_{y<x}(\exists z)_{z<x}(FM(y) \& FM(z) \& x=2^3 * y * 2^{11} * 2^3 * z * 2^{11} * y * 2^5 * 2^5)$$

㉑ $L_2(x)$：「x は公理シェーマ L_2 による公理である」．x は $((A \supset (B \supset C)) \supset ((A \supset B) \supset (A \supset C)))$ のかたちをしている．

$$(\exists w)_{w<x}(\exists y)_{y<x}(\exists z)_{z<x}(FM(w) \& FM(y) \& FM(z) \&$$

$$x=2^3 * 2^3 * w * 2^{11} * 2^3 * y * 2^{11} * z * 2^5 * 2^5 * 2^{11} * 2^3 * 2^3 * w * 2^{11} * y *$$

$$2^5 * 2^{11} * 2^3 * w * 2^{11} * z * 2^5 * 2^5 * 2^5)$$

㉒ $L_3(x)$：「x は公理シェーマ L_3 による公理である」．x は $(((\sim B) \supset (\sim A)) \supset (A \supset B))$ のかたちをしている．

$$(\exists y)_{y<x}(\exists z)_{z<x}(FM(y) \& FM(x) \& x=2^3 * 2^3 * 2^3 * 2^9 * z * 2^5 *$$

$$2^{11} * 2^3 * 2^9 * y * 2^5 * 2^5 * 2^{11} * 2^3 * y * 2^{11} * z * 2^5 * 2^5)$$

㉓ $L_4(x)$：「x は公理シェーマ L_4 による公理である」．L_4 は $\forall x A(x) \supset A(t)$ である．（ただし項 t は A において x に対して自由である．）したがって $L_4(x)$ は次の関係で定義される．

$$(\exists w)_{w<x}(\exists y)_{y<x}(\exists z)_{z<x}(TM(w) \& VE(y) \& FM(z) \& FF(w, y, z) \&$$

$$x=2^3 * 2^3 * 2^{13} * y * z * 2^5 * 2^{11} * Sb(z, w, y) * 2^5$$

㉔ LGA(x)：「x は論理的公理である」．⑳ ～ ㉓ から LGA(x) は

$$L_1(x) \lor L_2(x) \lor L_3(x) \lor L_4(x)$$

で定義される．これは原始帰納的である．

25 $Z_i(x)$ $(1 \leqq i \leqq 8)$：「x は Z の公理 Z_i である」．Z の公理 Z_i $(1 \leqq i \leqq 8)$ の Gödel 数を k_i とすれば，$Z_i(x)$ は $x = k_i$ と定義でき，原始帰納的である．

26 $Z_9(x)$：「x は Z の公理シェーマ Z_9 による公理である」．Z_9 のかたちから $Z_9(x)$ は次のように定義され，原始帰納的である．

$(\exists y)_{y<x}(\exists z)_{z<x}(\mathrm{FM}(z)$ & $\mathrm{VE}(y)$ & $x = 2^3 * \mathrm{Sb}(z, 2^{17}, y) * 2^{11} * 2^3 *$
$2^3 * 2^{13} * y * 2^3 * z * 2^{11} * \mathrm{Sb}(z, 2^{59} * 2^3 * y * 2^5, y) * 2^5 * 2^5 * 2^{11} * 2^3 * 2^{13} *$
$y * z * 2^5 * 2^5 * 2^5)$

27 $\mathrm{PRA}(x)$：「x は Z の固有公理である」．これは，25 と 26 から $Z_1(x) \lor Z_2(x) \lor \cdots \lor Z_8(x) \lor Z_9(x)$ と表わされ，原始帰納的である．

28 $\mathrm{AX}(x)$：「x は Z の公理である」．これは 24 と 27 から $\mathrm{LGA}(x) \lor \mathrm{PRA}(x)$ と定義され，原始帰納的である．

29 $R_1(x, y, z)$：「z は x と y からの推論規則 R_1 による直接の帰結である」．R_1 は modus ponens A, $(A \supset B) \to B$ であるから，$R_1(x, y, z)$ は

$$y = 2^3 * x * 2^{11} * z * 2^5$$

で表わされ，原始帰納的である．

30 $R_2(x, y)$：「y は x からの推論規則 R_2 による直接の帰結である」．R_2 は

$$(C \supset A) \to (C \supset (\forall x A))$$

という推論規則である（ただし C は x を自由変項として含まない）．したがって，$R_2(x, y)$ は次の関係で表わされ，原始帰納的である．

$(\exists u)_{u<y}(\exists w)_{w<y}(\exists z)_{z<y}(\mathrm{VE}(u)$ & $x = 2^3 * w * 2^{11} * z * 2^5$ &
$y = 2^3 * w * 2^{11} * 2^3 * 2^{13} * u * z * 2^5 * 2^5$ & $\to \mathrm{FR}(w, u))$

31 $\mathrm{PRF}(x)$：「x は Z における証明である」．証明の定義により，$\mathrm{PRF}(x)$ は次の関係で表わされる．（関数 $\mathrm{lh}(x)$ については §32 例 7 を参照．$\mathrm{lh}(x)$ は，Gödel 数 x をもつ記号の列の長さ（いくつ記号があるか），ないしは表現の列の長さ（いくつ表現があるか）を表わす．）

$(\exists y)_{y<x}(x = 2^y$ & $\mathrm{AX}(y)) \lor [(\exists u)_{u<x}(\exists w)_{w<x}(\exists y)_{y<x}(\exists z)$
$(\mathrm{PRF}(y)$ & $x = y \cdot (p_{\mathrm{lh}(y)})^z$ & $R_1((y)_u, (y)_w, z))] \lor$
$[(\exists w)_{w<x}(\exists y)_{y<x}(\exists z)_{z<x}(\mathrm{PRF}(y)$ & $x = y \cdot (p_{\mathrm{lh}(y)})^z$ & $R_2((y)_w, z))] \lor$

$$(\exists y)_{y<x}(\exists z)_{z<x}(\mathrm{PRF}(y) \ \& \ x=y*2^z \ \& \ \mathrm{AX}(z))$$

この関係が原始帰納的であることは累積帰納法（§ 33 定理 2，例 2）により示される.

32 BW(x, y)：「x は y の証明である」．y は証明 x の一番最後の論理式であるから，BW(x, y) は PRF(x) & $y=(x)_{\mathrm{lh}(x) \dot- 1}$ で表わされる．これは原始帰納的.

33 Gd(x, y)：「x は自由変項 x_1 を含む論理式 $A(x_1)$（の Gödel 数）であり，y は論理式 $A(\bar{x})$ の証明である」．x_1 の Gödel 数は 2^{15} であり，$\bar{x}$ の Gödel 数は 12 により Nm(x) である．したがって $A(\bar{x})$ は，17 を用いて，Sb(x, Nm(x), 2^{15}) と表わすことができる．よって Gd(x, y) は

$$\mathrm{FM}(x) \ \& \ \mathrm{FR}(x, 2^{15}) \ \& \ \mathrm{BW}(y, \mathrm{Sb}(x, \mathrm{Nm}(x), 2^{15}))$$

と表わされ，原始帰納的である.

34 Rs(x, y)：「x は自由変項 x_1 を含む論理式 $A(x_1)$ であり，y は論理式 $\sim A(\bar{x})$ の証明である」．これは Gd と同様に

$$\mathrm{FM}(x) \ \& \ \mathrm{FR}(x, 2^{15}) \ \& \ \mathrm{BW}(y, \mathrm{Sb}(2^3 * 2^9 * x * 2^5, \mathrm{Nm}(x), 2^{15}))$$

で表わされ，原始帰納的である.

35 W(x)：関数 W(x) を Sb(x, Nm(x), 2^{15}) で定義する．つまり，もし x が x_1 を自由変項として含む論理式 $A(x_1)$（の Gödel 数）であるなら，W(x) は論理式 $A(\bar{x})$（の Gödel 数）を表わす．W(x) は原始帰納的である.

§ 37 不完全性定理

本節では，これまでに得られた結果を用いて目標の不完全性定理を証明する．はじめに，いくつかの基本的な概念を導入しておこう.

S を第 1 階の理論とし，A を S の閉論理式とするとき，もし $\vdash_S A$ ないしは $\vdash_S \sim A$ のいずれかが成り立つなら，A は**決定可能**（decidable）であると言う．また，S の任意の閉論理式が決定可能であるなら，S は**完全**（complete）であると言う．（この完全性の概念についてはすでに § 25 でふれている.）

S を数論 Z と同じ記号をもつ第 1 階の理論とする．もし S の論理式 $A(x)$

と個体変項 x が存在し,

$$\vdash_S A(0), \quad \vdash_S A(\bar{1}), \quad \vdash_S A(\bar{2}), \quad \cdots \quad （つまり （\forall n）〔\vdash_S A(\bar{n})〕）$$

ならびに

$$\vdash_S \sim \forall x\, A(x)$$

が成り立つなら, S は **ω-矛盾的**（ω-inconsistent）であると言う. S が ω-矛盾的でないとき, S は **ω-無矛盾**（ω-consistent）であると言う. 一般に S が ω-無矛盾であるなら, S は無矛盾である. なぜなら, もし S が矛盾的であるなら, $\vdash_S \sim A \supset (A \supset B)$ により任意の論理式が証明可能となり, S は ω-矛盾的となるからである. しかし逆は言えず, われわれはのちに無矛盾ではあるが ω-無矛盾ではない例を見る.

さて, われわれは前節の ③③ で,「x は自由変項 x_1 を含む論理式 $A(x_1)$ であり, y は $A(\bar{\mathrm{x}})$ の証明である」というメタ数学的な言明をとりあげ, それを算術化して Gd(x, y) という数論的関係を得たが, この関係は原始帰納的であった. したがって §34 定理 7 によれば, この関係は形式的数論 Z において表現可能である. つまり, x_1, x_2 という 2 つの自由変項を含む Z の論理式 $E(x_1, x_2)$ が存在し, Gd(q_1, q_2) が真であるなら $\vdash_Z E(\overline{\mathrm{q}_1}, \overline{\mathrm{q}_2})$ が成り立ち, Gd(q_1, q_2) が偽であるなら $\vdash_Z \sim E(\overline{\mathrm{q}_1}, \overline{\mathrm{q}_2})$ が成立する. そこで

$$\forall x_2 \sim E(x_1, x_2) \qquad (\alpha)$$

という論理式をとり, その Gödel 数を k とする. このとき, (α) の自由変項 x_1 に $\bar{\mathrm{k}}$ を代入すれば

$$\forall x_2 \sim E(\bar{\mathrm{k}}, x_2) \qquad (\mathrm{U})$$

という閉論理式が得られる.

ところで, Gd(k, y) は上のように,「k は自由変項 x_1 を含む論理式 $A(x_1)$ の Gödel 数であり, y は $A(\bar{\mathrm{k}})$ の証明の Gödel 数である」という関係を表わす. 一方, $A(\bar{\mathrm{k}})$ は, まさに論理式 (U) にほかならない. したがって, Gd(k, y) は「y は (U) の証明の Gödel 数である」という関係を表わしている.

そこでこの (U) について次の定理が成立する.

定理 1 もし Z が無矛盾であるなら, 論理式 (U) は Z で証明可能ではない.

証明　(U) が Z で証明可能であると仮定する．そして，(U) の証明の Gödel 数を r とする．すると上のように $Gd(k, r)$ は真となる．したがって，$Gd(x, y)$ は Z において $E(x_1, x_2)$ により表現されるから，$\vdash_Z E(\overline{k}, \overline{r})$ が得られる．他方，(U) が証明可能であるから，規則 U_i により $\vdash_Z \sim E(\overline{k}, \overline{r})$ が導かれる．したがって (U) が証明可能であるとすると，Z は矛盾的となる．　　⏋

定理 2　もし Z が ω-無矛盾であるなら，論理式 $\sim$(U) は Z で証明可能ではない．

証明　Z が ω-無矛盾であるなら，上のように Z は無矛盾である．したがって，定理 1 により (U) は Z で証明可能ではない．よって，どの自然数 n についても，n は (U) の証明の Gödel 数ではなく，$Gd(k, 0)$，$Gd(k, 1)$，$Gd(k, 2)$，… はすべて偽となる．したがって，$\vdash_Z \sim E(\overline{k}, \overline{0})$，$\vdash_Z \sim E(\overline{k}, \overline{1})$，$\vdash_Z \sim E(\overline{k}, \overline{2})$，… のすべてが成り立つ．一方，$Z$ は ω-無矛盾であるから，これから，$\sim \forall x_2 \sim E(\overline{k}, x_2)$ つまり $\sim$(U) は Z で証明可能ではない．　　⏋

定理 3　もし Z が ω-無矛盾であるなら，閉論理式 (U) は決定不可能である．したがって，もし Z が ω-無矛盾であるなら，Z は不完全である．

証明　定理 1 と定理 2，そして ω-無矛盾であるなら無矛盾であることから明らか．　　⏋

以上が Gödel の**第 1 不完全性定理**と呼ばれるものであるが，ここで，決定不可能な命題 (U) の内容的な意味について考えてみよう．前節で見たようにメタ数学の算術化により，メタ数学的な言明には（直観的な）数論的関係が対応し，この数論的関係にはさらに形式的数論 Z の論理式が対応する．そこで，(U) の構成過程に即してこの 3 つを対応させてみると次のようになる．

メタ数学的言明	（直観的な）数論的関係	（Z における）論理式
「y は $Sb(x, Nm(x), 2^{15})$ の証明である」（§ 36 **33** 参照）	$Gd(x, y)$	$E(x_1, x_2)$
「y は $Sb(x, Nm(x), 2^{15})$ の証明ではない」	$\to Gd(x, y)$	$\sim E(x_1, x_2)$
「$Sb(x, Nm(x), 2^{15})$ は証明可能ではない」	$(\forall y) \to Gd(x, y)$	$\forall x_2 \sim E(x_1, x_2)$（Gödel 数 k）

「Sb(k, Nm(k), 2¹⁵) は証明可能ではない」	$(\forall y) \to Gd(k, y)$	$\forall x_2 \sim E(\bar{k}, x_2)$
‖		‖
「$\forall x_2 \sim E(\bar{k}, x_2)$ は証明可能ではない」	$\longleftrightarrow$	$\forall x_2 \sim E(\bar{k}, x_2)$

こうして $\forall x_2 \sim E(\bar{k}, x_2)$ つまり (U) は，算術化を介して「(U) は Z で証明可能ではない」というメタ数学的言明に対応しており，(U) は内容的に解釈すれば自己自身の証明不可能性を言明していることになる．（ちなみに，こうした自己関係性（self-reference）の構造により，(U) は，Epimenides や Richard のそれに代表される様々なパラドックスの構造に通じるものをもっている．）ところで，定理1によれば，もし Z が無矛盾であるなら，「(U) は Z で証明可能ではない」というメタ数学的な言明は真となる．したがって上の対応により，（直観的な）数論的関係 $(\forall y) \to Gd(k, y)$ も真となり，さらにそれに対応する (U) も内容的に真となる．つまり，(U) は閉論理式であるから，内容的に解釈すれば (U) か $\sim$(U) のいずれかが真であるが，もし Z が無矛盾であるなら，(U) のほうが真となるわけである．こうして，(U) は，通常の解釈で真であるにもかかわらず，Z では証明できないことになる．

ところで，こうした Z の不完全性については，その原因は公理が弱体であるというところにあり，適当に公理を補い Z を補強すれば，不完全性は解消されるとも考えられる．たとえば，上の (U) が Z で証明可能でないなら，それを Z の公理につけ加えればよいわけである．しかし，仮にそのようにしても，新しい体系について上と同じ議論をくり返せば，そこに再び決定不可能な命題が現われる．不完全性の性質は，Z にのみ固有のある特殊な事態からくるものではなく，より普遍的，より本質的な性格をもつものと考えられる．

定理4 S を Z と同じ記号をもつ第1階の理論とし，S について次の2つの条件が成り立つとする．

i） Z の場合と同様に S についてのメタ数学的命題を算術化するとき，「x は S の固有公理である」という命題を表わす数論的関係 $PRA_S(x)$ は帰納的である．（§36 27 参照）．

ii) すべての帰納的関係は S において表現可能である.

このとき, もし S が ω-無矛盾であるなら, S は決定不可能な命題をもち, S は不完全である.

証明 上の定理 1, 2, 3 の証明を吟味すれば分かるように, Gödel の定理が S に関して成立するためには, $Gd(x, y)$ に当たる数論的関係(それを $Gd_S(x, y)$ とおく)が S で表現可能であれば十分である. また $Gd_S(x, y)$ が S で表現可能であるためには, $Gd_S(x, y)$ が帰納的であり, かつすべての帰納的関係が S で表現可能(上の条件 ii))であれば十分である. さらに, §36 における $Gd(x, y)$ の定義 33 に至るまでの過程を吟味すれば, $Gd_S(x, y)$ が帰納的であるためには, $PRA_S(x)$ が帰納的であればよい. したがって, 上の条件 i), ii) が満たされれば, S に関して Gödel の定理が成立する. ⌟

定理 5 S を Z と同じ記号をもつ第 1 階の理論とし, S について

α) Z の定理は S の定理であり,

β)「x は S の固有公理である」という命題を表わす数論的関係 $PRA_S(x)$ が帰納的である

という 2 つの条件が成り立つとする. このとき, もし S が ω-無矛盾であるなら, S は不完全である.

証明 S について条件 β) が成立するから, 定理 4 の条件 i) が成り立つ. また, すべての帰納的関係は Z において表現可能であるから, α) により, それらは S においても表現可能である(条件 ii)). したがって, 定理 4 により, S は決定不可能な命題をもち, 不完全である. ⌟

定理 5 において, S は条件 α) により Z の拡大になっている. また, S が 1 つの公理的な理論として成立するためには, S の任意の論理式について, それが S の公理であるか否かを決定する実際の手続きが存在しなければならない. ところで, のちに見る Church のテーゼ(§39)に従えば, そうした決定手続きが存在するということは,「x は S の公理である」という命題を表わす数論的関係が帰納的であることと等しい. したがって, 上の条件 β) は, S が公理的な理論として成立するための条件とも言える. よって定理 5 は, 形式的数論

Zをどのように拡大しても，その拡大の結果が公理的な理論であるかぎり，そ
れは不完全であるということを示している．つまり，Zは本質的な意味で不完
全であると言える．他方，自然数論は数学の最も基礎的な理論であり，数学の
ほとんどの理論はそのうちに自然数論を含むものと考えられる．ところが，上
のように，自然数論を含む形式的体系は，それが（上の意味で）公理的な理論
であるかぎり，すべて不完全となるのである．こうして，Gödel の定理は，数
学の諸理論を公理化し，それを形式的体系として展開するという根本的な理念
そのものに対して，きわめて重大な問題を提起しているのである．

　先に，ω-無矛盾であるなら無矛盾であることが示されたが，上の論理式
(U) を用いれば，無矛盾ではあるが ω-無矛盾ではない例が得られる．

定理 6　Zの公理に ～(U) を新しい公理としてつけ加えて得られる体系を
Z′ とする．このとき，もしZが無矛盾であるなら，Z′ は無矛盾ではあるが，
ω-無矛盾ではない．

証明　Zが無矛盾であるから，定理1により，(U) はZで証明可能ではな
い．したがって，定理2の証明のように，$\vdash_Z \sim E(\bar{k}, 0)$，$\vdash_Z \sim E(\bar{k}, \bar{1})$，$\vdash_Z \sim$
$E(\bar{k}, \bar{2})$，… のすべてが成り立ち，よって $\vdash_{Z'} \sim E(\bar{k}, 0)$，$\vdash_{Z'} \sim E(\bar{k}, \bar{1})$，$\vdash_{Z'}$
$\sim E(\bar{k}, \bar{2})$，… のすべてが成立する．他方，～(U) つまり $\sim \forall x_2 \sim E(\bar{k}, x_2)$ が
Z′ で証明可能であるから，Z′ は ω-矛盾的である．また，Z′ が無矛盾である
ことは§25定理3と同様に証明できる．　　　　　　　　　　　　　┛

§38　Rosser の定理，第2不完全性定理

　前節の Gödel の定理では決定不可能な命題を導くのに ω-無矛盾性という無
矛盾性より強い仮定が用いられていたが，J. B. Rosser は，Zの不完全性が単
に無矛盾性を仮定するだけでも導かれることを示した．本節ではまずこの定理
をとりあげよう．

　われわれは§36の**34**で Rs(x, y) という数論的関係を定義したが，この関
係は原始帰納的であり，したがって，Zにおいて1つの論理式 $F(x_1, x_2)$ によ
り表現される（§34定理7）．そこで，この $F(x_1, x_2)$ と前節の $E(x_1, x_2)$ をも

とにして,

$$\forall x_2(E(x_1, x_2) \supset \exists x_3(x_3 \leqq x_2 \land F(x_1, x_3))) \qquad (\alpha)$$

という論理式を考える. (α) の Gödel 数を r とし, $\bar{r}$ を (α) の x_1 に代入すれば

$$\forall x_2(E(\bar{r}, x_2) \supset \exists x_3(x_3 \leqq x_2 \land F(\bar{r}, x_3))) \qquad (W)$$

という閉論理式が得られる.

§36 の 34 の定義によれば, Rs(r, y) は, 「r は自由変項 x_1 を含む論理式 $A(x_1)$ であり, y は論理式 $\sim A(\bar{r})$ の証明である」という関係を表わす. そして上の (α) と (W) の関係を考えれば, $A(\bar{r})$ は (W) にほかならない. したがって, Rs(r, y) は「y は $\sim$(W) の証明 (の Gödel 数) である」という関係を表わすことになる ($*_1$). 他方, Gd(r, y) は, Gd の定義 (前節ならびに §36 の 33 を参照) から, 「y は (W) の証明 (の Gödel 数) である」という関係を表わす ($*_2$). そこで, これらの事柄をもとにして次の諸定理が導かれる.

定理 1 もし Z が無矛盾であるなら, 論理式 (W) は Z で証明可能ではない.

証明 Z は無矛盾であると仮定する. また (W) は Z で証明可能であると仮定する. つまり, $\vdash \forall x_2(E(\bar{r}, x_2) \supset \exists x_3(x_3 \leqq x_2 \land F(\bar{r}, x_3)))\cdots$① とする. このとき, (W) の証明の Gödel 数を m とおけば, 上の ($*_2$) により Gd(r, m) が成り立つ. また, Gd は Z において E により表現されるから, $\vdash E(\bar{r}, \bar{m})$ となる. 他方, ① から規則 U_i により $\vdash E(\bar{r}, \bar{m}) \supset \exists x_3(x_3 \leqq \bar{m} \land F(\bar{r}, x_3))$ が導かれる. したがって, 規則 R_1 により $\vdash \exists x_3(x_3 \leqq \bar{m} \land F(\bar{r}, x_3))\cdots$② が得られる. ところで, 仮定により $\vdash$(W) で, かつ Z が無矛盾であるから, $\sim$(W) は証明可能ではない. したがって ($*_1$) により, すべての自然数 y に対して Rs(r, y) は偽となる. また, Rs は Z において F により表現されるから, すべての自然数 t に対して $\vdash \sim F(\bar{r}, \bar{t})$ となる. したがって, $\vdash \sim F(\bar{r}, 0)$, $\vdash \sim F(\bar{r}, \bar{1})$, $\cdots$, $\vdash \sim F(\bar{r}, \bar{m})$ が言え, $\vdash \sim F(\bar{r}, 0) \land \sim F(\bar{r}, \bar{1}) \land \cdots \land F(\bar{r}, \bar{m})$ が得られる. これから, §29 定理 6 の 2 により, $\vdash \forall x_3(x_3 \leqq \bar{m} \supset \sim F(\bar{r}, x_3))$ が導かれる. そして, これは $\vdash \sim \exists x_3 \sim (x_3 \leqq \bar{m} \supset \sim F(\bar{r}, x_3))$ と書け, さらに §21 定理 4 により $\vdash \sim \exists x_3(x_3 \leqq \bar{m} \land F(\bar{r}, x_3))$ と書ける. これはしかし, 上の② に矛盾する. よって,

もし Z が無矛盾であるなら，(W) は Z で証明可能ではない. ⏌

定理2 もし Z が無矛盾であるなら，論理式 $\sim$(W) は Z で証明可能ではない.

証明 $\sim$(W) が Z で証明可能であると仮定する. $\sim$(W) の証明の Gödel 数を p とすれば，上の $(*_1)$ により $\mathrm{Rs}(\mathrm{r}, \mathrm{p})$ が成り立ち，したがって $\vdash F(\bar{\mathrm{r}}, \bar{\mathrm{p}})$ …① が成り立つ. $\vdash \sim$(W) でかつ Z が無矛盾であるから，(W) は Z で証明可能ではない. したがって，上の $(*_2)$ により，すべての自然数 y に対して $\mathrm{Gd}(\mathrm{r}, \mathrm{y})$ は偽となる. よって，すべての自然数 t に対して $\vdash \sim E(\bar{\mathrm{r}}, \bar{\mathrm{t}})$ が成り立つ. これから $\vdash \sim E(\bar{\mathrm{r}}, \bar{0})$, $\vdash \sim E(\bar{\mathrm{r}}, \bar{1})$, …, $\vdash \sim E(\bar{\mathrm{r}}, \bar{\mathrm{p}})$ が言え，$\vdash \sim E(\bar{\mathrm{r}}, \bar{0}) \wedge \sim E(\bar{\mathrm{r}}, \bar{1}) \wedge \cdots \wedge \sim E(\bar{\mathrm{r}}, \bar{\mathrm{p}})$ が導かれる. したがって，§29定理6の2により，$\vdash \forall x_2 (x_2 \leqq \bar{\mathrm{p}} \supset \sim E(\bar{\mathrm{r}}, x_2))$ が得られ，さらに $\vdash x_2 \leqq \bar{\mathrm{p}} \supset \sim E(\bar{\mathrm{r}}, x_2)$…② が得られる. ところで，もし $\bar{\mathrm{p}} \leqq x_2$ を仮定すれば，これと①から $\bar{\mathrm{p}} \leqq x_2 \wedge F(\bar{\mathrm{r}}, \bar{\mathrm{p}})$ が導かれ，さらに E_q により $\exists x_3 (x_3 \leqq x_2 \wedge F(\bar{\mathrm{r}}, x_3))$ が導かれる. よって，演繹定理により，$\vdash \bar{\mathrm{p}} \leqq x_2 \supset \exists x_3 (x_3 \leqq x_2 \wedge F(\bar{\mathrm{r}}, x_3))$…③ が得られる. 他方，§29定理4の17により，$\vdash x_2 \leqq \bar{\mathrm{p}} \vee \bar{\mathrm{p}} \leqq x_2$…④ が成り立つ. こうして，②，③，④から

$$\vdash \sim E(\bar{\mathrm{r}}, x_2) \vee \exists x_3 (x_3 \leqq x_2 \wedge F(\bar{\mathrm{r}}, x_3))$$

が得られる. そして，これを変形し規則 U_q を用いれば，結局

$$\vdash \forall x_2 (E(\bar{\mathrm{r}}, x_2) \supset \exists x_3 (x_3 \leqq x_2 \wedge F(\bar{\mathrm{r}}, x_3)))$$

が得られる. これはしかし $\vdash$(W) であり，最初の $\vdash \sim$(W) という仮定と矛盾する. したがって，もし Z が無矛盾であるなら，$\sim$(W) は Z で証明可能ではない. ⏌

定理3 もし Z が無矛盾であるなら，閉論理式 (W) は決定不可能である. したがって，もし Z が無矛盾であるなら，Z は不完全である. （Rosser の不完全性定理）

証明 定理1と定理2から明らか. ⏌

前節の Gödel の定理の場合，決定不可能な論理式 (U) には，「(U) は証明可能ではない」というメタ数学的な言明が対応していたが，上の (W) の場合は

どうであろうか．論理式 (W) には

$$(\forall y)\,(\mathrm{Gd}(r, y) \rightarrow (\exists z)\,(z \le y \,\&\, \mathrm{Rs}(r, z)))\qquad(\beta)$$

という数論的関係が対応している．そして，上の $(*_1)$, $(*_2)$ により，$\mathrm{Gd}(r, y)$ には「y は (W) の証明である」という言明が，$\mathrm{Rs}(r, z)$ には「z は $\sim$(W) の証明である」という言明がそれぞれ対応している．したがって，数論的関係 (β) には「もし (W) の証明が存在すれば，（Gödel 数がそれよりは大きくはない）$\sim$(W) の証明が存在する」というメタ数学的言明が対応する．つまり，論理式 (W) には，「(W) が証明可能であるなら，Z は矛盾的である」という言明，言いかえれば「もし Z が無矛盾であるなら，(W) は証明可能ではない」という言明が対応することになる．他方，定理1は，まさにこの言明が真であることを示している．したがって，それに対応する論理式 (W) も，内容的に解釈すれば真となるはずである．こうして，もし Z が無矛盾であるなら，論理式 (W) は内容的に真でありながら，Z では導出されないことになる．

　前節の Gödel の定理と同様に，Rosser の定理も，Z にかぎらず，Z を含む任意の公理的な理論に適用できる．

　定理4　S を Z と同じ記号をもつ第1階の理論とし，S について次の2つの条件が成り立つとする．

　i ）　Z の定理は S の定理である．

　ii）　S についてのメタ数学的な言明を算術化するとき，「x は S の固有公理である」という言明を表わす数論的関係 $\mathrm{PRA_S}(x)$ は帰納的である．

　このとき，もし S が無矛盾であるなら，S は不完全である．

　証明　上の定理1, 2, 3の証明を検討すれば理解されるように，次の2つの条件が満たされれば Rosser の定理は S についても成立する．

　1）　$\mathrm{Gd}(x, y)$ と $\mathrm{Rs}(x, y)$ に相当する数論的関係が S で表現可能であること．

　2）　論理式 $x \le y$ が存在して

　　α ）　任意の論理式 $A(x)$ と任意の自然数 n に対して

　　　$\vdash_S A(0) \land A(\bar{1}) \land \cdots \land A(\bar{n}) \supset \forall x(x \le \bar{n} \supset A(x))$ が成り立ち，

　　β ）　任意の自然数 n に対して

$\vdash_S x \leqq \bar{n} \vee \bar{n} \leqq x$ が成り立つこと.

そして，このうち条件 1) は，上の条件ⅱ) が成り立つことから満たされる.（前節の定理 4，定理 5 を参照）.

また条件 2) は Z で満たされるから（§ 29 定理 6 の 2，§ 29 定理 4 の17），その拡大である S においても満たされる.　　　　　　　　　┛

これまでに様々なメタ数学的な言明を算術化してきたが，ここで「Z は無矛盾である」という言明をとりあげよう.

「Z は無矛盾である」という言明は，「ある論理式 A が存在して，$\vdash_z A$, $\vdash_z \sim A$ が同時に成り立つことはない」（①）と書くことができる. そこで，この命題を算術化するために，まず $Ng(x) = 2^3 * 2^9 * x * 2^5$ という関数を導入しよう. つまり，もし x がある論理式 A の Gödel 数であるなら，$Ng(x)$ は論理式（$\sim A$）の Gödel 数を表わす. 他方，§ 36, 32 の $BW(x, y)$ という数論的関係は「x は y の証明である」という言明を表わしている. したがって，$Ng(x)$ と $BW(x, y)$ を用いれば，上の① の言明は，

$$\to (\exists x)(\exists z)((\exists w)BW(w, x) \& (\exists y)BW(y, z) \& z = Ng(x)) \qquad ②$$

という数論的関係で表わすことができる. ところで，関数 $Ng(x)$ は帰納的であるから，z において 1 つの論理式 $N(x_1, x_2)$ により表現され，また関係 $BW(x, y)$ も帰納的であるから，ある論理式 $K(x_1, x_2)$ により表現される. したがって，上の② の数論的関係には，さらに

$$\sim \exists x_2 \exists x_4 (\exists x_1 K(x_1, x_2) \wedge \exists x_3 K(x_3, x_4) \wedge N(x_2, x_4)) \qquad ③$$

という論理式が対応している. こうして，最初の① の言明には③ の論理式が対応しており，この論理式は「Z は無矛盾である」というメタ数学的な言明を表わしている. この論理式を Wsf とおこう.

ところで，先の Gödel の定理における決定不可能な論理式 (U) は，「(U) は Z で証明可能ではない」という言明を表わしていた. したがって，Wsf⊃(U) という論理式を考えれば，これは「もし Z が無矛盾であるなら，(U) は Z で証明可能ではない」という命題を表わす. そして，この命題は，Gödel の定理の一部をなす§ 37 の定理 1 にほかならない. ところで，この定理の証明であ

るが，その過程は，Z に関する一連のメタ数学的な言明の連鎖と考えることができる．したがって，Gödel 数を用いて算術化すれば，この証明の過程は一連の数論的な関係のつながりに置きかえることができ，さらに，それを，Z のなかで，Z の論理式で表現することができる．そして，その証明の結果が上の論理式 Wsf⊃(U) となるわけである．

こうして，Wsf⊃(U) は Z で証明可能となり，⊢$_Z$Wsf⊃(U) となるが，ここで⊢$_Z$Wsf が成り立つと仮定しよう．すると推論規則 R_1 により⊢$_Z$(U) が導かれる．しかし，上の§37 の定理 1 によれば，もし Z が無矛盾であるなら，(U) は Z で証明可能ではない．したがって，もし Z が無矛盾であるなら，論理式 Wsf は Z において証明可能ではない．こうして次の定理が得られることになる．

定理 5　もし数論 Z が無矛盾であるなら，Z が無矛盾であるという言明を表わす論理式 Wsf は Z において証明可能ではない．言いかえれば，もし Z が無矛盾であるなら，その無矛盾性は，Z のなかで形式化されうるような方法では証明できない．

以上が Gödel の**第 2 不完全性定理**と呼ばれる定理の概略であるが，先の第 1 不完全性定理と同様に，この定理も数学の基礎づけという構想の根本にふれるような問題を提起している．つまり，Hibert のメタ数学の立場では，数学の諸理論を形式的体系として構成し（対象理論），その上でその無矛盾性を証明する（メタ理論）という構想が立てられるが，この無矛盾性の証明そのものはいわゆる**有限の立場**（finite standpoint）からなされるのを旨とする．つまり，無矛盾性の証明は，帰納的な方法や構成的な方法といった，できるだけ確かな手段を用いてなされなければならず，それは一般には初等的な原理しか含まないものと考えられる．したがって，対象理論が自然数論である場合には，その無矛盾性の証明は，メタ数学の算術化により，自然数論自身のなかで形式化できると考えられる．しかし，上の定理 5 によれば，形式的数論 Z の無矛盾性の証明は，Z 自身のなかでは形式化されえない．こうして Gödel の第 2 不完全性定理は，場合によっては Hilbert のメタ数学という構想そのものをも

脅かすものと考えられる．しかし一方，Zの無矛盾性の証明がZの内部で与
えられる道具立てのみでは可能ではなく，Zの外部にある手段をも必要とする
ということは，それだけではまだZの有限の方法による無矛盾性証明が不可
能であるということを意味しない．むしろ問題は，初等数論で用いられる通常
の方法よりも強力で，しかも有限の立場にかなうような証明法を見いだすとい
う点にある．そして，自然数論の無矛盾性の証明は，1936年に G. Gentzen に
よりなされたが，そこで用いられている（ε_0までの）超限帰納法という方法
は，Zのなかでは形式化されえないが，しかし有限の立場を超えるものではな
いとされるのである．

§39 決定問題と Church のテーゼ

すでに§12で定義したように，形式的体系Sにおいて，任意の論理式Aが
Sで証明可能であるか否かを有限回の手続きで決定できるとき，Sは決定可能
であると言う．そして，Sが決定可能であるかどうかを問い，決定可能な場合
にはその決定手続きを求めるという問題を，Sの「決定問題」と言う．われわ
れは§12で命題算LPの決定問題をとりあげ，それが肯定的に解かれるのを
見た．つまり，LPの定理であることはトートロジーであることと同値であり，
一方，トートロジーであるか否かは，真理値を計算するという有限の手続きで
決定できるわけである．このように決定可能な体系では，どのような論理式が
与えられても，それが定理であるか否かを機械的に判定することができ，その
体系についての研究はもはや「終了」したものと見ることができる．したがっ
て，決定問題は形式的体系についての最終的な問題の1つと考えられ，きわめ
て重要な意味をもつ．そこで以下，述語算と形式的数論Zをとりあげ，その
決定問題について考えてみる．

第1階の理論Sについては，§35のナンバリングの手法により，Sの各論
理式に一定のGödel数を対応させることができる．そこで，Sの定理となる論
理式の Gödel 数の集合を考えれば，「x は S の定理である」というメタ数学的
言明は $\mathrm{Th}_S(x)$ という一項の数論的関係で表現することができる．つまり，

$$\text{Th}_S(x) \leftrightarrow \text{「x は } S \text{ の定理(の Gödel 数)である」}$$

このように考えれば,論理式 x が S の定理であるか否かを決定することは,数論的述語 $\text{Th}_S(x)$ の真偽を決定することに帰着し,S の決定問題は,数論的述語の決定問題に還元される.そこで,あらためて数論的関係の決定問題について考えてみよう.

数論的関数 $f(x_1, \cdots, x_n)$ について,任意の自然数 r_1, $\cdots$, r_n に対して,関数の値 $f(r_1, \cdots, r_n)$ を有限回の操作で与えることができるような一般的な手続きが存在するとき,f は**計算可能**(effectively calculable)であると言う.そして,その手続きを f の**計算手続き**(calculation procedure)と呼ぶ.また,数論的関係 $R(x_1, \cdots, x_n)$ について,任意の自然数 r_1, $\cdots$, r_n に対して,命題 $R(r_1, \cdots, r_n)$ の真偽を有限回の操作で決定することができるような一般的手続きが存在するとき,R は**決定可能**(effectively decidable)であると言う.そして,その手続きを R の**決定手続き**(decision procedure)と呼ぶ.

そこで,どのような関数(ないしは関係)が計算可能(ないしは決定可能)であるかが問題となるが,まず帰納的関数は計算可能な関数であると言うことができる.つまり,まず後者関数,定数関数,射影関数という3つの初期関数は明らかに計算可能な関数である(§31 参照).次に,(iv)の代入の規則であるが,関数 g と関数 $h_i (1 \leq i \leq m)$ が計算可能であるなら,それらから合成される関数 f も計算可能となる.つまり,変数の値 r_1, $\cdots$, r_n が与えられれば,まず h_i の計算手続きにより $h_i(r_1, \cdots, r_n)$ の値が計算され(それを q_i とする),次に g の計算手続きにより $g(q_1, \cdots, q_m)$ が計算されるが,$f(r_1, \cdots, r_n)$ の値はこの $g(q_1, \cdots, q_m)$ の値にほかならない.さらに(v)の帰納的定義の規則については,関数 g と関数 h が計算可能であるなら,関数 f も計算可能となる.なぜなら,変数の値 r_1, $\cdots$, r_n, r_{n+1} が与えられれば,g と h の計算手続きにより

$$f(r_1, \cdots, r_n, 0), \; f(r_1, \cdots, r_n, 1), \; f(r_1, \cdots, r_n, 2), \; \cdots$$

の値が順次計算され,$f(r_1, \cdots, r_n, r_{n+1})$ の値はそのうちの1つであるからである.最後に(vi)の μ-演算子の規則であるが,この場合も関数 g が計算可能であるなら,関数 f は計算可能となる.つまり,変数の値 r_1, $\cdots$, r_n が与えら

れるとき，（ⅵ）に付された条件

$$\forall x_1 \cdots \forall x_n \exists y (g(x_1, \cdots, x_n, y) = 0)$$

により，$g(r_1, \cdots, r_n, y) = 0$ を満たすようなある y の値が必ず存在する．そこで，g の計算手続きにより

$$g(r_1, \cdots, r_n, 0),\ \ g(r_1, \cdots, r_n, 1),\ \ g(r_1, \cdots, r_n, 2),\ \ \cdots$$

の値を順次計算してゆけば，最初に $g(r_1, \cdots, r_n, y) = 0$ となる y の値が $f(r_1, \cdots, r_n)$ の値となる．

　以上により，帰納的関数は計算可能な関数であることが分かる．

　次に，決定可能な関係についてであるが，一般に帰納的関係は決定可能であると言うことができる．（これについてはすでに§32でふれている．）つまり，関係 $R(x_1, \cdots, x_n)$ が帰納的であるなら，その特徴関数 $\varphi_R(x_1, \cdots, x_n)$ は帰納的である．したがって，φ_R は計算可能となり，自然数 $r_1, \cdots, r_n$ が任意に与えられたとき，$\varphi_R(r_1, \cdots, r_n)$ の値を計算することができる．よって，$\varphi_R(r_1, \cdots, r_n) = 0$ つまり $R(r_1, \cdots, r_n)$ が成り立つか否かを実際に決定することができ，$R(x_1, \cdots, x_n)$ は決定可能となる．

　ところで，われわれは上に計算可能な関数を，関数値を計算する有限で一般的な手続き（これを「アルゴリズム」とも言う）が存在するような関数として定義したが，この定義は必ずしも十全なものではない．関数を計算するアルゴリズムが具体的に与えられれば，われわれは，それが実際にアルゴリズムになっているということを直観的に理解することができる．したがって，関数の計算手続きを実際に発見し，計算可能性の問題を肯定的に解こうとするかぎりでは，上の定義でもとくに問題はない．しかし，計算可能性の問題を否定的に解こうとするような場合——つまり，ある関数の計算手続きが存在せず，したがって該関数が計算可能ではないということを示そうとするような場合には，計算手続き，ないしはアルゴリズムの概念について，あらためてそれを厳密に定義することが必要となる．なぜなら，計算手続きの非存在を示すためには，およそアルゴリズムをなすと考えられるすべての手続きを勘案し，それらが該関数の計算手続きとはならないということを示さなければならず，そのためには，

アルゴリズムと呼ばれるものの範囲が正確に定義されていなければならないからである.

　こうして計算可能という概念をあらためて数学的に明確に定義することが問題となるが，A. Church はこれに関連して次のような考えを提唱した.

　Church のテーゼ（Ⅰ）：計算可能な関数とは帰納的関数を意味する.

　つまり，上に帰納的関数は計算可能であることが示されたが，逆に，計算可能な関数を帰納的関数として定義しようというわけである. 歴史的に見れば，1930年代から40年代にかけて，計算可能という概念を定義するために，「λ-定義可能な関数」（A. Church），「帰納的関数」（J. Herbrand, K. Gödel, S. C. Kleene），抽象的な計算機（テューリング機械）により定義される「計算可能な」関数（A. M. Turing），「算定可能性」（K. Gödel），「双正規性」（E. L. Post）といった様々な概念が提出された. これらの概念はそれぞれ独立に定義されるものであり，アルゴリズムという概念の多義性を反映して，外見上もまちまちである. しかし，これらの概念は結果としてすべて同等であることが示される. このように各々独立に考えられた諸概念が結果としてすべて一致するということは，計算可能な関数をそれらのうちの1つである帰納的関数で定義するという上の Church のテーゼの妥当性を強く裏づけるものと言えよう. Church の提唱の妥当性を証拠立てるものとしては，このほかにも多くの理由が考えられ，この提唱は今日ではほぼ定説となっていると言ってよい.

　ところで，上の Church のテーゼ（Ⅰ）を数論的関係の決定問題に適用すれば，次のようになる.

　Church のテーゼ（Ⅱ）：決定可能な数論的関係とは帰納的関係を意味する.

　つまり，関係 $R(x_1, \cdots, x_n)$ の特徴関数を $\varphi_R(x_1, \cdots, x_n)$ とするとき，R が決定可能であるなら，$\varphi_R(x_1, \cdots, x_n)=0$ が決定可能となる. したがって $\varphi_R(x_1, \cdots, x_n)$ は計算可能となるが，Church のテーゼ（Ⅰ）によれば計算可能な関数は帰納的関数である. したがって φ_R は帰納的となり，R も帰納的となる.

　さて，はじめに示したように，第1階の理論 S について，それが決定可能であるか否かを問うことは，「x は S の定理（の Gödel 数）である」という命

題を表わす数論的関係 $Th_S(x)$ が決定可能であるか否かを問うことに等しい.
他方, 上の Church のテーゼ (Ⅱ) によれば, 数論的関係が決定可能であるこ
とは, それが帰納的関係であることと同等である. したがって, 体系 S の決
定問題は, 関係 $Th_S(x)$ が帰納的であるか否かを問うことに帰着するわけであ
る. そこでまず, 形式的数論 Z の決定問題を考えてみよう.

定理1 S を等号をもつ理論とし, Z と同じ記号をもつものとする. もし S
が無矛盾であり, かつすべての帰納的関数が S で表現可能であるなら, $Th_S(x)$
は S で表現可能ではない. したがってまた, $Th_S(x)$ は帰納的ではなく, S は
決定可能ではない.

証明 $Th_S(x)$ が S で表現可能であると仮定する. すると S の論理式 $F(x_2)$
が存在して

もし $Th_S(r)$ が真であるなら, $\vdash_S F(\bar{r})$ （α）

ならびに

もし $Th_S(r)$ が偽であるなら, $\vdash_S \sim F(\bar{r})$ （β）

が成立する. 他方, §36 の ㉟ で定義された関数$W(x)$を考える. (もし x が自
由変項 x_1 を含む論理式 $A(x_1)$ の Gödel 数であるなら, $W(x)$ は論理式 $A(\bar{x})$ の
Gödel 数を表わす.) $W(x)$ は原始帰納的であるから, S で表現可能であり, し
たがって S のある論理式 $G(x_1, x_2)$ が存在し

もし $W(r)=q$ であるなら, $\vdash_S G(\bar{r}, \bar{q})$ （γ）

ならびに

$\vdash_S \exists_1 x_2 G(\bar{r}, x_2)$ （δ）

が成立する. そこで論理式

$$A(x_1) : \forall x_2(G(x_1, x_2) \supset \sim F(x_2))$$

を考え, この論理式の Gödel 数を m とする. さらに論理式

$$A(\bar{m}) : \forall x_2(G(\bar{m}, x_2) \supset \sim F(x_2))$$

を考え, その Gödel 数を n とする. このとき, $W(m)=n$ が成り立ち, したが
って (γ) により $\vdash_S G(\bar{m}, \bar{n})\cdots$ ① が成り立つ. ところで, $\vdash_S A(\bar{m})$ であるか,
あるいは $\vdash_S A(\bar{m})$ ではないかのいずれかであるが, もし $\vdash_S A(\bar{m})$ ではないな

ら，$\mathrm{Th}_S(\mathrm{n})$ は偽となり，したがって (β) により，$\vdash_S \sim F(\overline{\mathrm{n}})$ となる．一方，$\vdash_S A(\overline{\mathrm{m}})$ であるなら，$\vdash_S \forall x_2(G(\overline{\mathrm{m}}, x_2) \supset \sim F(x_2))$ となり，U_i により，$\vdash_S G(\overline{\mathrm{m}}, \overline{\mathrm{n}}) \supset \sim F(\overline{\mathrm{n}})$ となるが，① により $\vdash_S G(\overline{\mathrm{m}}, \overline{\mathrm{n}})$ であるから，$\vdash_S \sim F(\overline{\mathrm{n}})$ となる．こうして，いずれにしても $\vdash_S \sim F(\overline{\mathrm{n}})\cdots$② が成り立つ．ところで (δ) と ① の $\vdash_S G(\overline{\mathrm{m}}, \overline{\mathrm{n}})$ から，$\vdash_S G(\overline{\mathrm{m}}, x_2) \supset x_2 = \overline{\mathrm{n}}$ が導かれる．他方，$\vdash_S \sim F(\overline{\mathrm{n}})$ であることと，S が等号をもつ理論であることから，$\vdash_S x_2 = \overline{\mathrm{n}} \supset \sim F(x_2)$ が成り立つ．したがって，$\vdash_S G(\overline{\mathrm{m}}, x_2) \supset \sim F(x_2)$ が得られ，さらに U_g により $\vdash_S \forall x_2(G(\overline{\mathrm{m}}, x_2) \supset \sim F(x_2))$，つまり $\vdash_S A(\overline{\mathrm{m}})$ が得られる．よって $\mathrm{Th}_S(\mathrm{n})$ は真となり，(α) により $\vdash_S F(\overline{\mathrm{n}})$ が成り立つ．しかし，上に ② として $\vdash_S \sim F(\overline{\mathrm{n}})$ が得られており，S は矛盾することになる．よって，最初の仮定が否定され，$\mathrm{Th}_S(\mathrm{x})$ は S で表現可能ではない．また $\mathrm{Th}_S(\mathrm{x})$ が S で表現可能でなければ，§30 定理1の証明により，$\mathrm{Th}_S(\mathrm{x})$ の特徴関数 $\varphi_{\mathrm{Th}_S}(\mathrm{x})$ は S で表現可能ではない．したがって $\varphi_{\mathrm{Th}_S}(\mathrm{x})$ は帰納的ではなく，よって $\mathrm{Th}_S(\mathrm{x})$ も帰納的ではない．したがってまた，S は決定可能ではない． ⏋

定理2 もし形式的数論 Z が無矛盾であるなら，Z は決定可能ではない．

証明 すべての帰納的関数は Z で表現可能であるから（§34 定理6），定理1を Z に適用することができる． ⏋

以上により Z の決定問題は否定的に解決されたが，次に述語算の場合を考察してみよう．そのためにまず，次のような K という体系について考えてみる．

K は Z と同じ記号をもつ第1階の理論であり，次のような有限個の固有公理をもつ．

K_1 $x_1 = x_1$

K_2 $x_1 = x_2 \supset x_2 = x_1$

K_3 $x_1 = x_2 \supset (x_2 = x_3 \supset x_1 = x_3)$

K_4 $x_1 = x_2 \supset x_1' = x_2'$

K_5 $x_1 = x_2 \supset x_1 + x_3 = x_2 + x_3$

K_6 $x_1 = x_2 \supset x_3 + x_1 = x_3 + x_2$

K_7 $x_1 = x_2 \supset x_1 \cdot x_3 = x_2 \cdot x_3$

K_8 $x_1 = x_2 \supset x_3 \cdot x_1 = x_3 \cdot x_2$

K_9 $x_1{}' = x_2{}' \supset x_1 = x_2$

K_{10} $\sim (0 = x_1{}')$

K_{11} $\sim (x_1 = 0) \supset \exists x_2 (x_1 = x_2{}')$

K_{12} $x_1 + 0 = x_1$

K_{13} $x_1 + x_2{}' = (x_1 + x_2)'$

K_{14} $x_1 \cdot 0 = 0$

K_{15} $x_1 \cdot x_2{}' = x_1 \cdot x_2 + x_1$

K_{16} $(x_1 = x_2 \cdot x_3 + x_4 \wedge x_4 < x_2 \wedge x_1 = x_2 \cdot x_5 + x_6 \wedge x_6 < x_2) \supset x_4 = x_6$

K は，公理 $K_1 \sim K_8$ と §22 の定義により，等号をもつ理論であることが分かる．また，K_1 から K_{16} までの公理はすべて Z の定理となり，したがって，K は Z の部分体系をなすと言える．

定理 3 すべての帰納的関数は K において表現可能である．

証明 基本的には Z に対する場合（§34 定理 6）と同様に証明できる．つまり，まず §30 の例 4，例 6，例 7 と同様に初期関数が K において表現可能であることが証明される．さらに，代入，帰納的定義，μ-演算子の 3 つの規則が「K で表現可能である」という性質を保存することは，§30 の定理 2，§34 の定理 4，定理 5 の証明と同様にして証明できる．その際，§29 の定理 2，定理 6，定理 4 の17，§34 の定理 3 等が前提されるが，これらの定理が K に対しても成立することは，Z に対する場合と同様に証明される（§29 定理 6，定理 4 の17の場合は公理 K_{11} を用い，§34 の定理 3 の場合は公理 K_{16} を用いる．） ⌙

定理 4 K は決定可能ではない．

証明 $K_1 \sim K_{16}$ は通常の直観的な自然数論で解釈すれば真となり，したがって K はモデルをもつ．よって §24 定理 7 により，K は無矛盾と考えてよい．したがって，定理 3 と定理 1 により K は決定可能ではない． ⌙

定理 5 ZQ を，Z と同じ記号をもつ述語算とする．（つまり，ZQ は，一般

的な述語算 *LQ*（§ 17）において記号を *Z* のそれに制限したものである.）こ
のとき，*ZQ* は決定可能ではない.

証明 *ZQ* は公理シェーマ $L_1 \sim L_4$ をもつ（§ 17）. そして上の *K* は，この論
理式公理 $L_1 \sim L_4$ に固有公理 $K_1 \sim K_{16}$ をつけ加えたものである. $K_i (1 \le i \le 16)$
の閉包を K_i' とすれば，§ 25 定理 1 の ⅰ）により，*K* の固有公理として $K_1 \sim$
K_{16} のかわりに $K_1' \sim K_{16}'$ をとってもよい. そこで，K_i' は閉論理式であるから，
演繹定理により，任意の論理式 *A* について

$$K_1', K_2', \cdots, K_{16}' \vdash_{ZQ} A \Longleftrightarrow \vdash_{ZQ} K_1' \supset (K_2' \supset \cdots (K_{16}' \supset A) \cdots)$$

が成り立つ. よって，*A* が *K* の定理であるか否かを決定するためには，$K_1' \supset$
$(K_2' \supset \cdots (K_{16}' \supset A) \cdots)$ が *ZQ* の定理であるか否かを決定すればよい. つまり，
ZQ が決定可能であるなら，*K* は決定可能となる. しかし，定理 4 によれば *K*
は決定可能ではない. したがって，*ZQ* は決定可能ではない. ⏌

定理 6 一般的な述語算 *LQ* は決定可能ではない.

証明 § 26 の述語算の完全性定理により，*ZQ* の論理式 *A* が *ZQ* の定理であ
ることは，*A* が恒真式であることと同値である. また同じ *A* が *LQ* の定理で
あることも，*A* が恒真式であることと同値である. したがって，*ZQ* の論理式
A が *ZQ* の定理であることは，*LQ* の定理であることと同値となる. ところで，
「x は *ZQ* の論理式（の Gödel 数）である」という言明を表わす数論的関係を
$FM_{ZQ}(x)$ とすれば，これは § 36 の ⑭ の $FM(x)$ と同一であり，したがって原
始帰納的である. 他方，「x は *ZQ* の定理（の Gödel 数）である」と「x は *LQ*
の定理（の Gödel 数）である」とを表わす数論的関係をそれぞれ $Th_{ZQ}(x)$ と
$Th_{LQ}(x)$ とすれば

$$Th_{ZQ}(x) \Longleftrightarrow Th_{LQ}(x) \ \& \ FM_{ZQ}(x)$$

が成り立つ. したがって，もし $Th_{LQ}(x)$ が帰納的であれば，$Th_{ZQ}(x)$ は帰納的
となり，*ZQ* は決定可能となる. しかし，定理 5 によれば *ZQ* は決定可能では
なく，したがって $Th_{LQ}(x)$ は帰納的ではない. よって *LQ* は決定可能ではない.
⏌

以上のように，決定問題は述語算についても否定的に解決される. つまり，

LQ の任意の論理式について，それが *LQ* の定理であるか否かを判定する有限で一般的な手続きは存在しないわけである．そして，このことはまた，与えられた論理式が恒真式であるか否かを判定する場合にも，その決定手続きが存在しないことを意味している．

参 考 文 献

現代論理学に関する文献は今日ではかなりの数にのぼり，枚挙にいとまがないほどであるが，ここでは，本書を執筆するに際して参照した文献，ならびに研究をさらに進める場合に参考になると思われる書物にしぼり，それもごく代表的なものを挙げるにとどめる．

[1]　D. Hilbert & P. Bernays, *Grundlagen der Mathematik* I, II, Springer, 1934, 1939.

[2]　S. C. Kleene, *Introduction to Metamathematics*, Van Nostrand, 1952.

[3]　A. Church, *Introduction to Mathematical Logic*, Princeton Univ. Press, 1956.

[4]　E. Mendelson, *Introduction to Mathematical Logic*, Van Nostrand, 1964.

[5]　S. C. Kleene, *Mathematical Logic*, John Wiley & Sons, 1967.

[6]　J. R. Shoenfield, *Mathematical Logic*, Addison-Wesley, 1967.

[7]　K. Gödel, *Collected Works* I, Oxford Univ. Press, 1986.

[8]　G. Gentzen, *Untersuchungen über das logische Schliessen* I, II, Mathematische Zeitschrift 39 (1934-5) 176～210, 405～431.

[9]　G. Gentzen, *Die Widerspruchsfreiheit der reinen Zahlentheorie*, Mathematische Annalen 112 (1936) 493～565.

[10]　J. van Heijenoort, *From Frege to Gödel, A Source Book in Mathematical Logic*, Harvard Univ. Press, 1967.

[11]　M. Davis, *The Undecidable*, Raven Press, 1965.

[12]　M. Davis, *Computability and Unsolvability*, McGraw-Hill, 1958.（渡辺茂・赤攝也訳『計算の理論』，岩波書店，1966.）

[13]　細井勉『計算の基礎理論』，教育出版，1975.

[14]　広瀬健『帰納的関数』，共立出版，1989.

[15]　G. E. Hughes & M. J. Cresswell, *An Introduction to Modal Logic*, Methuen, 1968.

[16]　杉原丈夫『非古典論理学』，槇書店，1975.

[17]　P. J. Cohen, *Set Theory and the Continuum Hypothesis*, Benjamin, 1966.
（近藤・坂井・江口訳『連続体仮説』, 東京図書, 1972.）
[18]　田中尚夫『公理的集合論』, 培風館, 1982.

[1] は Whitehead と Russell の *Principia Mathematica* とならぶ数理論理学の記念碑的な古典であり, 今日の数学基礎論の主流をなす形式主義-証明論-メタ数学の立場の原典と言ってよい. 1968年（Ⅰ）, 1970年（Ⅱ）に第 2 版が刊行されている.

[2], [3], [4], [5], [6] はいずれも定評のある代表的な教科書であり, [3] をのぞいて, それぞれ数理論理学の諸事項を包括的にとりあげている. [2] はとくに帰納的関数の理論の古典的教科書として有名で, [4] は叙述が簡潔・明快であり, [6] は総合的に最も程度の高い教科書として知られる.

こうした文献とともに, 他方で現代論理学における古典的な論文に直接あたることも大いに有益である. [7] は刊行が始まった Gödel の全集の第 1 巻であり, 述語論理の完全性定理についての論文（1930）や不完全性定理に関する論文（1931）も, その英訳とともに収められている. [8] は重要な「LK の基本定理」を含む Gentzen の論文であり, [9] は自然数論の無矛盾性をはじめて証明した著名な論文である. いずれも当時の先端的な論文でありながら, 叙述が懇切で読みやすい. (Gentzen の論文集を英訳したものとして, M. E. Szabo (ed.), *The Collected Papers of Gerhard Gentzen*, North-Holland, 1969 がある.）[10] はタイトルのとおり, Frege から Gödel に至るあいだの代表的な論理学者の論文を集成したものであり, 年代的には1879年の Frege の Begriffsschrift から1931年の Gödel の論文までをカヴァーしている. それに対して, [11] は1931年以後の論文を集めており, Gödel, Church, Turing, Rosser, Kleene, Post といった人々の主要な論文（主に決定不可能性や非可解性の問題に関する論文）を収めている. [10], [11] は現代論理学を形成してきた諸論文のアンソロジーとして非常に重宝である.

帰納的関数の理論については本書でも第Ⅳ章で考察しているが, 今日ではこの理論自身が 1 つの独立した研究領域を形成しており, 決定問題, 計算の理論, オートマトンの理論, 数理言語学というように, その関連分野も広い. ここでは [12], [13], [14] の 3 つの文献を挙げておく.

多値論理, 様相論理, 直観主義論理といったいわゆる非古典的な論理については本書では触れえなかったが, [15], [16] はこれらのテーマについての入門書である.

最後に, 公理的集合論に関する文献として, [17] と [18] を挙げておく.

索　引

〔著者紹介〕

安井邦夫（やすいくにお）

1970年　京都大学大学院文学研究科博士課程修了

専　攻　哲　学

現　在　京都大学名誉教授

現代論理学〔新装版〕

　　　　　本書は1991年に発行した『現代論理学』の並製新装版です。

1991 年 4 月 30 日　第 1 版第 1 刷発行　　　定価はカバーに
2021 年 4 月 30 日　新装版第 1 刷発行　　　表示しています
2023 年 4 月 30 日　新装版第 2 刷発行

著　者　　安 井 邦 夫（やすいくにお）

発行者　　上 原 寿 明

世界思想社

京都市左京区岩倉南桑原町56　〒606-0031
電話 075(721)6500
振替 01000-6-2908
http://sekaishisosha.jp/

ISBN978-4-7907-1755-3